# 经济，就要揉碎了讲

张轶非 著

东北大学出版社
·沈阳·

ⓒ 张轶非 2022

**图书在版编目（CIP）数据**

经济，就要揉碎了讲 / 张轶非著. — 沈阳：东北大学出版社，2022.4
　ISBN 978-7-5517-2965-9

　Ⅰ. ①经… Ⅱ. ①张… Ⅲ. ①经济学—通俗读物 Ⅳ. ①F0-49

中国版本图书馆CIP数据核字（2022）第063404号

---

出 版 者：东北大学出版社
　　　　　地　址：沈阳市和平区文化路三号巷11号
　　　　　邮　编：110819
　　　　　电　话：024-83683655（总编室）　83687331（营销部）
　　　　　传　真：024-83687332（总编室）　83680180（营销部）
　　　　　网　址：http://www.neupress.com
　　　　　E-mail：neuph@neupress.com
印 刷 者：辽宁一诺广告印务有限公司
发 行 者：东北大学出版社
幅面尺寸：170 mm×240 mm
印　　张：15
字　　数：254千字
出版时间：2022年4月第1版
印刷时间：2022年4月第1次印刷
责任编辑：杨世剑
责任校对：王　旭
封面设计：张啸天

ISBN 978-7-5517-2965-9　　　　　　　　　　　　　　定　价：36.00元

# 前　言

　　笔者于2009年在墨尔本大学获得商科学位，两年后参加了一次商科同学的聚会，聚会中大家聊到经济学这门课程时，都打趣地说："现在啥也不记得了，只记得那两根相交的直线！"其中有很多是在商业领域工作的高材生。但这并不意味着经济学知识不重要，恰恰相反，经济学知识可谓商业的根基，从事商业工作势必离不开经济学。那为什么大家容易淡忘经济学的知识呢？笔者认为，有以下两方面原因：第一，经济学虽然是商科的基础课程，但实际上其应用性并不强。在大学后期的学习中和大部分商业领域的工作中，很少直接用到经济学知识。经济学知识主要起到一种潜移默化的作用，作为商业的"底层逻辑"而存在。第二，越是高深复杂的理论，就越是容易被淡忘。经济学作为一门社会科学，学生需要通过论文阐述观点，其中包含大量的数学模型，这就十分考验学生的综合能力，难度系数很高。为了解决经济学知识容易被淡忘的难题，笔者撰写了本书。

　　笔者毕业后从事国际教育的学科培训工作，在经济学的授课过程中发现，随着中国教育的国际化，有些学生从高中就开始接触经济学。这些学生由于缺乏社会经验，对时政经济也没有相应的了解，因此在学习经济学时总表现得力不从心。笔者在教学过程中也深深感受到他们在学习上的种种不适应，对此深感痛心。为了解决学生面临的这个难题，笔者利用课余时间把国际高中课程和大学本科经济学的知识进行了高度切片，结合日常生活和国际时事，把每个知识点做成通俗易懂的短视频，供学生进行课前预习和课后复习，效果很好。本书正是在短视频内容基础上进行的深入探究和拓展，采用图文并茂的方式将经济学知识由浅入深地讲解明白，以帮助读者将知识点融会贯通，让读者在学习经济学时不再是一头雾水，而是真正看清经济学的面貌，从而找到学习的方向，打造一把开启经济学世界的钥匙。

  基于上述特点，本书适用于各类读者，其中包括国际高中经济学在读学生、国内外高校经济学专业学生，以及对经济学感兴趣并想进行深入了解的人。

著 者<br>
2021年11月

# 目 录

## 第一部分　微观经济

第一讲　经济学 …………………………………………………003
第二讲　机会成本 ………………………………………………005
第三讲　生产可能性曲线 ………………………………………008
第四讲　绝对优势和相对优势 …………………………………011
第五讲　收入预算线和无差异曲线 ……………………………014
第六讲　供需曲线 ………………………………………………020
第七讲　价格敏感度 ……………………………………………027
第八讲　外部效应 ………………………………………………035
第九讲　市场失灵 ………………………………………………037
第十讲　信息不对称 ……………………………………………041
第十一讲　公共产品和私人产品 ………………………………045
第十二讲　价格管控 ……………………………………………048
第十三讲　税　收 ………………………………………………052
第十四讲　补　贴 ………………………………………………056
第十五讲　关税和配额 …………………………………………059
第十六讲　政府对负外部效应生产的微观干预 ………………064
第十七讲　政府对正外部效应生产的微观干预 ………………068

第十八讲　企业产量 …………………………………… 074
第十九讲　企业成本 …………………………………… 077
第二十讲　市场结构 …………………………………… 081
第二十一讲　完全竞争市场 …………………………… 084
第二十二讲　完全垄断市场和寡头垄断市场 ………… 088
第二十三讲　垄断企业 ………………………………… 091
第二十四讲　价格歧视 ………………………………… 095
第二十五讲　理性行为 ………………………………… 099
第二十六讲　企业目标 ………………………………… 102
第二十七讲　生产要素市场 …………………………… 105
第二十八讲　博弈论 …………………………………… 111
第二十九讲　拍卖理论 ………………………………… 114
第三十讲　帕累托最优 ………………………………… 116
第三十一讲　效率与公平 ……………………………… 119

## 第二部分　宏观经济

第一讲　循环流向模型 ………………………………… 125
第二讲　宏观经济指标 ………………………………… 129
第三讲　国内生产总值 ………………………………… 131
第四讲　失业率 ………………………………………… 134
第五讲　通货膨胀 ……………………………………… 137
第六讲　名义值和实际值 ……………………………… 141
第七讲　总需求和总供给1 …………………………… 144
第八讲　总需求和总供给2 …………………………… 147
第九讲　宏观指标间的关联 …………………………… 151
第十讲　财政政策 ……………………………………… 157
第十一讲　乘数效应 …………………………………… 160
第十二讲　货币政策 …………………………………… 163
第十三讲　货币供应量 ………………………………… 167

第十四讲　金融资产 …… 171

第十五讲　供给学派政策 …… 176

第十六讲　经济增长和经济发展 …… 178

第十七讲　新古典主义经济学派 …… 181

第十八讲　凯恩斯经济学派 …… 185

第十九讲　国民收入决定论 …… 188

第二十讲　国际收支 …… 192

第二十一讲　汇率机制 …… 195

第二十二讲　贸易保护 …… 199

第二十三讲　贸易同盟 …… 202

第二十四讲　贸易条件 …… 205

第二十五讲　贫穷陷阱 …… 210

第二十六讲　洛伦兹曲线和基尼系数 …… 213

第二十七讲　循环流向模型（高阶版） …… 217

## 附　录　必须知道的经济学图像

一、PPC …… 223

二、循环流向图 …… 223

三、供需图像 …… 224

四、消费者理论 …… 224

五、政府微观干预：税 …… 225

六、政府微观干预：补贴 …… 225

七、政府微观干预：关税和配额 …… 226

八、市场失灵 …… 226

九、企业产量 …… 227

十、企业短期成本 …… 227

十一、企业长期成本 …… 228

十二、商品市场：完全竞争 …… 228

十三、商品市场：垄断 …… 229

十四、劳动力市场：完全竞争 ……………………………………229
十五、劳动力市场：垄断 ……………………………………………230
十六、新古典主义经济学派 AD&AS …………………………………230
十七、凯恩斯经济学派 AD&AS ………………………………………231
十八、菲利普曲线 ……………………………………………………231
十九、货币市场、外汇市场和可贷资金市场 …………………………232
二十、国民收入决定论 ………………………………………………232

第一部分
**微观经济**

## 第一讲 经济学

经济学，英文表达是economics，它的形容词形式为economical，本意是节约的。如果形容一个人很"economical"，那么说明其很懂得勤俭持家，消费时注重性价比。经济学就是一门研究如何用最少的投入获得最大产出的学科。为什么要研究经济学呢？因为经济学所要解决的一个最根本的问题是人类社会中存在的一对矛盾，即资源是有限的（scarce resources）与人的需求和欲望是无限的（unlimited needs and wants）之间的矛盾。如何用这个星球上有限的资源去满足人类无限的需求和欲望，正是经济学这门学科所要解决的问题。

那么问题来了，什么是资源？在经济学中，资源（resources）又称生产要素（factors of production）。生产要素主要有四大类：土地（land）、劳动力（labour）、资本（capital）及企业家精神（entrepreneurship，因为这个词很多教师都拼不对，所以有的时候也被写为enterprise）。

（1）土地。它是所有自然资源的总称，除了其本身，还包括所有地上的和地下的资源，即地上的森林、湖泊，甚至是野生生物，以及地下埋藏的矿产、石油、天然气等。这里要强调的一个词是"自然"，土里埋着的宝藏、地上建的高楼都不属于土地的一部分。

（2）劳动力。其英文解释是the physical and mental effort of people，包括体力劳动者和脑力劳动者。当然，还有一些工作是体力劳动兼脑力劳动，如教师的工作。

（3）资本。这是一个非常容易被误会的概念，在会计金融学中，资本几乎等同于资金，但在经济学里，资本有完全不一样的意思。本书中的"资本"更多的是指physical capital，即生产所需要的工具，如设备、机器、大楼、厂房等。

（4）企业家精神。它可以被理解为一种更高级的"劳动力"。如果说普通的劳动力是通过付出体力和脑力来产出，那么企业家精神就是一种发现机会、提出创新，并承担风险的决策能力。例如，笔者现在正在做的事情——录制麦粒微课堂的音频就是一种体力和脑力的付出，在经济学中被称为劳动力；而提出"麦粒微课堂"这样一个创新想法的人，他拥有的就是这种叫作企业家精神的能力。拥有这种能力的人往往是公司的经理（manager）或董事（director）这类高管。

读到这里，大家肯定会有一个疑问：那资金，或者说金钱，在经济学里难道就不是资源吗？答案是否定的。在这里，笔者要给大家画个重点，钱（money）在经济学中并不是资源，而被定义为一种交易的媒介（medium of exchange）。钱是人类的一项发明，被用来取代以物换物的交易方式，其之所以不能被看作资源，是因为它并不能直接用于生产，从而也就不符合生产要素的定义。

聊完了有限的资源，再来聊一聊无限的需求（needs）和欲望（wants）。其实，需求和欲望在经济学中有一定的区别。基本需求是生存所必需的，例如，对于个人而言，食物、水、住房、交通工具等是基本需求；对于企业而言，保本（break even）是生存的基本需求。但是，欲望是一种在基本需求得到满足后的更高需求。对于个人来说，欲望体现在可能会在物质和精神上有更高的需求，如享受更好的美食、住更大的房子、环游世界等；对于企业来说，欲望体现在对于利润、市场占有率等都会有比保本更高的期望。这些欲望并不会因为资源是有限的而变得收敛，但也正是因为资源是有限的，使得这些欲望有的时候也仅仅是欲望而已。

那么，经济学是如何帮助人类解决资源是有限的而需求和欲望是无限的这一对似乎难以调节的矛盾的呢？人类又是如何在这个物欲横流的社会中对有限的资源进行合理的分配和利用呢？

## 第二讲 机会成本

要知道，经济学所要解决的根本问题是用有限的资源满足无限的需求。其实，有限的资源是不可能满足人们无限的需求的。在资源有限的情况下，人们需要在各种需求中做出选择。而做出选择必然会导致牺牲。例如，你有一块地，你既想造一座奢华的花园，又想造一个大型牧场，两者是很难兼得的，你必须做出选择。如果你选择建造花园，那么就需要放弃"养牛养羊"的计划，这就是你为建造这座花园所做出的牺牲。这种牺牲在经济学中被称为机会成本（opportunity cost）。机会成本在英语中的定义是 the value of what you have to give up to make a particular choice，意思是在众多选择中，你为了做出一种选择所需要放弃的第二选择给你带来的价值。例如，对于休息日该做什么，你有很多的选择，如果你认为逛街购物是第一选择，而待在家里是第二选择，那么，逛街购物的机会成本就是待在家里给你带来的价值。在这里要画一个重点，机会成本是你所放弃的第二选择带来的价值，而不是你放弃的所有其他选择的价值总和。因为，在第一选择无法实现的情况下，你会退而求其次，而不是将所有其他选择一网打尽。

那么问题来了，应该如何衡量每一种选择给我们带来的"价值"呢？对于生产者来讲，这个价值可能就是这件商品所能给他带来的经济收益。用前面的例子来说明一下。如果你选择利用这块土地建造一座花园，进而把它打造成一个旅游胜地，那么门票收益就是这个选择大部分的价值；如果你选择利用这块土地打造一个牧场，那么农牧产品的收益就是这个选择的价值。所以，当你做选择的时候，你需要衡量两个用途所带来的价值哪个更大。但是，对于消费者来讲，消费所带来的"价值"并非经济收益，而是一种"满足感"；然而，这种满足感却比生产者的经济效益更难衡量，因为它是因人而异的，每一种选择给不同的人带来的满足感是完全不同的。如对于旅游，每个人旅游的目的是不同的，有些人是为了享受美食，有些人是为了拍摄照片，有些人是为了体验不一样的生活，还有些人只是为了躲避城市的喧嚣。但不管他们做出什么样的选择，这个选择对于他们来说都是众多选择里可以给自己带来最大满足感的那一个。

面对有限的资源，生产者所需要做出的选择就是生产什么商品。因此，就需要给大家带来经济学中的一个经典图像——PPC〔(production possibility curve)，又称为 PPF (production possibility frontier)〕。PPC 在英语中的定义是 A curve showing the maximum combination of goods or services that can be produced when resources are fully employed，意思是生产可能性曲线。也就是说，PPC 这条曲线可以说明，一个生产者在充分利用其资源的情况下，最多可以生产的商品组合。假设你是一名农民，你现在可以生产的商品是草莓和兔子，其数量组合如表 1-1 所列。

表 1-1　草莓和兔子的数量组合

| 草莓/颗 | 兔子/只 |
| --- | --- |
| 200 | 0 |
| 180 | 5 |
| 130 | 10 |
| 0 | 15 |

表 1-1 所示为在资源被充分利用的情况下，可以"生产"的草莓和兔子的各种数量组合。而当把这些数量变为坐标轴上的点，并连接起来之后，就形成了如图 1-1 所示的一条曲线——PPC。

在经济学中，只要一个生产者的生产组合处于这条曲线上，那么其就实现了资源最大化利用，或者说是生产成本的最小化。这种情况被称为生产效率最大化（productive efficiency）。而如果一个生产者的生产组合处于 PPC 内部，就说明其没有达到生产效率最大化，也就是没有把生产成本降到最低。通常情况下，一个生产者的生产组合不会处于 PPC 外部。

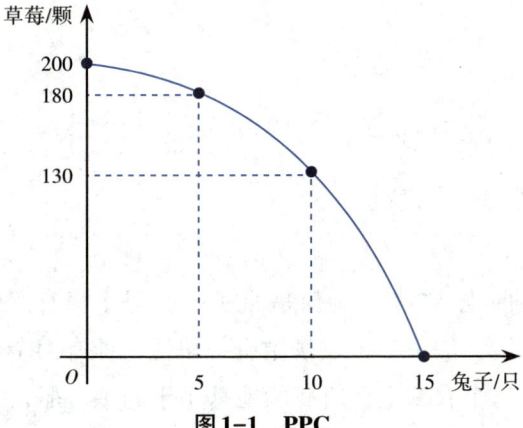

图 1-1　PPC

## 第三讲　生产可能性曲线

生产可能性曲线（PPC）为何是曲线？这是个很有意思的问题，也是个非常重要的问题。假设某个农场主有一块地，他有两个选择：养牛或种西瓜。最开始，这个农场主把所有的地都用于养牛，那么牛的总产量是20头，而西瓜的产量为0，也就是图1-2所示PPC上的 A 点。接下来，这个农场主希望把一些生产资源分配至种西瓜上。那么 A 点就会顺着PPC往右移动到 B 点，而它对应的牛和西瓜的量分别是18和200。这就说明农场主通过牺牲2头牛来生产200个西瓜，那么这200个西瓜的机会成本就是2头牛。在生产上，这就是资源的再分配。农场主需要让工人锄去养牛用的草，并播种西瓜籽；也需要对擅长养牛的工人，重新培训种瓜技能。那么，问题来了，如果这个农场主希望再种200个西瓜，根据图1-2，生产组合会从 B 点移动到 C 点，这时会发现，种第二批西瓜所需要牺牲养牛的数量（5头）比种第一批西瓜时所牺牲养牛的数量更多。

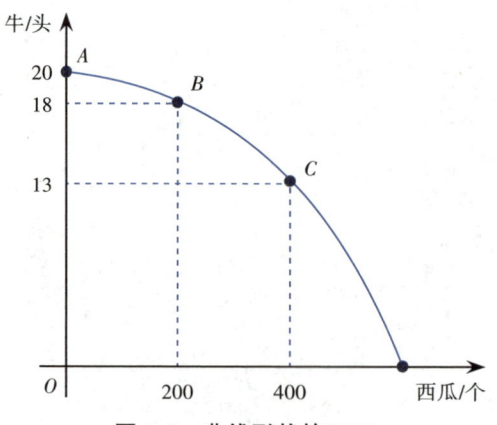

图1-2　曲线形状的PPC

这个现象在经济学中被称为机会成本递增（increasing opportunity cost），即机会成本会随着产量的增加而增加。请想一想，为什么种第二批西瓜所需牺牲养牛的数量比种第一批西瓜所牺牲养牛的数量多呢？那是因为养牛只需要在土地上种草，种草对光照没有严格的要求；而种西瓜需要充足的光照。所以在种第一批西瓜的时候，农场主牺牲了光照最充足的地。种第二批西瓜时，农场主需要牺牲的是受光照不太充足的地。由于光照不充足的地产量较低，因此农场主需要牺牲更大面积的地来生产同样产量的西瓜；而牺牲更大面积的地，就意味着牺牲养更多的牛。总而言之，产生机会成本递增的一个最根本的原因就是资源的专门化，即不同商品对资源的要求不同。

有人会问，难道就不存在直线形状的PPC吗？其实，直线形状的PPC是可能存在的。如果PPC是直线（如图1-3所示），那么机会成本是不会随着产量的上升而变大的，而是始终保持不变。

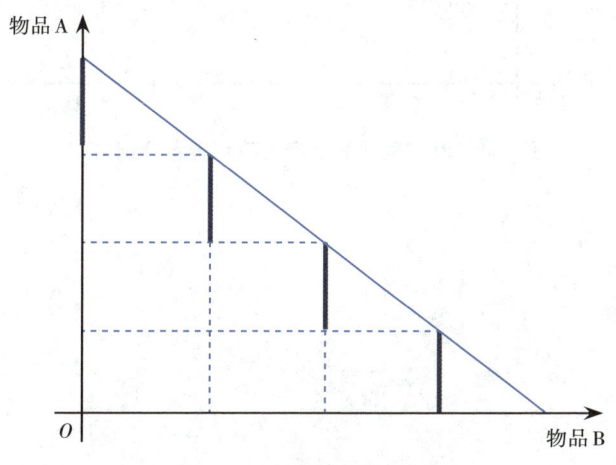

图1-3　直线形状的PPC

在什么情况下，机会成本是不变的呢？例如，一个生产者所生产的两种商品分别是男鞋和女鞋，那么PPC就有可能是一条直线。这是因为，从养牛到种西瓜，生产者需要改变生产工具，改变土地类型，重新培训工人；而生产男鞋和女鞋，所需要用到的生产要素是一样的：同样的原材料，同样的劳动力，同样的生产线。这就是机会成本保持不变的原因。

当一个生产者的生产组合在PPC上发生变化时，他需要以牺牲一种产品为代价，以增加另外一种产品的产出。而且，不管生产组合是什么，只要这个组合处于PPC上，那么，在经济学中可以说它达到了生产成本的最小化。可是，有许多组合可以选择，生产者到底应该选择哪一种组合呢？其实，这就是在经济学中的另外一种效率——资源分配效率（allocative efficiency）。其在英语中的定义是 the right products are produced in right quantities，即生产者生产的商品是社会所最需要的。也就是说，在 PPC 上的所有组合都是生产效率，但是，其中只有一个点是资源分配效率，如图 1-4 所示。

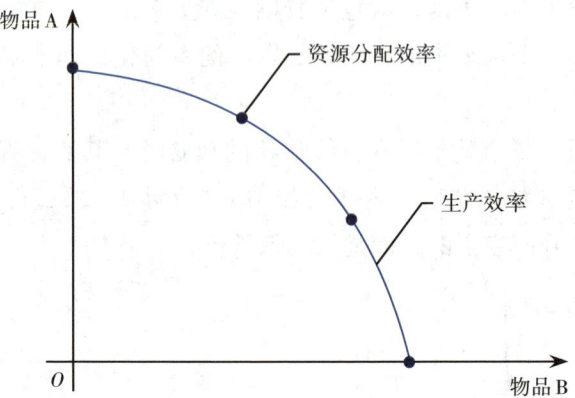

图 1-4　PPC 呈现的生产效率和资源分配效率

## 第四讲　绝对优势和相对优势

本讲将介绍经济学中的一个重要概念——优势（advantage）。众所周知，不同的生产者对于同一件商品的生产效率是不一样的。假设有甲和乙两个生产者，他们都可以做摘草莓和抓兔子这两件事情。由表1-2可以看出这两个生产者每天可以摘得的草莓和抓到的兔子的数量。而不管是摘草莓还是抓兔子，甲的效率都比乙高。在经济学中，把这种优势称为绝对优势（absolute advantage）。绝对优势在英语中的定义是absolute advantage exists if a producer can produce more of a good than all other producers given the same amount of resources，意思是如果在资源相同的情况下，一个生产者可以比其他生产者多生产某件商品，那么就可以说这个生产者在此件商品的生产方面拥有绝对优势。显而易见，甲在摘草莓和抓兔子这两项工作上都拥有绝对优势。既然甲在两件事情上都有绝对优势，他是否应该同时摘草莓和抓兔子呢？答案是否定的。因为，如果甲同时承担两项工作，那么，工作效率较低的乙不就无所事事了吗？

表1-2　甲、乙生产者摘得的草莓和抓到的兔子的数量

| 生产者 | 草莓/颗 | 兔子/只 |
| --- | --- | --- |
| 甲 | 100 | 20 |
| 乙 | 80 | 10 |

生产者到底应该如何决定生产什么样的商品呢？要回答这个问题，首先要了解经济学中的另外一种"优势"，即相对优势（comparative advantage）。相对优势在英语中的定义是a producer has comparative advantage if he can produce a good at lower opportunity cost than all other producers，意思是如果一个生产者生产某件商品的机会成本比其他生产者更低，那么这个生产者在生产这件商品方面就拥有相对优势。相对优势代表着较低的机会

成本。那么，两个生产者摘草莓和抓兔子的机会成本分别是多少？先来看甲，如果甲的工作只能是摘草莓或者抓兔子，而没有其他选择，那么根据表1-3的数据可以得知，甲每抓一只兔子，就需要牺牲5颗草莓。因此，甲抓一只兔子的机会成本是5颗草莓。那么，甲每摘1颗草莓，需要牺牲抓几只兔子呢？答案是1/5只兔子。可以用同样的方法计算出乙摘草莓和抓兔子的机会成本，从而得到体现甲和乙生产每件商品的机会成本。通过这样的分析，不难看出，虽然甲在两件商品上都有绝对优势，但是只在抓兔子方面有相对优势，乙反而在摘草莓方面有相对优势。在经济学中，生产者应该生产拥有相对优势的商品，我们把这种策略称为专精或专门化（specialization）。因此，根据表1-3，可以知道甲应该专精于抓兔子，而乙应该专精于摘草莓。可是，专精的目的又是什么呢？

表1-3　甲、乙生产者摘草莓和抓兔子的机会成本

| 生产者 | 草莓/颗 | 兔子/只 |
|---|---|---|
| 甲 | 1/5兔子 | 5草莓 |
| 乙 | 1/8兔子 | 8草莓 |

在经济学中，当生产者专精于他们拥有相对优势的产品后，能够通过交易（trade）的方式，获得对方的商品，这样会比他们各自生产两种商品的所得更高。例如，如表1-4所列，如果甲专精于抓兔子，乙专精于摘草莓，那么，一天后，甲会有20只兔子，而乙会有80颗草莓。如果甲拿出4只兔子，想与乙交换24颗草莓，乙是否愿意交换？根据表1-5，如果甲不交换，那么根据其机会成本，牺牲1只兔子可以摘得5颗草莓，那么牺牲4只兔子只能摘得20颗草莓；而如果甲和乙交换，那么甲可以获得24颗草

表1-4　甲、乙生产者专精后的产量

| 生产者 | 专精 | |
|---|---|---|
| | 草莓/(颗·天$^{-1}$) | 兔子/(只·天$^{-1}$) |
| 甲 | 0 | 20 |
| 乙 | 80 | 0 |

莓。所以，甲是愿意交换的。如果乙交换，那么24颗草莓可以换得4只兔子。如果乙不和甲交换，而是选择牺牲摘24颗草莓来抓兔子，那么根据乙的机会成本，每牺牲摘8颗草莓可以抓到1只兔子，牺牲摘24颗草莓的话，他只能抓到3只兔子。因此，乙也是愿意交换的。

表1–5 甲、乙生产者专精和不专精的产量对比

| 生产者 | 有交易 | | 不交易 | |
| --- | --- | --- | --- | --- |
| | 草莓/(颗·天$^{-1}$) | 兔子/(只·天$^{-1}$) | 草莓/(颗·天$^{-1}$) | 兔子/(只·天$^{-1}$) |
| 甲 | 0+24 | 20-4 | 0+20 | 20-4 |
| 乙 | 80-24 | 0+4 | 80-24 | 0+3 |

表1–5清晰地呈现出甲、乙双方专精后进行交易，以及双方同时生产两种商品的所得，由此可见，专精和交易可以让双方所得都得到提高。其实，这背后的原因也非常简单，不难看出，双方交易的价格都低于生产对方商品的机会成本。通俗来讲，就是我拿自己的东西和你换，比牺牲自己的东西来生产你的东西更划算。所以，交易就成了双赢的选择。

专精和交易在国际经济中屡见不鲜。它们解释了为什么每个国家会专精于生产某些类型的产品，例如，德国专精于生产精密仪器和汽车，澳大利亚专精于生产矿产和羊毛，阿根廷专精于生产农牧产品，等等；国家与国家之间通过贸易来获得对方的产品，最终达到双赢的局面。

## 第五讲　收入预算线和无差异曲线

本讲将介绍一个与人们的生活息息相关的、用于解释消费者行为的图像，即收入预算线（income budget line）或称预算线（budget line, budget constraint）。预算线在英语中的定义是 the maximum combinations of two products obtainable with given income and prices，意思是在收入固定的情况下，消费者对于两件商品的最大消费组合。例如，假设爸妈给你100元零花钱，你可以选择购买可乐或者炸鸡，可乐2元一瓶，炸鸡10元一份。那么，你可以用零花钱购买的可乐和炸鸡的最大数量组合如表1-6所列。

表1-6　利用100元零花钱购买可乐和炸鸡的最大数量组合

| 可乐/(元·瓶$^{-1}$) | 炸鸡/(元·份$^{-1}$) |
| --- | --- |
| 50 | 0 |
| 40 | 2 |
| 30 | 4 |
| 20 | 6 |
| 10 | 8 |
| 0 | 10 |

如果把这些组合呈现在坐标系上并连接起来，就构成了如图1-5所示的一条直线，即收入预算线。

读到这里，你一定有一种似曾相识的感觉。前面介绍过PPC，它是生产者在资源固定的情况下各种生产的组合。所以，这两条线，一条是生产者的生产选择，另一条是消费者的消费选择。那么，为什么生产选择是曲线，而消费选择是直线呢？其实，通过前面的内容可以了解到，PPC是曲线的原因是随着商品产量的增加，机会成本不断增加。而反观收入预算线

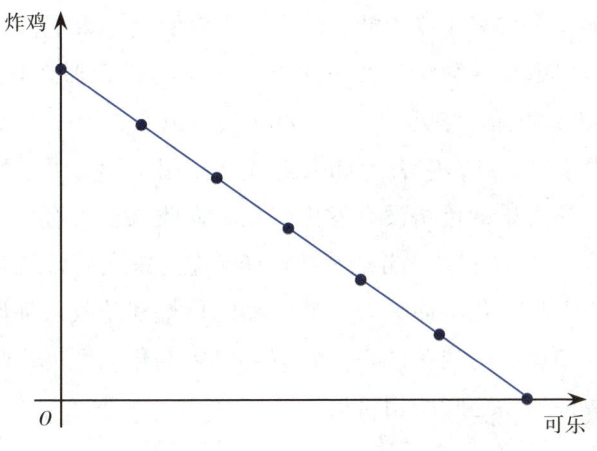

图1-5 收入预算线

会发现,消费者的消费组合只与商品的价格有关,而商品价格不会随着消费量的增加而变化。当然,这里不考虑买多给折扣的情况。所以,每多买一份炸鸡,牺牲的可乐数量都是一样的。具体如图1-6所示。

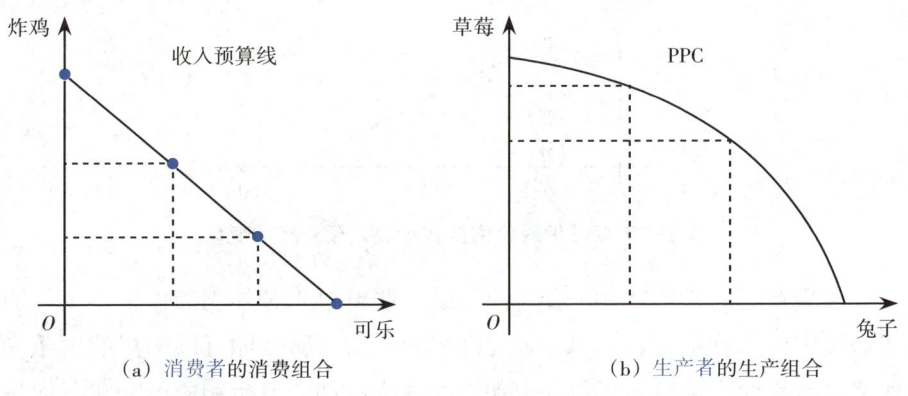

(a) 消费者的消费组合　　　　(b) 生产者的生产组合

图1-6 消费者的消费组合和生产者的生产组合

如果消费者的消费组合在收入预算线上,那么意味着把钱全部花光;如果在收入预算线的内部,那么意味没有把钱全部花在可乐和炸鸡上面。可见,收入预算线和它内部的区域总和,就是消费者所有可能的消费组合了。而这块区域,实际上还有一个数学公式,即 2×可乐的数量 + 10×炸鸡腿的数量不大于100。

什么样的因素会影响收入预算线的位置?首先是某一商品的价格。假设现在炸鸡的价格从10元一份降到5元一份,那么收入预算线会发生怎样的变化？我们来关注图1-7中的 $A$ 点，它代表的是如果把钱全部用来购买炸鸡的话，可以购买的数量。假设炸鸡卖10元一份，那么100元刚好可以买10份。那如果炸鸡卖5元一份，100元就可以买20份，所以 $A$ 点就移动到了 $B$ 点。再来看 $C$ 点，它表示如果把钱全部用于购买可乐的话，可以购买的数量。因为可乐的价格没有发生变化，而收入也没有发生变化，所以这个点是不会发生变化的。当把 $B$ 点和 $C$ 点连起来之后，就会发现，当一件商品的价格发生变化，而另外一件商品的价格和总收入都没有发生变化的时候，收入预算线的斜率（slope）就会发生变化。可见，收入预算线的斜率体现了两件商品之间的相对价格。

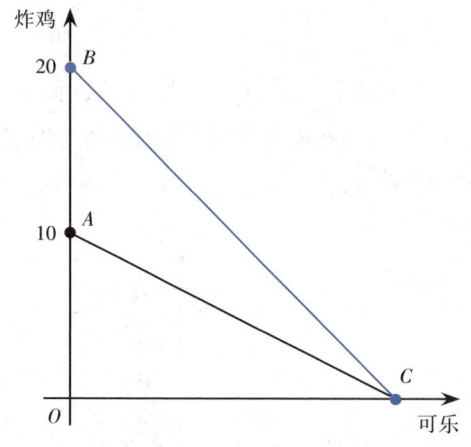

图1-7　商品相对价格变化后收入预算线的变化

再来看图1-8中所示的第二种情况，假设可乐和炸鸡的价格不变，而父母决定将给你的零花钱从100元涨到200元，那么你可以购买的可乐和炸鸡的数量就会翻倍，所以 $A$ 点和 $C$ 点的位置都会发生相应的变化。而把两个新的点连接起来，就形成了新的收入预算线。这时，两条线的斜率是一样的，因为可乐和炸鸡本身的价格没有变化。但是因为预算变多了，预算线就更加靠外。这样，消费者在资金充裕的情况下，对于两种商品的选择也有了更多的组合。

在预算线上有很多对应的组合。当你拥有100元零花钱的时候，你到底应该选择买多少瓶可乐和多少份炸鸡呢？

当你有100元零花钱的时候，你到底应该选择消费多少个炸鸡和多少瓶可乐，除了取决于它们的价格，更多的是取决于它们所带来的一种满足

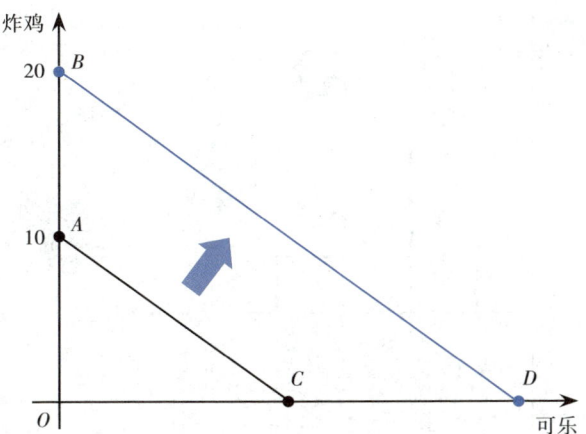

图1-8 消费者收入变化后收入预算线的变化

感。在经济学中,这种满足感被称为效用(utility)。在收入预算线上的每一个组合,都可能给消费者带来不同的满足感,而那个可以带来最大满足感的组合,就应该是确定的选择。

那么,如何确定哪个组合能给消费者带来最大的满足感呢?要解决这个问题,首先要来看经济学中的另外一条线——无差异曲线(indifference curve),如图1-9所示。无差异曲线是一条内凹的曲线,它在经济学里的定义是 a curve that shows the different combinations of two goods that give a consumer equal satisfaction。这条曲线表明那些可以使消费者获得相同满足感的消费组合。

以购买鸡腿和包子为例,无差异曲线上的3种消费组合(9个鸡腿和3个包子、4个鸡腿和6个包子、3个鸡腿和9个包子,带给消费者的满足感是一样的。到这里,你肯定又会产生一个疑问,为什么无差异曲线是向内凹的呢?仔细观察一下这3种组合,假设刚开始,消费组合是A,也就是9个鸡腿和3个包子。接下来,想多吃3个包子,就愿意牺牲5个鸡腿去换3个包子,或者说5个鸡腿和3个包子带来的满足感是一样的。所以,组合就变成了B,即4个鸡腿和6个包子,如图1-9所示。接着,如果还想再多吃3个包子,那么,应该用多少个鸡腿去换呢?如图1-9所示,如果只愿意用1个鸡腿去换3个包子,那么,现在1个鸡腿和3个包子带来的满足感是一样的。同样是包子,为什么前3个给你带来的满足感相当于5个鸡腿,而后3个却只相当于1个鸡腿呢?其实这是经济学中一个非常重要的概念,

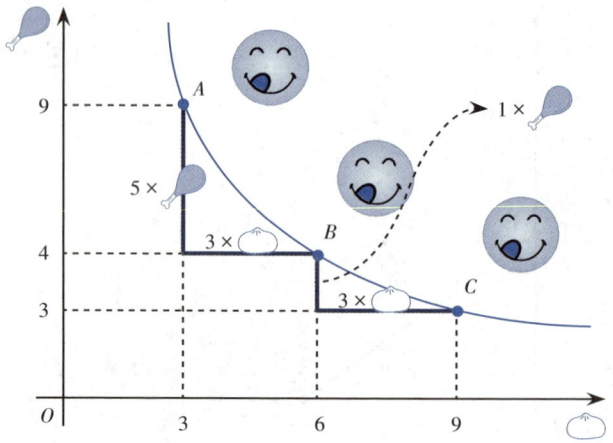

图 1-9　无差异曲线呈现的不断减少的边际效用

叫作不断减少的边际效用（diminishing marginal utility），即当消费者对于同一件商品消费得越来越多的时候，每多消费一件商品所给他带来的满足感会越来越低。就拿吃包子来举例，前3个包子让人品尝到了美味，带来了很大的满足感；接下来的3个包子让人吃得有点撑，满足感显然不如之前；如果再让他吃3个包子，他可能压根不愿意吃。唯一会吃的理由，也许是因为买太多了，不想浪费。再回到无差异曲线，其实在这个坐标系里，会有很多条无差异曲线。越靠外的曲线，表示所获得的满足感越大。所以就形成了一组从内到外、满足感不断上升的无差异曲线，如图1-10所示。

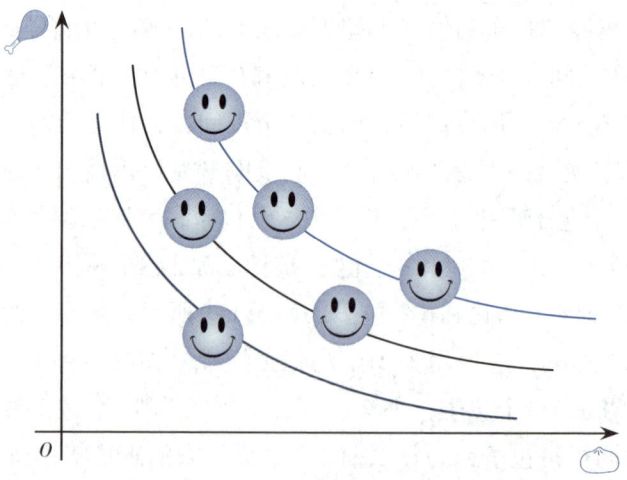

图 1-10　不同的无差异曲线呈现的不同效用

接下来了解一下，无差异曲线和收入预算线是如何共同决定消费者的选择的。假设收入预算线在图1-11所示的位置，可以看到，收入预算线和无差异曲线相遇在A，B，C三个点。其中，A和C两个点是与无差异曲线的交点，而B点则是与无差异曲线的切点。那么，消费者应当选择哪个点呢？很显然，应该选择B点，因为B点所在的曲线代表了更高的满足感。可见，只有消费者的消费组合是收入预算线和无差异曲线的切点时，才能获得最大的满足感。

最后一个问题：消费者如何让自己的满足感进一步提升呢？或者说，如何让自己的消费组合处于一条更加靠外的曲线上？要做到这一点，最有效的办法就是让自己的收入变多，因为根据之前的内容可以知道，如果消费者的收入变多了，那么，收入预算线就会向外移动，这样一来，就可以触碰到更靠外的无差异曲线了。

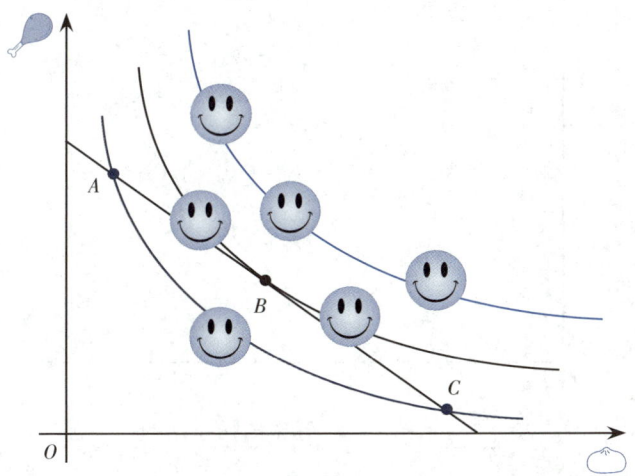

图1-11　无差异曲线和收入预算线共同决定最优消费组合

## 第六讲　供需曲线

在经济学中各式各样的图像中,有没有一个图像是让人过目难忘的呢?如果有,它一定是供需关系的图像。

供需关系的图像由两条线组成,即需求曲线和供给曲线。

需求曲线(demand curve),它呈现出市场上某一件商品的价格($P$)和它的需求量($Q$)之间的关系,如图1-12所示。

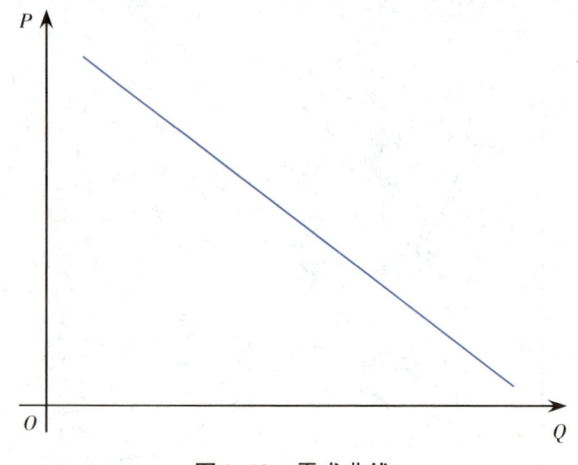

图1-12　需求曲线

需求曲线从左向右呈下降趋势,也就说明了价格越低,需求量越高,或者说价格和需求量之间是一种负相关关系(negative relationship)。当商品价格下降以后,消费者对于这件商品的购买力(purchasing power)上升了,与此同时,这件商品相较于它的替代品而言,有了更大的价格优势,消费者当然也就有了更强的购买欲望,所以就形成了这种负关系。

供给曲线(supply curve)体现了商品价格和生产量之间的关系,如图1-13所示。通过图1-13可以看出,商品价格越高,生产量越大。这种情况其实也不难理解,当一件商品的售价变高了,那么它会给企业带来更多的收入和利润,企业就有充分的理由和能力去增产。

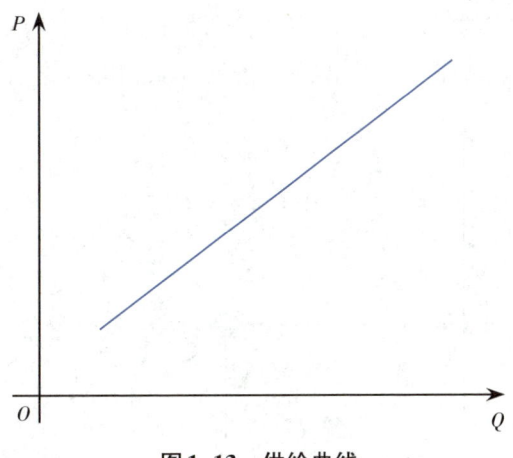

图1-13　供给曲线

供需图像虽然简单易懂，但还是需要总结三个重点。

第一，价格影响需求量和供给量。在这个关系中，价格是自变量（independent variable），供给量和需求量是因变量（dependent variable）。然而，在图1-12和图1-13中，作为自变量的价格在纵轴上，而作为因变量的供给量在横轴上，这有悖于数学中对于自变量和因变量的理解。确实，这可以说是经济学中的一个特例。但通常来说，在市场中，价格虽然影响着供需，但是供需又会反过来制约价格，所以价格和供需之间是一种相互制约、相互影响的关系。关于这一点在以后的章节中会进一步解释。

第二，既然这两条线分别叫作需求曲线和供给曲线，可为什么它们的图像是直线呢？这确实有反常理，但是在英语中，line（直线）是被包含在curve（曲线）里的，或者说直线是一种特殊的曲线。供给和需求确实存在直线和曲线两种形状，具体取决于商品的类型。本书中只是为了简便而使用直线形状。

第三，影响一件商品的需求量的一定不止价格一个因素，商品的质量、消费者的喜好、消费者的收入都会影响需求量。因此，价格和需求量或供给量之间的关系，必须建立在其他变量保持不变的基础上。

当把需求曲线和供给曲线放在一起的时候，它们会相交于一点，这一点代表什么意思呢？

由图1-14不难发现，这个交点说明该商品在市场上的供给量刚好等于需求量，也就是说，所有生产出来的商品都不多不少地卖给了消费者。

所以这个点所对应的需求量就是市场交易量，而它对应的价格就是该商品的交易价格，在经济学中被称为均衡价格（equilibrium price）。

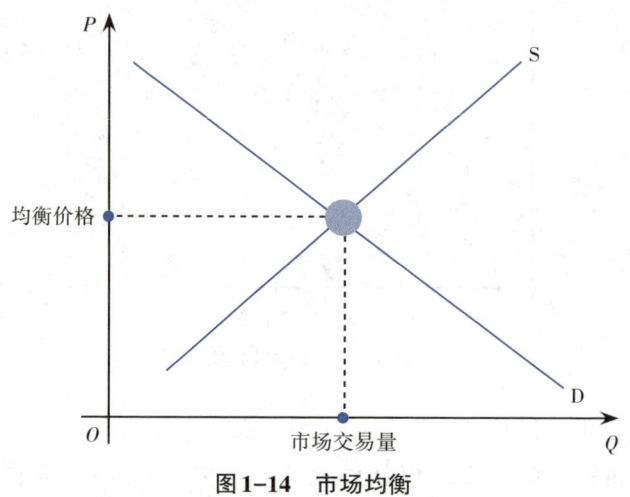

图1-14　市场均衡

在纯粹的市场经济下，商品的交易价格和交易量是由需求曲线和供给曲线的交点决定的。那么，为什么市场价格必须在这个交点上？如果市场价格不在交点的位置，市场又会出现什么情况？

如图1-15所示，假设现在市场价格处于$P_1$的位置，也就是高于均衡价格，市场的供给量会大于需求量，在经济学中，这种现象被称为过剩（surplus），即市场上存在大量的积压商品。这时候，生产者会通过降价来处理那些卖不掉的商品。随着价格的下降，过剩现象会逐渐得到缓解，直

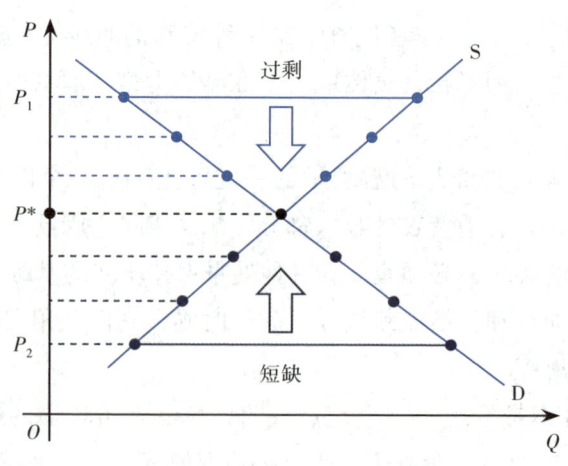

图1-15　市场过剩和市场短缺

至达到均衡价格。市场价格低于均衡价格，市场的需求量会大于供给量，在经济学中，这种现象被称为短缺（shortage）。当市场出现短缺的时候，消费者会哄抬物价，价格就会上升。随着价格不断上升，短缺现象逐渐得到缓解，直至达到均衡价格。由此可见，不管商品的市场价格处于何种水平，只要给予市场足够的时间，它都会进行自我修正，最终把价格调整到最合理的位置，也就是均衡价格。

说到"合理"两个字，就不得不提到供需关系中一个比较难懂的概念——消费者剩余（consumer surplus）和生产者剩余（producer surplus）。

消费者剩余在英语中的定义是 the difference between the value a consumer places on units consumed and the payment needed to actually purchase that product，即消费者的"心理价格"和实际支付价格之间的差值。如图1-16所示，三角形中的每一条线段所表述的，就是消费者的心理价位超出市场交易价格的部分。而把这些线段合在一起，就形成了这样一个三角形的区域。这个区域的面积就是消费者剩余，可以将其理解为消费者从较低的市场价格中所获得的利益。

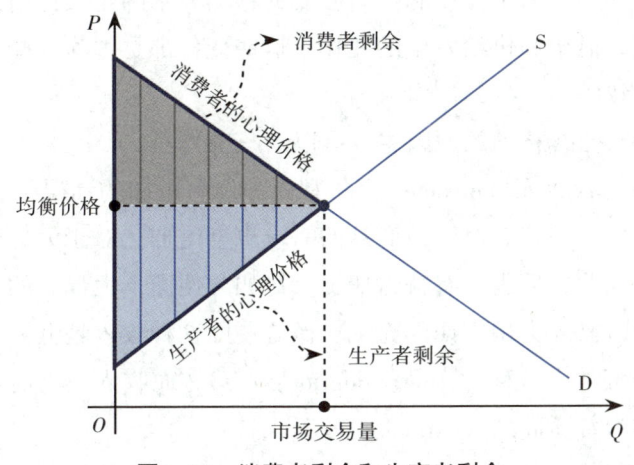

图1-16　消费者剩余和生产者剩余

生产者剩余的英语定义是 the difference between the price a producer is willing to accept and what is actually paid，可以理解为生产者的心理价格低于实际交易价格的部分，也可以理解为生产者从较高的商品售价中所获得的利益。生产者剩余是在供给曲线上方、均衡价格下方的三角形的面积。而这两个三角形的面积之和可以被理解为整个社会所获得的利益（total surplus）。只有在市场价格达到均衡的时候，整个社会的利益才能够最大化。

前面讲述了供需关系中均衡价格的重要性。那么，均衡价格又会受到何种因素的影响呢？回答这个问题之前，先来了解一下需求曲线和供给曲线的移动，如图1-17所示。

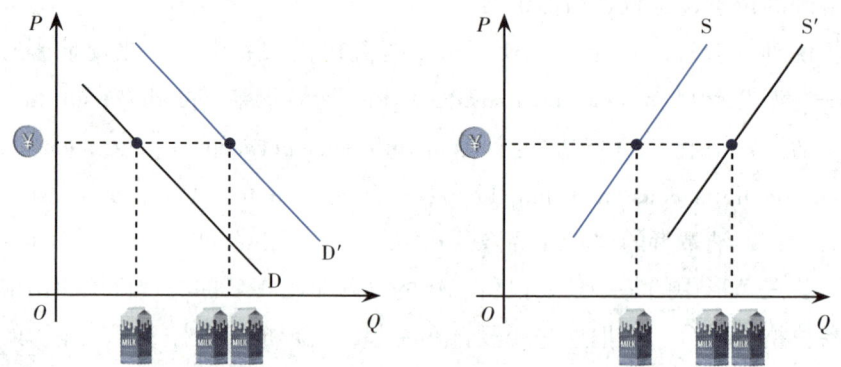

图1-17　需求曲线和供给曲线的移动

在经济学中，需求曲线和供给曲线的移动表示的是某件商品在价格不变的情况下，需求和供给发生的变化。这些变化都是因为一些"非价格的因素"所导致的。

导致需求曲线移动的原因主要有以下三个方面。

（1）消费者收入（income）。在消费者收入增加的情况下，即便商品价格保持不变，消费者对于该商品的需求也会增加。对于大部分商品，消费者的需求如此，但也会有特殊情况。比如方便面，大部分的人都只有在收入较低的时候才会用方便面充饥。像方便面这种收入越低需求量越高的商品，在经济学中被称为次品（inferior goods）；而收入越高需求量越高的商品，被称为普通商品（normal goods）。

（2）替代品的价格（price of substitute）。其实，大部分的商品都存在着替代品，如两种不同品牌的手机可以互为替代品。假设某一品牌的手机涨价了，那么对于另一品牌的手机的需求会增加，从而导致需求曲线向右移动。

（3）消费者的喜好（taste and preference）。消费者的喜好会受到各种因素（如广告、名人代言、突发事件等）的影响。

综上所述，需求曲线向右移动的三个重要因素分别是消费者收入、替代品的价格及消费者的喜好。而因为这三个因素都和商品本身的价格无关，所以被称为非价格因素（non-price factors）。

导致供给曲线发生移动的原因主要也有以下三个方面。

（1）生产成本（cost of production）。如果企业的生产成本降低了，那么对于同样的商品售价，利润就提高了，企业也愿意生产更多的商品。所以，企业生产成本降低，会导致需求曲线向右移动。

（2）行业规模（size of industry）。这是一个比较宏观的因素。生产曲线表示的是某一商品的价格和它的市场生产总量的关系。如果行业的规模扩大了，那么这个市场里必定会有更多的生产者，从而使生产曲线往右移动。新能源汽车市场就是一个从无到有、从小到大的经典例子。

（3）政府政策（government policy）。政府政策很复杂，但是能够影响供给的两项最重要的政策是征税（tax）和补贴（subsidy）。简单来讲，征税的目的是限制生产，所以导致供给曲线向左移动；而补贴的目的是鼓励生产，所以使供给曲线向右移动。后面的内容将详细介绍这两项政府政策给市场带来的影响。

了解了需求曲线和供给曲线的移动后，再来看一下这种移动是如何影响市场价格和交易量的。

如图1-18所示，需求曲线向右移动，即市场需求上升，那么市场价格和市场交易量都会上升。换句话讲，就是旺盛的需求推高了物价，但同时也促进了生产。

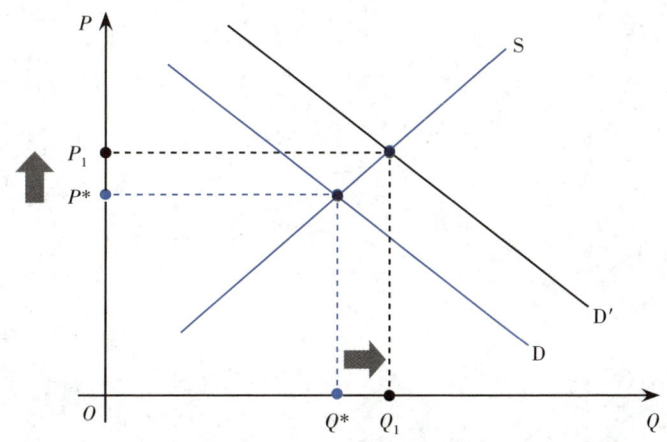

图1-18　需求曲线移动对交易价格和市场交易量的影响

如图1-19所示，如果供给曲线向右移动，即市场供给增加后，那么市场价格会下降，而交易量则会上升。通俗地讲，就是生产力的旺盛压低了市场价格，同时也促进了消费。

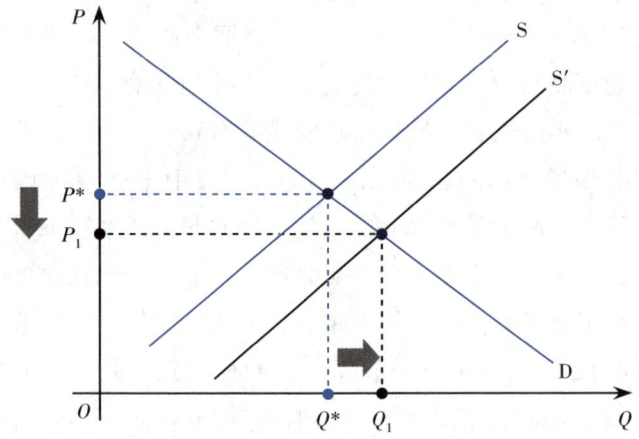

图1-19　供给曲线移动对交易价格和市场交易量的影响

## 第七讲　价格敏感度

消费者在决定是否购买某件商品的时候，除了要考虑自身的收入、该商品给自己带来的效用以外，还要考虑的一个因素是商品的价格。确实，价格在很大程度上决定了商品的需求量，这在之前学过的需求曲线上已经得到了充分的体现。那么，如果一件商品的价格发生变化，它会在多大程度上影响该商品的需求量呢？换句话讲，消费者对于商品的价格敏感度有多高呢？

在日常生活中，有些商品的价格不管如何波动，消费者对它们的需求量似乎都没有很大的变化。比如药品，不管价格多高，消费者都很少会退而求其次地去买廉价的药品。因此，消费者对这类商品的价格敏感度比较低。还有一些商品，即便价格发生小幅度波动，需求量都会发生很大的变化。比如牙膏、洗发水等日用品，消费者在购买这类商品的时候，会更注重价格。有些消费者认为，反正都是用来洗头和刷牙的，哪个便宜买哪个。因此可以说，消费者对这类商品的价格敏感度很高。

对于价格敏感度，是否有可量化的标准呢？其实，在经济学中，确实有一个值可以帮助量化消费者对于价格的敏感度，即一个用来衡量某件商品的需求量对于价格的敏感度的值（price elasticity of demand，PED）。它在英语里的定义是 a numerical measure of the responsiveness of the quantity demanded to a change in price of a product。PED 的计算公式如下：

$$价格敏感度 = \frac{需求量变化百分比}{价格变化百分比}$$

或者可以表示成如下形式：

$$PED = \frac{\Delta Q/Q}{\Delta P/P}$$

价格和需求量之间本身是一种负相关关系，即价格变高，需求量变低。这样一来，这个比值就是负的了。但是根据经济学的惯例，*PED* 是一个正值。所以就在这个公式上加上绝对值，从而形成了下面完整的 *PED* 的公式：

$$价格敏感度 = \left| \frac{需求量变化百分比}{价格变化百分比} \right|$$

$$PED = \left| \frac{\Delta Q/Q}{\Delta P/P} \right|$$

*PED* 到底是如何反映消费者对于价格的敏感度的呢？如果 *PED* 的值为1，它代表的意思是需求量的变化百分比等于价格的变化百分比，换言之，如果价格下降5%，那么，需求量就上升5%。那么，当 *PED* 的值为1的时候，这件商品涨价或降价是否会影响潜在的销售额呢？答案是否定的。因为，市场销售额=价格×需求量。如果价格下降的百分比等于需求量上升的百分比，那么这两个变化刚好互相抵消，不会对销售额产生影响。如果 *PED* 的值大于1，说明需求量的变化百分比大于价格的变化百分比，消费者对于价格很敏感。换言之，如果价格下降5%，那么需求量上升的幅度会超过5%。这意味着降价可以提升销售额。所以，对于消费者对价格较为敏感的商品，商家应该采取"薄利多销"的手段来提升营业额。对于牙膏、洗发水等日用品，因为消费者对于价格的敏感度较高，所以商家往往通过打折促销的方式来吸引顾客。如果 *PED* 的值小于1，说明消费者对价格不敏感，换言之，如果价格下降5%，那么需求量的上升幅度是不足5%的。这意味着降价不能带来营业额的提升，商家应该通过涨价来促使销售额的提升。

除了 *PED* > 1，*PED* = 1，*PED* < 1，还有以下两种特殊情况。

第一种是 *PED* = 0。*PED* = 0，就是不管价格怎么变，消费者对于该商品的需求量始终是不变的。换言之，就是需求量对于价格完全不敏感。如果联系一下需求曲线，会发现 *PED* = 0 代表的是一条竖直的需求曲线，如图1-20所示。那么，什么样的商品对于价格是完全不敏感的呢？这类商品在生活中并不多见，那些治疗疑难杂症的稀有药品可能是一个例子，在消费者高度依赖这些药品且它们没有替代品的情况下，消费者自然就不会在意价格的高低。因此，*PED* = 0 或者接近0的商品一般有两个特点：一是该商品对于消费者非常重要；二是该商品没有替代品。

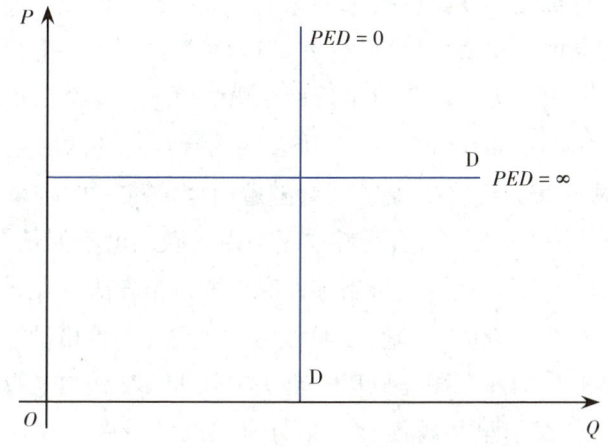

图1-20　PED为零和无穷大时的需求曲线

第二种是 PED 为无穷大的情况。这个概念相对比较难理解，但是作为 PED 的另一个极端，它的意思是不管需求量如何变化，价格始终不会变。或者说，只要价格稍微上升，需求量立马降至0。如图1-20所示，PED 为无穷大时的需求曲线是一条水平的直线。可是什么样的商品会有无穷大的 PED 呢？一般来讲，这样的商品需要满足两个特点：一是替代品的数量众多；二是这件商品是普遍被人们所需要的。在现实生活中，一些生活必需品（如面包、大米、土豆等）的价格弹性极高，这些商品的生产者众多，且商品同质化较强，任何一个生产者都不敢轻易涨价，因为一旦涨价，就会失去消费者，因此这些商品的价格稳定。

到这里，已经覆盖了 PED 从0到无穷大的所有可能性，以及每一种 PED 所对应的商品。那么，影响 PED 的因素到底有哪些呢？在经济学中，有三个主要因素会影响一件商品的 PED。

第一，替代品的数量和吸引力（the range and attractiveness of substitutes）。假设一件商品的替代品众多，那也就意味着消费者除了本品以外也有很多其他选择。如果这件商品的价格上升了，那么，消费者会很轻易地改变主意去选择购买它的替代品。像日用品和中低端的电子产品，都属于替代品众多、消费者对于价格敏感度较高的商品。这也解释了为什么此类商品的营销非常容易陷入价格战。

第二，商品的相对支出（the relative expense of the product）。所谓相对

支出，是购买此商品的支出占消费者总预算的比例。消费者对于诸如汽车、房产等大件商品的支出，会占据他们很大一部分的预算，所以，消费者对于该类商品的价格敏感度会更高，而对于快餐之类的低价商品，因为本身消费者的支出不多，他们对于价格变化的敏感度就会低很多。

第三，时间（time）。这是一个让人感觉有点意外的因素。在经济学中，消费者对于商品价格的敏感度会随着时间的推移而越来越高，换言之，就是对于同一件商品，消费者在短期内的敏感度不如长期的敏感度。究其原因，其实也不难理解，如果某件商品的价格发生变化，消费者是需要时间去作出相应对策的。即便是像日用品之类的高价格敏感度商品，消费者也需要把家里的库存用完以后，再决定是否改变消费选择。这其实就解释了机票为什么越早买越便宜。早订机票的消费者，往往喜欢货比三家，因此对价格敏感度较高，旅行社需要通过降价来促使他们下单；而如果消费者第二天就要出发，那么不管什么样的价格他都会下单。因此，一旦临近出发日期，机票就会涨价。

对于 $PED$ 的公式，其实存在一个很普遍的误解，就是 $PED$ 的值是需求曲线的斜率。但需要特别注意的是，$PED$ 不是需求曲线的斜率。其实，只要对比一下两者的公式，不难看出为什么 $PED$ 和需求曲线的斜率在数值上是不相等的。

$$|Slope| = \left|\frac{\Delta P}{\Delta Q}\right|$$

$$PED = \left|\frac{\Delta Q/Q}{\Delta P/P}\right|$$

那么，$PED$ 到底如何与需求曲线关联起来呢？假设在需求曲线的上部取一个点 $A$，如果市场价格和需求量处于这个位置，那么，根据销售额的公式，可以知道这个长方形的面积就是市场销售额（sales revenue）。假设该商品的价格下降，那么 $A$ 点就会移动到 $B$ 点，那在 $B$ 点处的销售额会发生什么变化呢？显然，$B$ 点所对应的长方形面积大于 $A$ 点所对应的长方形面积，也就是说，该商品降价可以带来销售额的提升。什么样的商品降价能够带来销售额的提升呢？就是 $PED$ 值大于1时，即对价格比较敏感的商品。所以，当一件商品的价格较高的时候，消费者对价格的敏感度也会比较高，在这种情况下，薄利才能多销。相反，如果现在该商品的售价在C点，也就是在价格相对较低的时候，那么，降价会对销售额产生怎样的影响呢？由图1-21不难看出，当C点移动到D点的时候，销售额反而变低了。什么样的商品在降价后，反而会给销售额带来负面影响呢？当然就是PED值小于1的时候，即对价格不太敏感的商品。那么，对于这类商品，卖家应该通过涨价才能提升销售额。因此，当一件商品的价格往中间靠的时候，才能使销售额变大；在需求曲线的中间，一定存在一个使销售额是最大的位置。而这个位置所对应的PED恰好等于1。

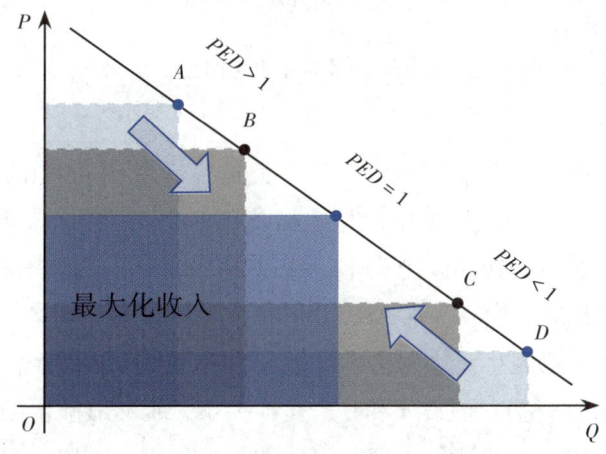

图1-21　PED与需求曲线的关系

消费者除了对商品价格的变化有敏感度，还对一些非价格因素的变化存在敏感度。其中之一就是收入。经济学中还存在一个值YED可以衡量消费者需求量变化对于自身收入变化的敏感度，这个值是需求量的变化百分比除以收入的变化百分比。YED的公式如下：

$$YED = \frac{需求量变化百分比}{收入变化百分比}$$

与PED不同的是，这个公式里并不带有绝对值。因为YED本身可以为正数，也可以为负数。如果YED为正数，说明收入变高的时候，消费者对于该商品的需求量会变大。试想，什么样的商品符合这种变化呢？就是之前介绍过的普通商品。而普通商品中，还有两种比较特殊的商品：一种叫作奢侈品（luxury goods），另一种叫作必需品（necessities）。一般来说，

奢侈品的 $YED$ 是相对较高的，它针对的人群主要是高收入阶层，所以收入高低在很大程度上影响了奢侈品的消费。而作为生活必需品，各个收入阶层的消费者的需求量不会有很大变化，所以必需品的 $YED$ 相对较低。那么如果 $YED$ 为负数呢？$YED$ 为负数说明收入变高会导致该商品的需求量下降，这种商品即次品。

除了收入，还有一个对于需求量产生影响的非价格因素——相关商品的价格（price of related goods）。在经济学中还有一个值 $XED$（cross elasticity of demand），它衡量的是一件商品的需求量对相关商品价格的敏感度，即商品 A 的需求量变化百分比除以商品 B 的价格变化百分比，其公式如下：

$$XED = \frac{商品A的需求量变化百分比}{商品B的价格变化百分比}$$

所谓相关商品，其实有两类。第一类是替代品（substitutes）。对于中短途的旅行，火车和飞机可以说是互相替代的交通工具。如果机票涨价，那么更多的消费者会转而乘坐火车，所以会导致火车票的需求量上升。因此，如果 A 和 B 是替代品，那么 $XED$ 是一个正值。第二类是互补品（complements）。互补品在生活中很多，比如牙刷和牙膏、汽车和汽油等，它们会被消费者同时消费。假设 A 和 B 是互补关系，那么 B 涨价的话，会导致什么结果呢？如果汽油涨价，那么汽油的需求量则会下降，又因为汽车和汽油是共同被消费的，所以汽车的需求量也会下降。由此可见，如果两件商品是互补关系，那么 $XED$ 的值则是负数。

到这里，已经介绍了如何衡量消费者的需求量对于三个因素的敏感度，它们分别是：衡量对于价格敏感度的 $PED$，衡量对于收入敏感度的 $YED$，以及衡量对于相关商品价格敏感度的 $XED$。

除了消费者，生产者对于商品价格的变化也会有不同的反应。因此，在经济学中，还有一个值 $PES$（price elasticity of supply）专门用来衡量生产量对于价格变化的敏感度，其公式如下：

$$PES = \frac{生产量变化百分比}{价格变化百分比}$$

与 $PED$ 不同的是，$PES$ 的公式并不带有绝对值。这是因为价格和产量之间本身就是一个正向关系，因此 $PES$ 不可能为负。而和 $PED$ 一样的是，

PES越高，生产者对于价格的敏感度越高，意味着价格只要稍微一波动，生产者就会大幅度改变生产量。而PES越接近0，生产者对于价格越不敏感，无论价格怎么变，产量都不会发生很大的变化。具体如图1-22所示。

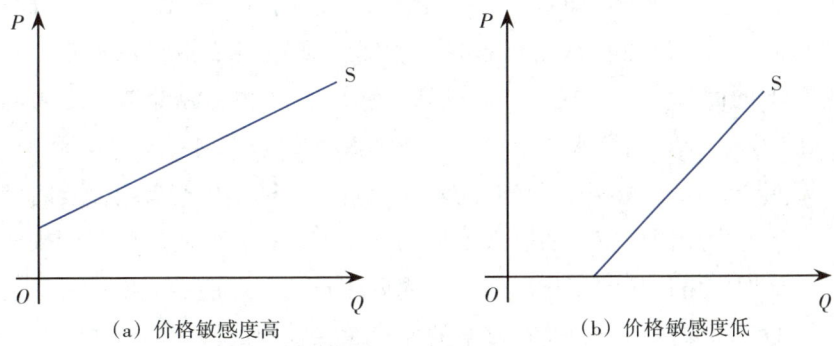

图1-22 不同PES下的供给曲线

那么问题来了，哪些因素决定了一件商品PES的高低呢？

第一个影响PES的因素是商品的库存量多少（level of stock）。商品库存量多，生产者对价格的敏感度更高。因为一旦价格上涨，生产者可以立即把库存拿出来销售；而若库存量少，即便价格上涨，生产者也不一定有时间增产。一般来讲，制造业的商品因为生产周期短且仓储成本低廉，库存量往往比较高，因此对于价格敏感度较高。而水果、蔬菜等生鲜食品因为保质期短，库存量往往较低，为了避免滞销带来的损失，商家不会因为价格上涨而轻易增产。这类保质期较短的商品被称为易腐品（perishable goods），它们的PES往往比较低。另外，服务类的商品，如医疗、教育、资讯等，因为都是为客户提供现场服务，所以几乎没有任何仓储能力。它们的PES也会相对较低。

第二个影响PES的因素被称为剩余产能（spared capacity）。制造业一般依靠机器生产，企业只需要延长机器工作时间或者添置更多机器，就可以轻易实现增产。因此，大量依赖机器的企业往往会有剩余产能，从而使得增产变得可行，因此制造企业对于价格的变化可以及时作出反应。相反，第一产业（如种植或捕捞业）的剩余产能就非常有限。种植业的产量取决于土地的量，农民种地一定会把有限的土地全部利用上，而不太可能会留着一块地不种植。而捕捞业也要完全遵循鱼虾的繁殖和生长周期，不是随随便便可以增产的。因此，大部分的第一产业受限于剩余产能，PES

相对较低。

第三个影响 PES 的因素被称为生产要素流动性（factor mobility）。生产要素流动性高，意味着同一种资源可以用来生产不同商品，资源的专精程度较低。对于制造业而言，很多零部件可以同时用来生产不同的商品，即"制造业的底层逻辑都是相通的"，因此，制造业企业可以相对比较容易地在不同商品之间切换，PES 较高。相反，那些资源专精程度高的行业，比如采矿业、高端服务行业等，PES 就会较低。

第四个影响 PES 的因素是时间。和消费者一样，生产者也需要时间做出改变。像生产周期较短的制造业商品，生产者往往有足够的时间来调整产量，从而应付价格的变化。而生产周期较长的农业商品，生产者往往没有足够的时间来增产，因此对价格的变化敏感度较低。

# 第八讲 外部效应

消费者之所以会消费，是因为消费给他们带来了满足感。通过前面的介绍可以知道，这种满足感在经济学里被称为效用，本部分学习一个新词——私人收益（private benefit）。其实，私人收益和效用的意思非常接近，区别在于私人收益更强调消费者自身所获得的利益。但消费者在消费商品的过程当中，除了自身获益之外，还可能会对身边的其他人或环境产生影响。例如，当人开车上班的时候，自身获得了便利，却对交通和环境造成了负面影响；当工人伐木的时候，他们给家具厂提供了资源，却对自然环境造成了影响；等等。这种在消费或生产过程中对第三方产生的影响被称为外部效应或外部性（externalities）。外部效应分为四种，分别是由消费而产生的正面外部效应（positive consumption externality）、由消费而产生的负面外部效应（negative consumption externality）、生产所引起的正面外部效应（positive production externality）、生产过程中产生的负面外部效应（negative production externality）。从以上分类中其实不难看出，生产和消费都会产生正面和负面的外部效应。

第一，由消费而产生的正面外部效应。例如，疫苗不仅能防止自身患病，也能防止一些传染病的扩散，从而造福人类。所以，"防止自身患病"是私人收益（private benefit，PB）；"而防止疾病扩散"，在经济学中被称为外部收益（external benefit，EB）。而私人收益和外部收益的总和，在经济学中被称为社会收益（social benefit，SB），也就是消费这件商品带来的社会收益。从而有了这样一个公式：私人收益 + 外部收益 = 社会收益。其实除了医疗，教育也是一个非常典型的可以产生积极收益的商品。

第二，由消费而产生的负面效应。这种商品在现实生活中也比较常见，如博彩、烟酒等，它们的消费都会对身边的人或多或少地造成不良的影响，而这些不良影响在经济学中又被称为外部成本（external cost，EC）。所以对于那些产生负面外部效应的商品，社会效益应该等于私人收益减去外部成本，即社会收益 = 私人收益 – 外部成本。

第三，生产所引起的正面外部效应。这种例子在生活中相对比较少见，一个比较典型的例子是养蜂。养蜂的目的本来是生产蜂蜜，但是，蜜蜂会传播花粉，从而为周围植物的生长带来帮助，这种帮助也就是外部收益。所以，养蜂的社会成本就是私人成本减去外部收益，即社会成本 = 私人成本 – 外部收益。

第四，生产所产生的外部效应。首先，在生产过程中产生的负面外部效应。这种商品在现实生活中不鲜见，如采矿、伐木、重工业等在生产的过程中会对周围环境造成巨大的破坏，从而产生外部成本。生产者的生产成本在经济学中被称为私人成本（private cost，PC），私人成本和外部成本的总和就是生产该商品所需要的社会成本（social cost，SC），即私人成本 + 外部成本 = 社会成本。

这四种外部效应中有两种是正面外部效应，而这些能够产生正面效应的商品，在经济学中被称为有益品（merit goods）。有益品在经济学中的英语定义是 goods that are held to be desirable for consumers, but which are underproduced，即那些值得消费的，但是往往生产不足的商品；而那些产生负面效应的商品则会被称为无益品（demerit goods），即本身不太值得被消费，但市场却过度生产了的商品。

## 第九讲　市场失灵

为什么有益品往往会生产不足，而无益品却总会生产过剩呢？想要回答这个问题，还是要回到供给曲线和需求曲线。一件商品的市场价格和交易量都是由供需决定的。但在经济学中，又把供给曲线称为边际私人成本（marginal private cost，MPC），而把需求曲线称为边际私人收益（marginal private benefit，MPB）。边际私人成本是企业每多生产一件商品所要多付出的成本。随着产量的增加，边际成本往往也会不断上升。这背后的原因比较复杂，在后面的内容中会具体介绍，目前可以理解为：企业增产导致生产效率下降，从而增加生产成本。具体如图1-23所示。

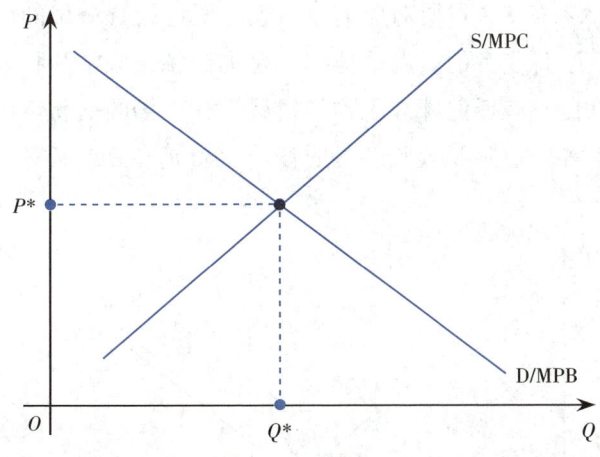

图1-23　边际私人成本和边际私人收益

那么，为什么边际私人成本等同于供给曲线呢？简单来讲，供给曲线反映的是企业生产量和企业所愿意接受的价格之间的关系。随着企业不断增产，企业的边际成本不断提高，而企业愿意接受的最低价格必须反映出这种不断增加的边际成本。

边际私人收益指消费者每多消费一件商品所获得的"利益"，又叫作效用。通过之前的介绍可以知道，边际私人效益会随着消费量的不断上升而逐渐下降,而消费者愿意支付的价格刚好能够反映这种不断下降的边际收益,所以其也就等同于需求曲线。

如果不考虑外部效应的话,当一件商品的边际私人成本等于边际私人收益的时候,市场就达到了平衡,生产资源也得到了最有效的分配。

当一件商品存在外部效应的时候,那么,社会成本和私人成本,以及社会收益和私人收益就有可能不相等。例如,如果一件商品是无益品,那么,根据之前的内容可知,社会成本 = 私人成本 + 外部成本,把这个公式写成边际成本形式,也就是边际社会成本 = 边际私人成本 + 边际外部成本。而如果这件商品不产生外部效应,那么社会收益就等于私人收益,从而,边际社会收益 = 边际私人收益。那么,如图1-24所示,边际社会成本就会在边际私人成本的上方,两条线之间的间距则是边际外部成本;而因为该商品不产生消费外部效应,所以边际社会收益就等于边际私人收益,边际私人成本和边际社会成本两条线就重叠在一起。当外部效应存在的时候,资源的最优配置应该是边际社会成本等于边际社会收益。所以从图1-24中可以看出,$A$点所对应的数量就是资源配置最优的量。但一定要注意,作为生产者或者消费者,他们都是根据私人成本和私人利益来做出决策的,所以在没有任何外部干预的情况下,市场的交易量仍然应该是在边际私人成本等于边际私人收益的时候,也就是在$B$点所对应的位置。这

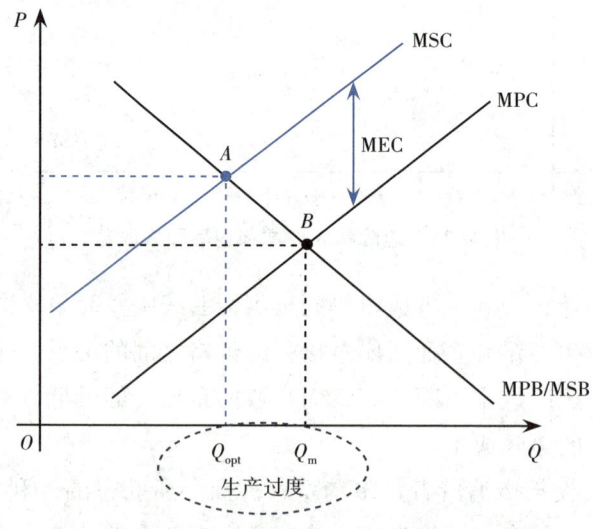

图1-24 无益品的资源最优配置量和市场均衡量

就解释了为何无益品往往会被过度生产。

再来看有益品。有益品往往会产生正面外部效应。假设有一件商品，可以产生正面外部效应，那么，社会收益 = 私人收益 + 外部收益，用边际收益来表示的话就是边际社会收益 = 边际私人收益 + 边际外部收益。如图1-25 所示，边际私人收益会上移，成为边际社会收益，而上移的幅度刚好等于边际外部收益。因此，$A$ 点所对应的需求量就是社会资源最优配置下的量，而市场的均衡交易量却在 $B$ 点。这就解释了为什么有益品往往是生产不足。

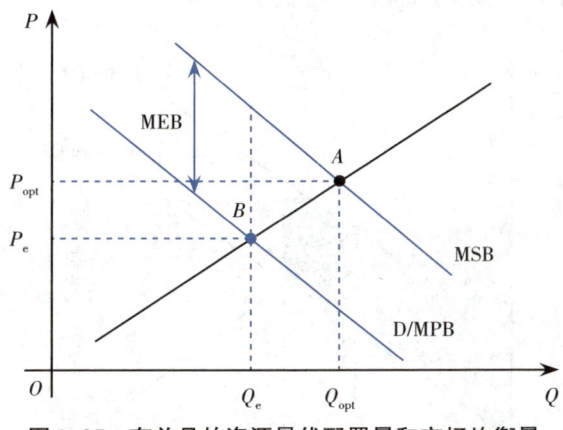

图 1-25　有益品的资源最优配置量和市场均衡量

为什么只有在边际社会收益和边际社会成本相等的情况下，资源配置才是最优的呢？想要回答这个问题，还需要更深入地去研究边际社会收益和边际社会成本。

假设这是一个产生负面外部效应的产品，那么边际社会成本应在边际私人成本的上方。观察图 1-26，当市场达到平衡的时候，市场交易量是 $Q_m$，市场价格则是 $P_m$，资源达到最优配置后的价格和交易量分别是 $P_{opt}$ 和 $Q_{opt}$。当市场处于平衡的时候，消费者剩余等于 $a+b+c+d$，而生产者剩余等于 $f+g+h$。需要注意的是，这时候的社会总剩余并非消费者剩余和生产者剩余的总和这么简单，因为，负面外部效应会产生外部成本。总的外部成本应该相当于 $c+d+e+g+h$ 的总和，这部分的成本应该从消费者和生产者的剩余中扣除。所以社会总剩余 = 消费者剩余 + 生产者剩余 − 总的外部成本，经过简单的计算，可以得到其等于 $a+b+f-e$。

如图1-26所示，若市场处于资源配置最优的时候，也就是边际社会成本＝边际社会收益，那么，消费者剩余是 $a$，生产者剩余则是 $b+f$，在这种情况下，社会总剩余就是消费者剩余和生产者剩余的总和，即 $a+b+f$。把两种状态下的社会总剩余进行比较后，可以清楚地得知，为什么市场处于平衡的时候，资源并没有被最有效地配置，因为市场均衡时的社会总剩余比资源配置最优时的总剩余少了一小块 $e$，而这块 $e$ 的面积在经济学中被称为福利损失（welfare loss）。这也就解释了为何在外部效应存在的情况下，资源并没有最优分配，从而使整个社会产生了福利损失。这种损失也被称为市场失灵（market failure）。

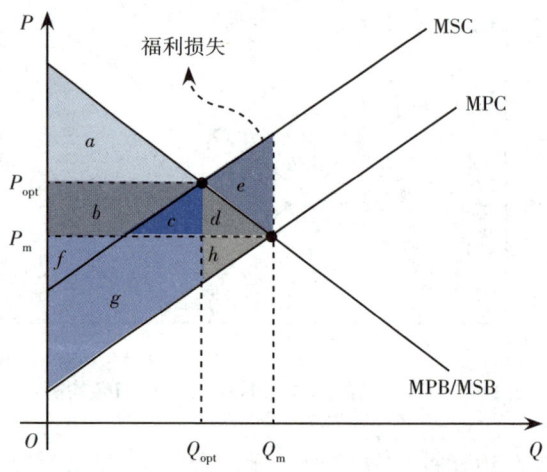

图1-26　市场失灵产生的社会利益损失

# 第十讲 信息不对称

商品市场的供需决定了交易量和交易价格，但是均衡交易量并不一定代表社会资源配置最高效，尤其是在买卖双方信息不对称的时候。本部分主要介绍一个微观经济学中的重要现象——信息不对称（information asymmetry）。简单来讲，信息不对称就是买卖双方知道得不一样多，这种现象在日常生活中非常普遍，例如，二手车的卖家比买家更了解自己的车，饭店的食客对于食物用料和烹饪过程了解得很有限，保险公司对于参保人员健康状况的了解程度肯定不及参保人员。在经济学中，不管哪一方知道得更多，都会造成市场失灵。先来观察二手车市场，如图1-27所示，假设市场上高品质和低品质的二手车各有5万辆，理想情况下，两种二手车的市场均衡应该分别在 $A$ 和 $B$ 的位置。

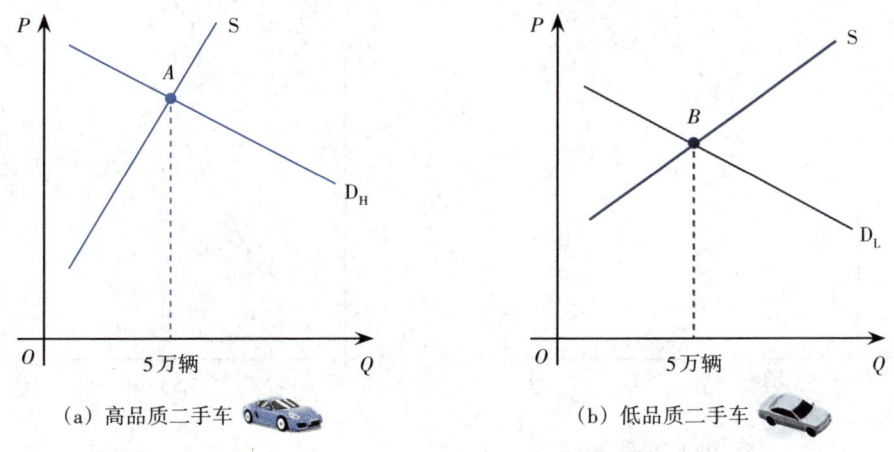

(a) 高品质二手车　　　　　　(b) 低品质二手车

图1-27　二手车交易市场的"烂柠檬问题"1

但是因为买家对于二手车的车况了解得很少，他们就会认为每一辆车是高品质车还是低品质车是个概率相同的随机事件，这种情况下，他们对于每一辆二手车的期望就是一辆"中等品质"的车。如图1-28所示，此时，高品质二手车交易量下降到了2.5万辆，低品质的二手车交易量则上升到了 7.5 万辆。

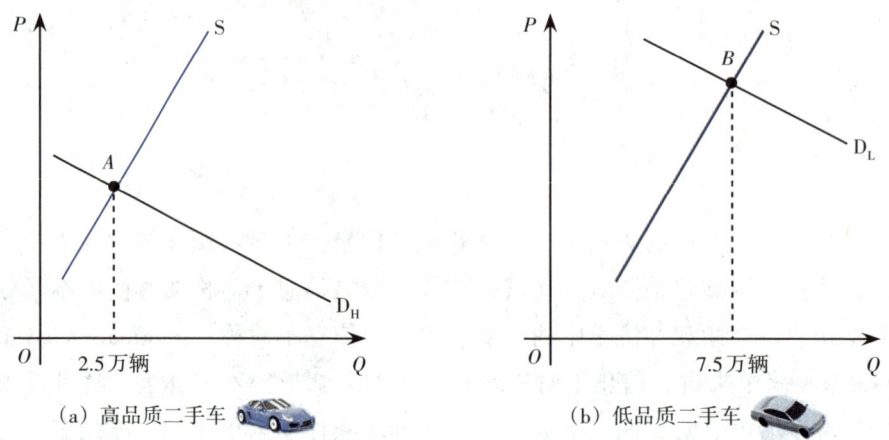

图 1-28　二手车交易市场的"烂柠檬问题"2

因为买卖双方的信息不对称，一部分高品质的二手车被挤出了市场。而随着越来越多的人注意到市场上充斥着低品质的车，消费者对于二手车的期望就会进一步降低，从而导致两个市场的需求线都向下移动，如图1-29所示，最终使得高品质汽车被完全挤出二手车市场。

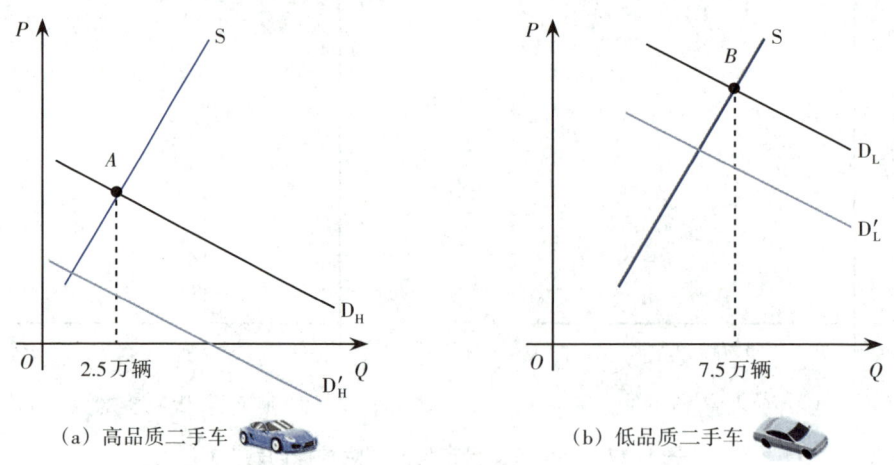

图 1-29　二手车交易市场的"烂柠檬问题"3

在一个市场中，若卖家知道的比买家多，那么低质量的商品往往会挤兑高质量的商品，这个现象在经济学中被称为柠檬问题（lemon problem）。那么，解决这一问题的方法是什么？其实很简单，就是建立一个权威的第三方担保机构，以让双方获得同等信息，从而消除信息不对称带来的困扰。那么，有没有一个市场，买家知道的比卖家知道的多呢？

最典型的就是医疗保险市场。因为保险购买者对于自己身体状况的了解是远超保险公司的。试想，现在保险公司准备向65岁以上的老年人销售一款医疗保险产品，那么，什么样的人会更愿意购买医疗保险呢？答案显而易见，就是身体状况不佳的人。保险公司意识到购买保险产品的人群里，有健康隐患的人的比例明显高于健康的人，为了降低高额保险金带来的风险，保险公司就会给产品涨价；而涨价就会进一步挤兑健康人群购买保险，最终的结果可能就是大部分保险买家都是有健康隐患的。当保险公司发现涨价已经无法抵御风险的时候，他们就会停止销售保险产品。这种因为买家知道的比卖家多而造成的市场失灵，在经济学中被称为逆向选择（adverse selection）。那么，解决医疗保险市场逆向选择的方法是什么呢？最行之有效的方法就是实行全民医疗保险。当政府要求每一个超过65岁的老人都必须购买医疗保险的时候，不管是健康的人还是不健康的人，都成了保险客户，因此，保险公司的风险就被分摊了，这种方法在经济学中被称为风险共担（risk pooling）。

其实，除了保险市场，另外一个非常容易出现逆向选择的市场是信用卡市场。因为信用卡申请人对于自己的偿还能力是最了解的，而如果银行对于申请者的经济情况和偿还能力了解不足，并且给予所有信用卡客户相同待遇，那么可能导致的结果就是，大部分信用卡持有者都是信用不佳的客户。银行为了解决信用卡市场的逆向选择，就会加强对于客户的信用审核，同时建立对于失信客户的惩罚措施。

保险市场的信息不对称，除了会造成逆向选择，还会产生另外一个问题——道德风险（moral hazard）。道德风险是指买卖双方中的一方做出了"不道德行为"，而导致另一方承担损失。例如，在汽车保险市场，如果一名司机买了保险，他会认为既然有了保险，出了车祸也是保险公司赔，开车就不需要那么小心翼翼了。这种情况下，如果保险公司无法监督司机，司机这种行为上的微妙变化就会增加保险赔付的风险。保险公司是如何应对这种道德风险的呢？首先，就是实行强制车险。如果每名车主都购买车险，那么极少一部分人的"不道德行为"带来的风险就会被大部分始终坚持安全驾驶的车主分摊了。当然，保险公司还可以通过提高保费等一系列的措施来限制这种无法监控的不道德行为。

  其实，除了车险市场，道德风险在各领域的保险市场无处不在。例如，有人会在健康状况不佳的时候，隐瞒病情购买医疗保险，再去治疗，从而降低医疗费用；有人会在购买人身保险后，无所顾忌地参与高危运动；等等。当然，保险公司也通过一系列的复杂计算，得出最有利于保险公司的产品设计，从而规避道德风险。在经济学中，道德风险其实是消费者为了达到自身利益最大化而做出的"损人利己"的理性选择，与其说是"道德败坏"，不如说是人性使然。

# 第十一讲　公共产品和私人产品

任何一件商品都有价格，商品的价格由市场供需所决定；而供需则反映了生产者的边际成本和消费者的边际利益。

在经济学中，可以被定价的商品被称为私人产品（private goods）。私人产品有两个重要的特点：一是具有竞争性（rivalrous），二是具有排他性（excludable）。

所谓竞争性，是指当一个人在消费一件商品的时候，其他人对于该商品的消费就会减少。其实，人们身边大部分的商品都具有这种竞争性。这种竞争性也反映了产品的稀缺性（scarcity）。在前面的内容中已经介绍，任何稀缺的产品都需要通过价格来反映它的价值。

所谓排他性，简而言之，就是可以通过收费的方式阻止不愿意付钱的人消费该商品。人们可以花钱获得的商品和服务大多数是具有排他性的。正是因为排他性，市场才可以通过定价的方式，把资源分配给最有需求的人，从而达到社会利益的最大化。

但在现实生活中，并不是所有的产品都具有竞争性和排他性，如公共产品（public goods）。公共产品是私人产品的另一个极端，它的特点是既不具有竞争性，也不具有排他性。例如，当阿强站在路灯下的时候，路灯并不会变暗，阿花可以享受同样的照明，因此，路灯不具有竞争性；而路灯是为所有在夜间使用马路的人提供照明，只要你走上马路就使用到路灯，所以，它也不具有排他性。其实像这样的产品和服务还有很多，如消防、警力、国防、司法、免费公路等，都是那些可以被人们共同拥有，并且几乎不会因为人多而变得稀缺的产品。公共产品都是由政府提供的。那么，为什么私人企业不能提供公共产品呢？

其实，公共产品最大的问题就是因为缺乏竞争性和排他性所导致的搭便车问题（free rider problem）。经济学中的"搭便车"，就是通过别人为商品付款，使自己免费获得该商品，简而言之，就是一种不劳而获的行为。

假设现在私人企业为城市造了一块公共绿地，但是需要向公众收费后才能开放。这个时候会出现两种情况，第一种是有个好心人支付给了企业一笔钱，企业开放了公共绿地，但是却无法阻止其他人进入并使用，这些依靠别人的支出才免费进入公共绿地的人就是"搭便车者"；而这个向企业支付的人就成了"冤大头"。第二种情况是大家都想成为"搭便车者"，都等着别人成为"冤大头"，最后的结果就是没有人愿意为公共绿地支付费用，公共绿地也就无法开放。但不管是哪一种，都会使得这个"公共绿地"市场的生产量和消费量远远低于市场最优。那么，由政府所提供的公共产品和服务真的就是免费的吗？其实并不是。虽然因为缺乏排他性和稀缺性，人们不愿意为公共产品支付费用，但他们都是公共产品的受益者。而政府可以通过征税的方式，让人们为自己所获得的利益支付费用，并承担政府提供公共产品的支出。我们可以将其看作一种强制性的消费，而这种强制措施只能由政府来实施，私人企业是做不到的。

那么，有没有一些商品是介于公共产品和私人产品之间的呢？

在经济学中，有一种产品被称为公共资源（common resource）。公共资源是一种不具有排他性，但具有竞争性的产品。例如，渔业资源就属于公共资源。理论上来讲，每个人都可以去海里捕鱼，因此这种产品不具有排他性。但是过度的捕捞会导致渔业资源的稀缺，因此它具有竞争性。正因为缺乏排他性，所以公共资源很难定价且向消费者收费；而一旦资源免费，消费者就会过度使用，从而导致资源枯竭，这种现象在经济学中被称为公地悲剧（tragedy of commons）。当然，对于公共资源的问题，政府可以采取一些限制措施，如通过发行许可证、征税等手段增加消费者的边际成本，从而达到限制消费的目的。还有一些产品，它的特点刚好和公共资源相反，这些产品有排他性，但却不具有竞争性。例如，对于付费音乐，不愿意付钱的用户是无法下载的，所以它具有排他性；但是如果付费下载了一首歌，会不会影响别人下载呢？似乎是不会的，所以付费音乐下载是不具有竞争性的。这种商品在经济学中被称为人为稀缺产品（artificially scarce goods）。之所以有这种奇怪的名字，是因为这种产品由于需要付费而给消费者造成了一种"稀缺"的假象，而实际上，因为像付费音乐这样的产品不具有竞争性，所以并不稀缺。其实对于付费音乐，消费者每多下载一首歌，生产者并没有额外的支出，所以其边际成本为零。根据前面的介绍，这个市场的最优消费量应该就在消费者边际收益也为零的时候。但是因为企业实际上会对消费者收费，所以实际的消费量会低于市场最优，从而导致这种产品的消费不足，如图1-30所示。

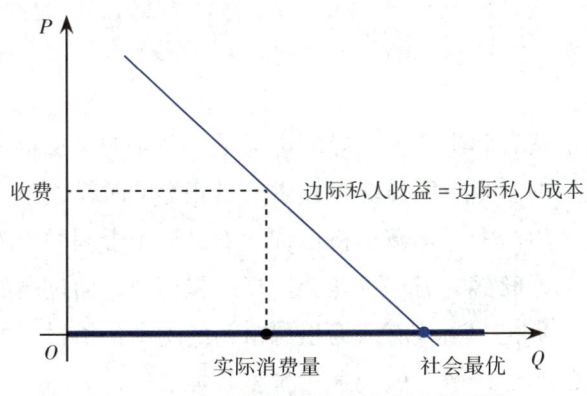

图1-30　人为稀缺商品的消费不足问题

# 第十二讲  价格管控

在一个由消费者和生产者主导的市场里，商品的交易量和交易价格完全是由供需决定的。当市场需求量和供给量相等的时候，市场就达到了均衡。然而在现实生活中，均衡价格也许并不是一个合理的价格。例如，大城市的租房市场，旺盛的需求可能会推高房屋租金，而过高的租金却让很多低收入者难以负担。当政府认为租房市场的均衡价格过高的时候，为了保护低收入者的利益，政府就会通过价格管控（price control）来影响市场价格。为了确保消费者的利益，政府往往会把价格限定在比均衡价格更低的水平，如图1-31所示。

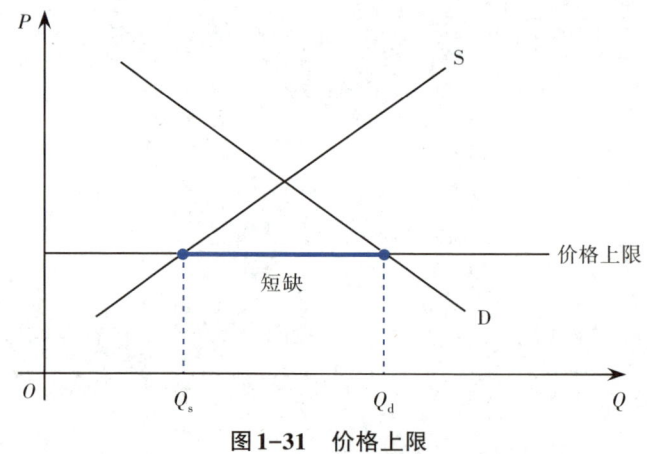

图1-31  价格上限

这个低于均衡价格的价格，在经济学中被称为价格上限（maximum price）。为什么明明低于均衡价格，却被称为价格上限呢？这个问题其实并不难理解。如图1-31所示，如果市场价格低于均衡价格，那么在没有政府干预的情况下，市场的力量会推动价格上升，使价格最终达到均衡位置；但是，如果政府限定了该商品的价格，那么价格的上升只能到此为止。

那么，政府设定价格上限真的能够保护低收入者的利益吗？不难发现，当价格低于均衡位置的时候，市场需求量会大于供给量，这个时候就会出现商品的短缺（shortage）。当然，懂经济的人可能了解，这种短缺在短期内可能不会很明显。因为短期内消费者和生产者都不会对价格波动有很大反应，换言之，就是价格弹性较低，如图1-32所示。

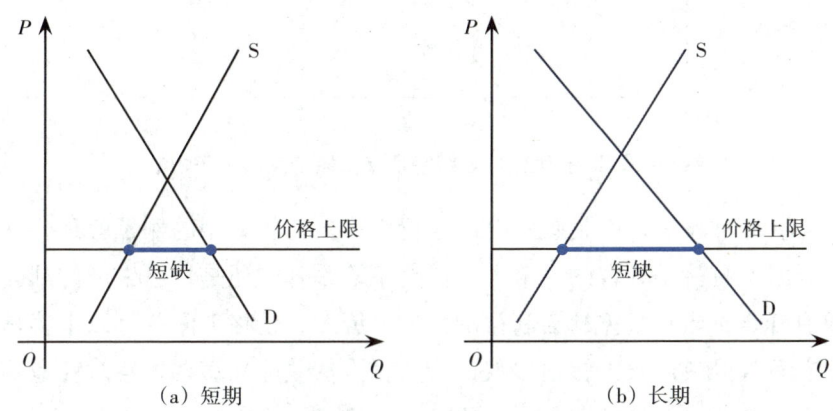

图1-32 价格上限在不同价格弹性下对市场的影响

当短期价格弹性较低的时候，这种短缺并不明显。但是从长期来看，消费者和生产者对于价格的变化有充足的时间做出反应，从而使价格弹性变高。随着价格弹性变高，短缺现象就会加剧。这种短缺会带来一系列的社会问题，如租房市场如果供不应求，那么房东们可能不再注重房屋的质量，因为他们根本不担心房子租不出去。除此，短缺还可能滋生违规交易，如房东可以优先把房子租给自己的亲戚朋友，甚至可能通过收受贿赂的方法来选择租客。短缺还可能助长投机行为，最典型的例子就是大型演唱会的门票。由于演唱会的门票需求量很大，官方售价往往是低于市场均衡价格的，因此，官方价格就是价格上限。这时候就会出现一些人，他们以官方价格大量购入门票，再以更高的价格在黑市售卖获取利益，这些人就是"黄牛"。所以，当政府设定价格上限后，还需要一些方法来解决市场短缺的问题。例如，政府可以通过补贴房东的方法，鼓励房东提供房屋租赁，从而使生产线往右移动，逐步缓解短缺，如图1-33所示。

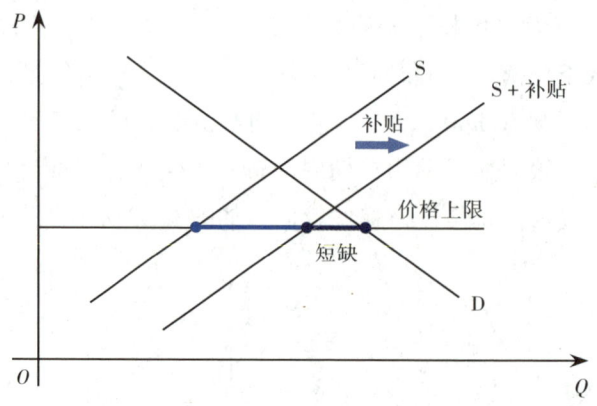

图1-33　政府通过补贴缓解价格上限带来的市场短缺

还有一种方法，就是政府自己进行生产。比较典型的例子就是公立教育，政府本身就是教育的供给方。但是不管是补贴还是自己生产，都会增加政府开支，导致整体社会利益的损失。因此，价格上限一直以来就是一个很有争议的政府政策，很多人认为这种方法只能在短期内暂时性地保护消费者的利益，但从长期来看，这是一种浪费社会资源的无效方法。

政府对市场价格的管控，除了有价格上限外，当然还有价格下限（minimum price）。当政府发现商品的市场均衡价格过低，从而损害了生产者的利益时，就会设定一个高于市场均衡价格的价格，以确保生产者的收入，如图1-34所示。

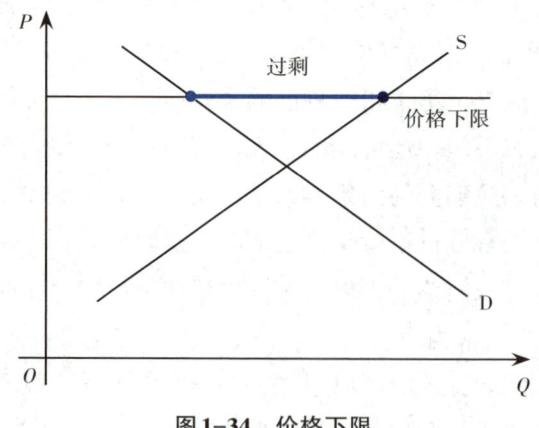

图1-34　价格下限

关于价格下限有两个典型的例子。第一个是劳动力市场里的最低工资（minimum wage）。如果政府认为某一行业的市场均衡收入过低而无法确保劳动者的生活，那么政府就会设定一个高于市场均衡收入的工资，通常称为最低工资。第二个是农产品市场。因为农产品的价格受到气候和国际粮食市场的影响，所以往往波动较大。政府为了确保农民的收入，就会设定一个高于市场均衡的价格。但是，价格下限会产生的结果就是市场供给大于市场需求，在经济学中被称为过剩（surplus）。如果农民生产的农作物都因为价格过高而卖不出去的话，价格管控岂不就无法保证农民的利益了吗？的确，当农产品市场因为价格过高而导致产能过剩的时候，政府就需要出资来购买这些过剩的产品。政府出资购买，就相当于把需求曲线向右移动，从而使过剩现象得到缓解，如图1-35所示。

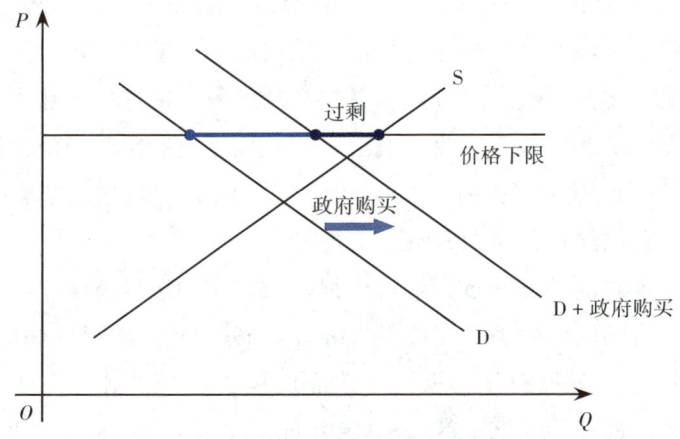

图1-35　政府通过出资购买缓解价格下限带来的市场过剩

那么，政府购买这些农产品有什么用呢？其实，因为大部分的农产品保质期很长，所以政府就可以囤在自己的仓库里，一旦国家因为天灾人祸出现粮食短缺，政府就可以把仓库里的农产品平价售卖或者直接发放给民众。另外，政府还可以把这些粮食出口以换取外汇，或者用于稳定国际粮食市场的价格。虽然价格下限配合政府购买可以有效地确保生产者的利益，但从长期来看，这无疑会增加政府的负担。因此，与价格上限一样，价格下限也不是一个解决市场价格不合理问题的长久之计。

# 第十三讲 税 收

税收（tax），是国家的重要收入来源。在经济学中，税收主要有以下三项功能。首先是为政府创收，这是税收最重要的功能。政府通过税收收入（tax revenue）为这个国家的公民提供公共产品和公共服务。其次，政府还可以通过征税的方式影响某些商品价格，从而影响消费和生产行为。例如，政府对于烟酒之类的无益品征收较高的税，使其市场价格变高，从而限制消费；再如，政府对进口车征收高额关税，使进口车在本地的售价变高，从而保护本国汽车产业。最后，税收也是政府宏观经济调控的重要工具，俗称财政政策（fiscal policy）。政府可以通过调整税率影响市场的总需求量和总供给量，从而影响经济走势。

然而，税收的种类繁多，结构也很复杂。在初级经济学中，首先需要了解的是税收的两大分类：间接税（indirect tax）和直接税（direct tax）。

间接税就是负税人并不直接向政府缴税，而是由其他人代负税人缴税。间接税的最典型的例子就是消费税（tax on consumption）。假设你去超市花12元买一盒牛奶，你所支付给超市的12元里，也许有2元是需要超市支付给政府的消费税。在这个过程中，卖家是实际纳税人，而买家却是这笔税款的承担人，也就是负税人。可见，消费税就是典型的间接税。消费税在每个国家的叫法不一样，在美国被称为销售税（sales tax），在加拿大和澳大利亚被称为商品与服务税（goods and service tax，GST），在英国被称为增值税（value added tax，VAT）。对于消费税，虽然叫法不一，但它们在本质上都是一样的，即由消费者承担、由生产者支付的税。

与间接税相反的是直接税。直接税就是由负税人直接向政府纳税的税。其最典型的例子就是收入税（tax on income）。因为收入税是由收入所得者（即负税人）直接缴纳的，所以被称为直接税。收入税包括很多种类，如个人所得税（personal income tax）、企业税（corporate tax）、资本利得税（capital gain tax）等，这些都是直接向收入所得者征收的税。

消费税是一种由生产者缴纳，但是由消费者承担的间接税，那么，如果政府向某件商品征税，会如何影响该商品的供给曲线和需求曲线呢？

如图1-36所示，征税会使一件商品的供给曲线往上移动，需求曲线则不会发生移动。这是为什么呢？背后的原因并不复杂，即消费税是由生产者缴纳的，但是生产者为了把税"转嫁"给消费者，就需要提高商品的售价。换言之，就是对于相同的生产量，生产者需要接受一个更高的市场价格，从而使得供给曲线向上移动。而向上移动的幅度应该刚好等于单位商品的税额（per unit tax）。

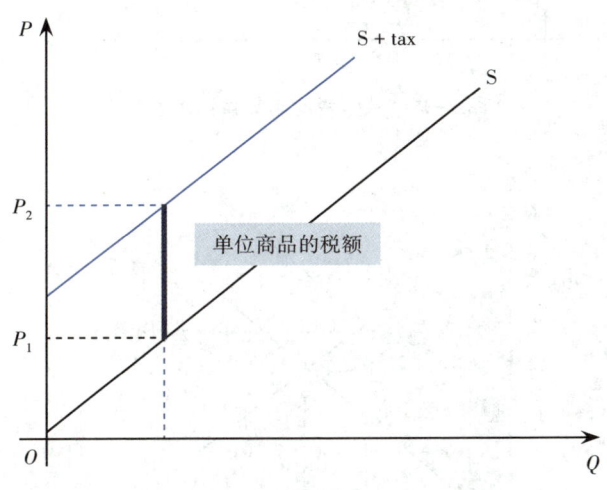

图1-36　从量税对市场供给的影响

需要注意的是，消费税的征收方法有两种，分别是从量税（specific tax）和从价税（ad valerom tax）。从量税就是以商品的量作为计税标准，而与商品的售价无关。例如，我国对进口的酒类、原油等商品征收从量税：每升原油征收一定的关税，每百升香槟酒征收一定的关税。

反观从价税，则是以商品价格为标准计税的。在经济学中，从价税往往是商品售价的比例，是按照固定比例征收的，这也就意味着商品售价越高，单位商品的税额也越高，从而就形成图1-37所示的一条供给曲线。

回到供需图像，来看一下供需图像是如何反映征税对市场的影响的。如图1-38所示，当一件商品被征税以后，因为供给曲线向上移动，导致市场均衡价格从$P_0$上升至$P_1$，而市场交易量则从$Q_0$下降到了$Q_1$。但是，$P_1$是消费者所支付的价格，而生产者实际获得的价格并不是$P_1$，而是$P_2$，

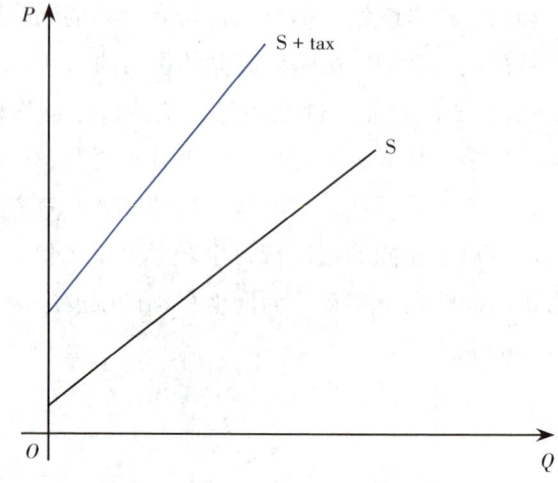

图 1-37　从价税对市场供给的影响

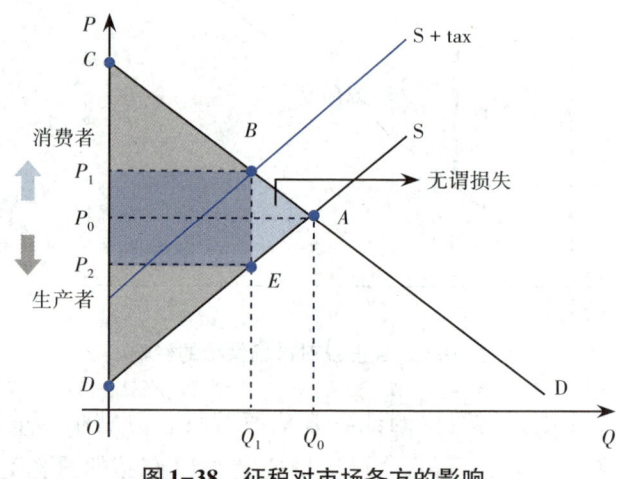

图 1-38　征税对市场各方的影响

这个价格是比征税前的市场均衡价格更低的。$P_1$ 和 $P_2$ 之间的差价是该商品的消费税，是需要上交国家的。可见，征税会使消费者支付更高的价格，而生产者会获得更低的价格，同时也使市场的交易量下降。虽然征税可以有效地限制一些无益品的过度消费和生产，但是从生产者和消费者的角度来看，其利益是受到损害的。这一点还可以从消费者剩余和生产者剩余中看出来。在征税之前，消费者剩余是 $AP_0C$ 这个三角形对应部分，征税后则缩小到三角形 $BP_1C$ 对应部分。同样，生产者剩余在征税前是三角形 $AP_0D$ 对应部分，征税后则缩小到三角形 $DP_2E$ 对应部分。但是消费者和生产者损失的剩余去了哪里呢？其实从图1-38不难看出，消费者和生产者损失的剩余有一部分变成了政府的税收，也就是长方形 $P_1BEP_2$ 对应部分。但是还有一部分并没有转变成政府收入，这就是三角形 $ABE$ 对应部分。这部分利益的损失在经济学中被称为无谓损失（dead weight loss），它是因为征税而导致的社会整体利益的损失。

## 第十四讲 补 贴

国际著名纯电动汽车品牌特斯拉正式实现国产后，可谓给中国的新能源汽车市场投下了一颗重磅炸弹，看着特斯拉门店的空前盛况，想必国内新能源汽车厂商的心情应该非常复杂。其实，新能源汽车一直以来就是一个受到政府大力保护和扶持的行业，据不完全统计，截至2019年，我国政府对于新能源汽车的补贴累计已经超过1000亿元人民币。在经济学中，补贴（subsidy）是一笔由政府直接支付给生产者的费用。一般来讲，生产者每卖出一件商品，政府就会支付给生产者一笔补贴。例如，2018年之前，我国政府对于新能源汽车的最高补贴可以达到每辆车6万元。所以，补贴带来的直接影响就是使企业的成本下降，而一旦成本下降，企业就可以通过增产来实现利润最大化。如图1-39所示，政府补贴带来的效果就是使供给曲线向右移动，使得市场价格从$P_0$下降到$P_1$。但是，$P_1$是消费者可以享受到的价格，生产者能够获取的价格却是$P_2$，而$P_1$和$P_2$之间的差价其实就是政府对于每件商品的补贴。从图1-39中可以清晰地看出，有

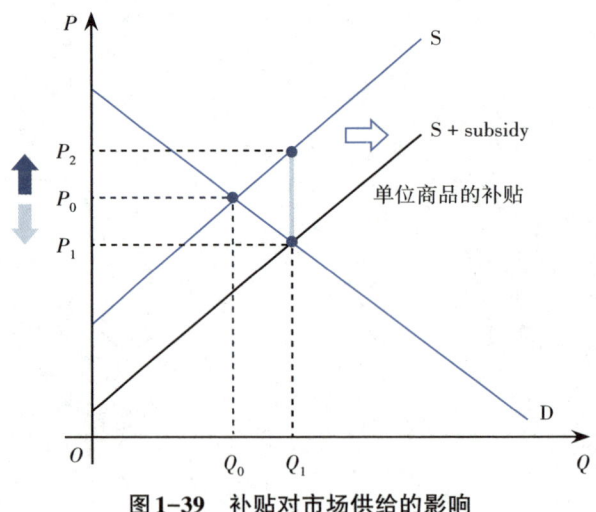

图1-39 补贴对市场供给的影响

了补贴，消费者支付的价格更低，生产者反而可以获取更高的收入，这也解释了为什么国产新能源汽车的售价如此亲民的同时，新能源汽车厂商还乐此不疲。与此同时，可以看到市场的交易量从 $Q_0$ 上升到了 $Q_1$，这也是政府补贴的重要目的，即提升新能源汽车作为有益品的产量和销量。虽然政府补贴是一个让生产者和消费者双赢的政策，但是这种政策绝不是鼓励生产的长久之计。

为什么说补贴不是鼓励生产的长久之计呢？由图 1-40 可以看出，在政府补贴的情况下，消费者所能享受的价格是 $P_1$，那么图中 $a$、$b$、$e$ 的面积就是消费者剩余；而对于生产者来讲，他们所获得的价格是 $P_2$，图中 $b$、$c$、$d$ 的面积是生产者剩余。可见，生产者剩余和消费者剩余的总和是超过补贴前的总剩余的。这些剩余有一部分来自政府的补贴支出，图 1-40 中 $b+d+e+f$ 的面积就是政府的补贴总额。如果用消费者和生产者的总剩余减去政府补贴总额的话，社会的总福利是 $a+b+c-f$，与补贴前相比，少了 $f$ 这块面积，即无谓损失。

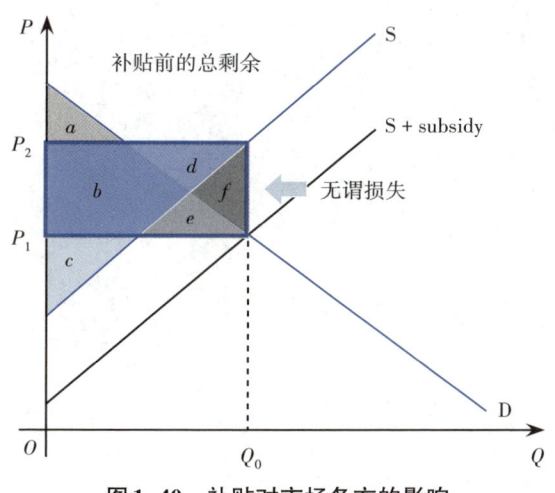

图 1-40　补贴对市场各方的影响

由此可见，补贴虽然给消费者和生产者带来了更多的利益，但是这种利益是建立在政府的巨大支出上的；而因为无谓损失的存在，政府补贴并没有使社会的总利益最大化。作为传统燃油汽车的唯一替代品，新能源汽车是未来出行工具发展的大势所趋，随着新能源汽车数量的越来越多，如果持续补贴，终将使其成为政府难以承受的负担。其实，从 2019 年开始，我国政府已经开始逐渐削减对于新能源汽车的补贴，俗称补贴退坡。那么，补贴退坡导致的企业生产成本上升又会给新能源汽车市场带来何种影响呢？此前，因为补贴带来的高额利润，大量的新能源汽车制造商涌入市场，但是因为缺乏行业标准，市场上的新能源汽车鱼龙混杂。另外，高额的利润给企业带来了巨大的降价空间，很多企业通过"价格战"来争取市场份额，对于生产技术的研发则缺乏热情。如今，在补贴被大幅度削减的情况下，那些长年依靠补贴却不思进取的企业就很容易因为利润空间的大幅下降而被淘汰，只有那些真正注重技术和品质的企业才得以生存。所以说，补贴退坡实际上就是政府对于新能源汽车市场的一轮筛选，即通过优胜劣汰的方式让真正的强者占据市场。另外，随着如特斯拉这样的国际品牌国产化之后，新能源汽车市场的竞争将日趋白热化。但是，竞争才是产业技术革新的驱动力，通过技术进步带来产能的提升，才是促进新能源汽车市场发展的长久之计。

# 第十五讲 关税和配额

任何一件商品的价格都是由市场供需决定的，这里所说的市场是一个独立和封闭的经济体（closed economy）。

但是，在现实生活中，国与国之间存在大量的经济活动往来，其中最常见的就是贸易（trading）。那么，贸易会对一个国家的商品市场产生什么样的影响呢？假设一个国家的商品市场对他国开放，而他国刚好在这件商品上具有相对优势，就意味着这件商品从他国进口的价格低于本国的市场均衡价格。如图1-41所示，此时本国市场就会出现商品的短缺，$Q_1$是市场供给量，$Q_2$则是市场需求量。那么供给和需求之间的空缺如何填补呢？答案显而易见，就是从他国进口。

从图1-41可以看出，有了贸易之后，本国的消费者剩余是图中区域1，2，3面积的总和，生产者剩余则是区域4的面积。不难看出，得益于更低廉的商品价格，社会的总利益提升了（区域3的面积），这就是自由贸易带来的好处。与此同时，本国生产者的利益却出现了明显的下降，这就是自由贸易带来的负面影响，即低廉的价格会对本土企业造成致命的打击。正因如此，大部分国家的政府都会建立大大小小的贸易壁垒，来限制

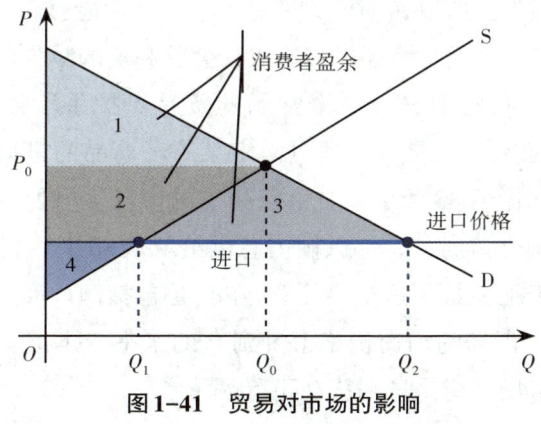

图1-41 贸易对市场的影响

本国进口具有价格优势的商品。这其中最常用的手段就是关税（tariff）。

如图1-42所示，当一个国家对进口商品征收关税后，那么这件商品在本国的售价就会提高至$P_2$的水平，而$P_1$和$P_2$间的差价就是每件商品的关税。此时对于该商品的进口量就会下降，该商品的国内产量则从$Q_1$上升到$Q_3$。可见关税从某种程度上保护了本国的企业。这种手段在经济学中被称为贸易保护主义（trade protectionism）。

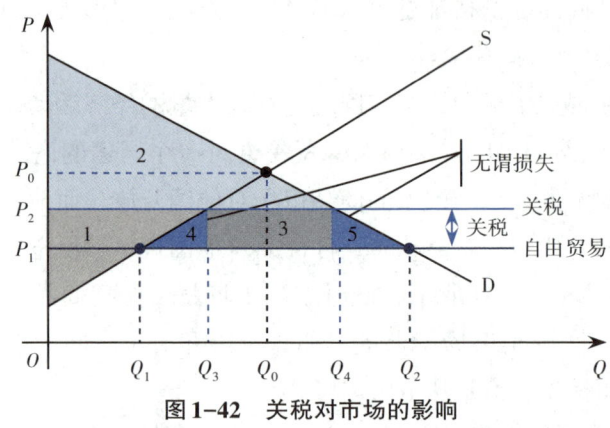

图1-42　关税对市场的影响

政府可以通过征收关税来提高进口商品的价格，从而保护本国的相关产业，但是关税对于整个市场会产生哪种影响呢？如图1-42所示，征收关税导致进口商品售价变高，国内企业的产量得到了一定的提升，同时进口总量却变小了。与没有关税相比，生产者剩余增长到图中区域1的面积，消费者剩余则缩小至区域2的面积，长方形3的面积则是政府的关税收入，也就是政府的收益。这样一来，社会总收益就少了区域4和5两块面积，即无谓损失。所以，即便关税对于本国企业能够起到一定的保护作用，但是贸易保护主义最终还是会造成社会总利益的减少。

除了关税，政府的另外一个常用的贸易保护手段被称为进口配额（quota）。所谓配额，就是政府通过限定某一种商品的进口总量来保护本国相关企业。如图1-43所示，自由贸易下的市场价格处在$P_1$的水平，现在政府通过配额进口商品，那么国内总供给就从Sd平移到了Sdq的位置，平移的量相当于配额量。这里要注意，Sdq是包括国产商品和进口商品的总供给。此时，市场的均衡价格上升到$P_2$的水平，本国企业生产量从$Q_1$上升到了$Q_3$，市场总交易量则从$Q_2$下降到了$Q_4$。

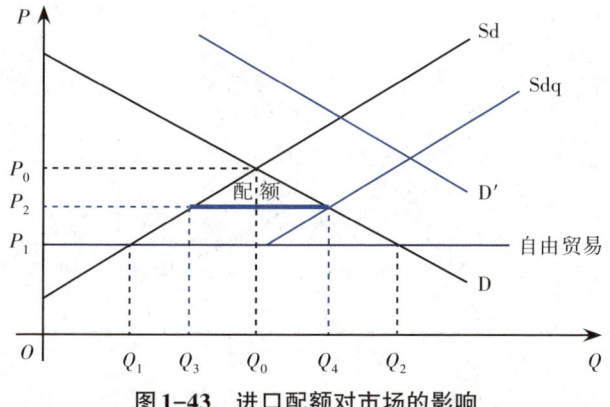

图1-43 进口配额对市场的影响

如果把进口配额和征收关税的供需图像进行对比，可以发现二者非常类似。那么，它们的区别是什么呢？其实区别就在于图1-44和图1-45中长方形（阴影部分）的面积。

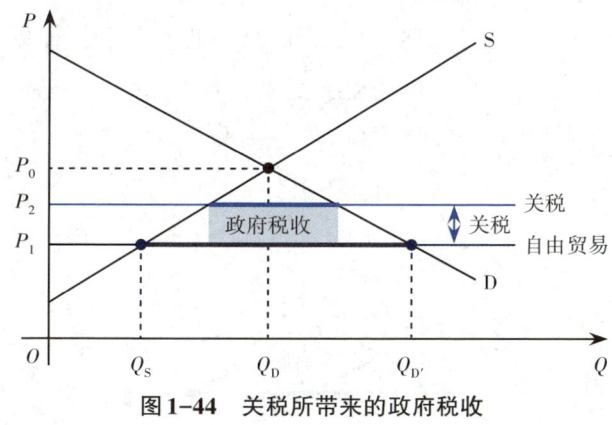

图1-44 关税所带来的政府税收

关税是通过提高进口价格来限制进口量，而关税是缴纳给政府的，故而图1-44中长方形的面积就是政府的税收收入。

配额是通过限制进口量来提高进口价格，而这个价格的提升并不会成为政府的收入。它表示该进口商品在国内的售价高于其在原产国的售价，因此这部分的面积就是该进口商品的生产者或是国内的进口商所能获得的额外利益，如图1-45所示。

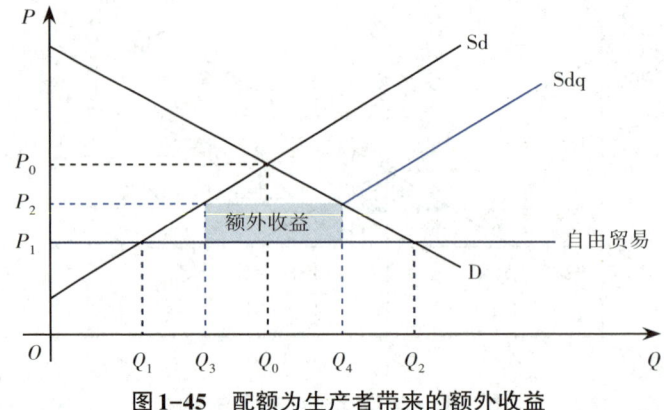

图 1-45 配额为生产者带来的额外收益

当然,对于进口配额,国家也可以通过销售进口配额许可证的方法,把这部分的利益转移到政府身上。

除了上述区别,在经济学中,通常认为进口配额对贸易的保护力度比关税更大,这又是为什么呢?

如图 1-46 所示,如果政府对进口商品征收关税后,使得进口价格上涨,假设现在该进口商品的市场需求变大,需求曲线向右移动,进口量增加,社会各方的总利益仍然会变高。

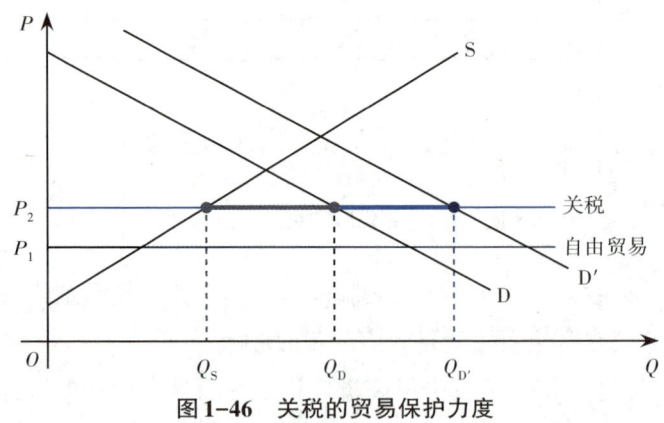

图 1-46 关税的贸易保护力度

如图 1-47 所示,如果政府实施进口配额,那么需求曲线一旦右移,价格就会被进一步推高以确保进口总量的不变,由此可见,进口配额是一种更彻底的贸易保护。

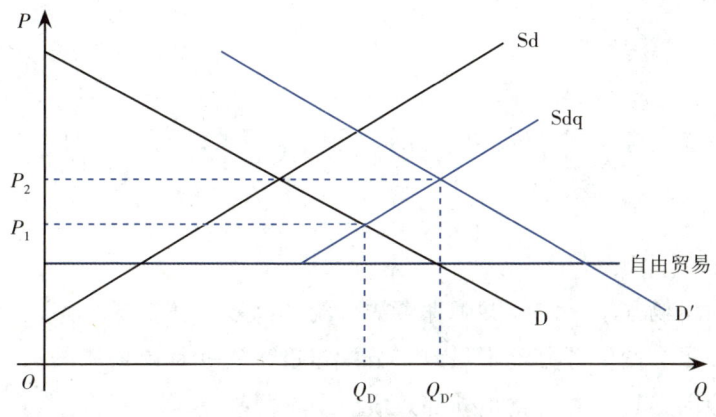

图1-47 进口配额的贸易保护力度

不管是关税还是配额,贸易保护主义不仅影响市场资源配置的效率,更有可能升级为国与国之间的贸易摩擦,因此,很多国家本着互惠互利的原则,就贸易规则达成一致,形成一个贸易集团(trade bloc)。贸易集团有很多不同的类型:自由贸易区(free trade zone)内的国家互免关税和配额;关税同盟国(custom union)在此基础上还会对非成员国采取统一的关税政策;经济联盟(economic union)不仅有统一的对内和对外政策,而且成员国之间还会有一致的经济政策和社会政策。

# 第十六讲 政府对负外部效应生产的微观干预

自由市场并不一定能够确保资源分配的高效，在很多时候，单纯依靠市场的力量会使资源分配不足或者分配过度，这就是市场失灵。市场失灵有很多原因，其中之一就是外部效应。

具有负外部效应行业（如采矿业、伐木业、重工业等）的企业，在生产过程中会对周围的环境产生破坏。

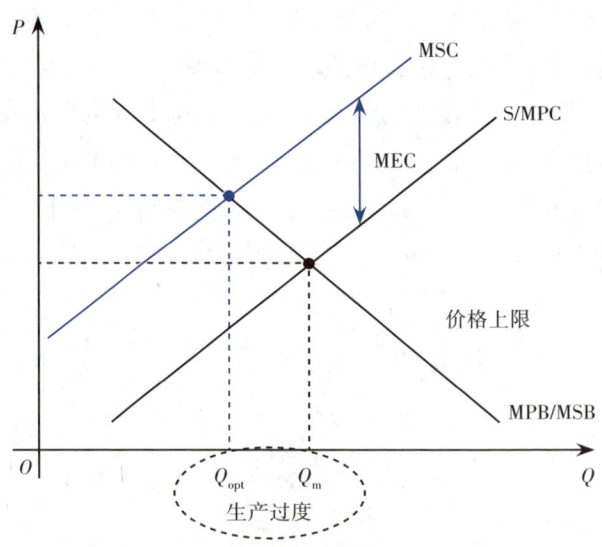

图1-48　生产中的负外部效应导致的过度生产

如图1-48所示，具有负面外部效应的企业生产商品的边际社会成本会高于边际私人成本，高出的部分即边际外部成本。但是因为这种外部成本无法被买卖双方所意识到，所以市场均衡仍然由MPC和MPB的交点决定，也就是$Q_m$。但是，社会资源配置最优的交易量却应该处于MSC和MSB的交点，也就是$Q_{opt}$。因此在图1-49中可以看到，这些商品在市场力量的驱动下被过度生产了。此时，就需要政府介入市场，来缓解商品的过度生产。政府的任务就是通过干预市场来迫使企业减产，使MPC往左移动,从而让市场的均衡交易量接近最优交易量,如图1-49所示。

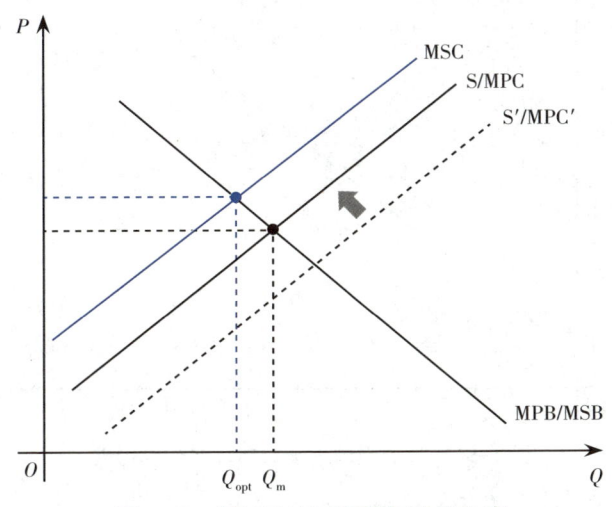

图1-49 通过政府干预缓解过度生产

迫使企业减产的手段有很多,首先就是通过法规来限制企业的生产量。对于污染型企业,政府也可以通过限制排放量来限制产量。但是这种强硬的手段除了实施难度大、监管成本高以外,最大的问题就是难以把控限产的量。政府若要完全消除市场失灵,就需要把供给曲线刚好移动到边际社会成本的位置,也就是移动的量刚好等于外部成本;外部成本取决于企业排放对于环境的破坏的程度,而这种破坏其实很难精准测算,因此,政府也就很难准确把控限产的量。限产少了没有效果;限产多了适得其反,还可能影响国家的生产总值。除了直接限产和限排,政府也可以强制性地要求企业使用清洁技术来减少排放量。虽然企业可能因为这种技术的迭代而增加生产成本,导致减产,但是这种政策的好处在于可以有效地减少整个社会的排放量,从而使得边际社会成本降低。

如图1-50所示,通过政府的强制干预,MPC向上移动的同时,MSC会往下移动,最终不仅消除了市场失灵,而且提升了社会最优交易量。

对于生产中的负外部效应,除了较为强硬的法规外,政府也可以通过市场化的政策来缩小均衡交易量和最优交易量之间的差距。首先,政府可以通过征税把MPC向左移动。

政府有两种征税方式:一种是对企业所生产的商品征税,另一种是对企业的排放进行征税(如碳排放税)。这两种征税方式虽然都能使企业减

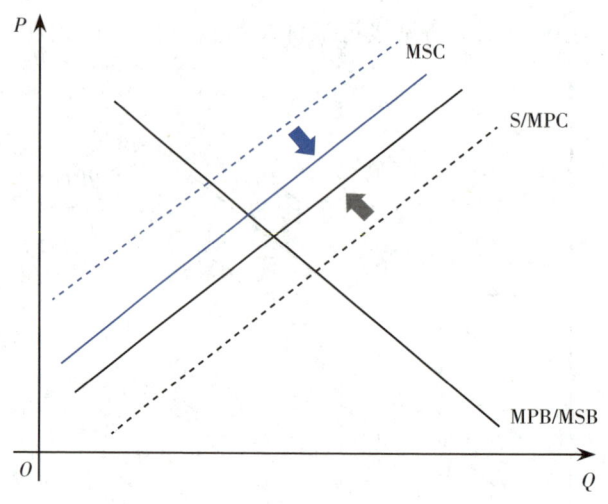

图1-50 政府强制干预对市场产生的影响

产,但是两者之间有一个很重要的区别。向商品征税是一种限制生产的手段,而向排放征税只是限制了企业对环境的破坏。排放税的征收除了能有效地限制污染型企业的生产,还能鼓励企业使用清洁技术节能减排。因此,向商品征税是单纯地把生产线向左移动;而向排放征税,不仅能使生产线左移,而且能因为企业的节能减排改善环境,降低外部成本,从而使MSC向下移动,如图1-50所示,它的效果和强制要求企业安装清洁技术类似,优势是政府通过征税增加了收入。但是征税终究是一个市场化的政策,对市场的影响应由买卖双方决定,因此,其效果如何存在较大的不确定性,不像政府法规那么立竿见影。

其实,政府还有一个介于法规和市场化政策之间的干预手段,即排污许可证(pollution permit)。排污许可证是政府发放的允许企业排放一定量污染物的凭证。政府可以通过控制许可证的发行量来完全控制排放量,这一点是排放税做不到的。当然,与政府设立法规直接限制排放不同的是,这个排污许可证是可以交易的,所以它本身就是一件商品,如图1-51所示。

排污许可证的供给线是一条竖线,因为它的发行量是由政府控制的,不受价格的影响。而需求线越往下,价格越低,企业对于排污许可证的需求量越高。两条线的交点则决定了许可证的价格。假设市场上相关企业的数量变多,对于许可证的需求变大,许可证的价格就会快速上涨。当排污

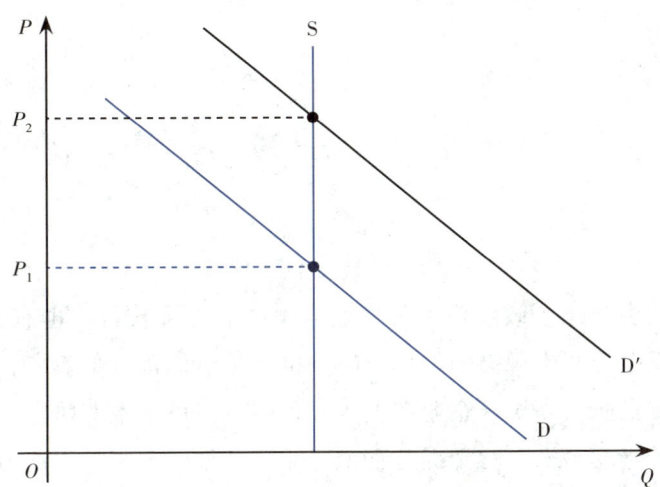

图 1-51 排污许可证的供需

成本不断上升的时候,企业就会想着用更清洁的技术节能减排,从而降低生产成本。因此,与碳排放税一样,排污许可证也能起到改善环境、降低社会成本的效果。但是排污许可证也并非完美的解决方案,它的问题在哪里呢?

排污许可证虽然可以在有效控制排放量的同时,鼓励企业更新技术以达到节能减排,但是它也存在一些问题。首先,和立法限制排放量一样,排污许可证的发行量总会存在争议,发行太多,对环境没有帮助;发行太少,又会面对来自企业的压力,对经济也可能产生负面影响。其次,用排污许可证限制排放量的监管难度较大。排污许可证并不是由政府发放给特定企业的,而是会通过市场交易分散到不同企业,这对于政府的追踪和监管都提出了极大的挑战。最后,也是最大的问题,就是排污许可证会破坏市场竞争。一些大型企业因为资金充裕,会通过拍卖购入大量许可证,其购买量甚至远超过自身的排污需求量。这些大型企业通过这种方式,不留给小企业任何排污的机会,从而挤对竞争对手,建立垄断的市场地位。而垄断本身就是导致市场失灵的原因。排污许可证缓解了因为外部效应带来的市场失灵,却又导致了另外一种市场失灵,这样未免有些讽刺。

综上所述,不管是强硬的政府法规,还是市场化的征税,抑或是看似两全其美的排污许可证,它们都有自己的优劣势。这个世界上不存在完美的政府政策,政府对市场的干预也需要在不断的试错中前行。

# 第十七讲　政府对正外部效应生产的微观干预

第十六讲介绍了政府对负外部效应生产的干预政策。也有一些行业，在生产过程中会产生积极的外部效应，也就是所谓正外部效应，最典型的就是高科技企业。高科技企业在生产过程中，注重技术的研发和迭代，新技术一旦被研发出来，对于提升整个行业甚至整个国家的生产力都将起到推动作用。所以，如图1-52所示，在这样的行业，边际社会成本会低于边际私人成本，这是因为人们把新技术对社会带来的推动看作一种外部利益，这种外部利益降低了高科技商品的社会生产成本。从图1-52中可以看出，社会最优的交易量超过了市场均衡交易量，因此，单纯依靠市场的力量，这些商品会生产不足。那么政府应该实行何种干预才能提升生产量呢？

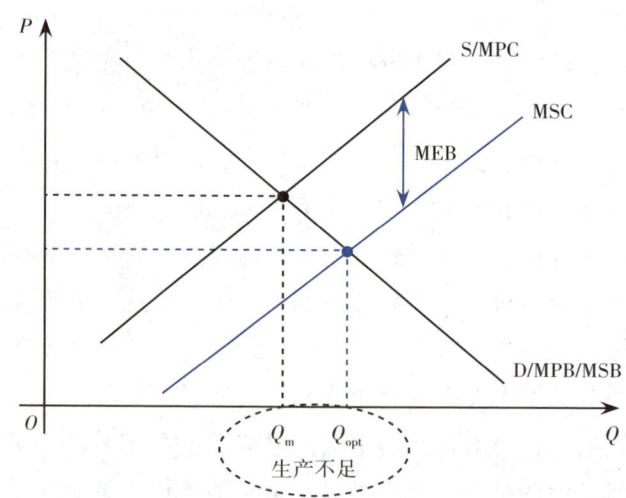

图1-52　生产中的正外部效应导致的生产不足

不难看出，政府需要通过干预政策鼓励生产，从而把生产线（MPC）向右移动。其中，最典型的方法就是政府补贴。通过前面的介绍可知，补贴是政府按照生产量支付给生产者的钱，因此它降低了企业的私人成本，使得MPC向下或者向右移动，如图1-53所示，从而使均衡交易量靠近最优交易量。补贴确实是一种行之有效的鼓励生产的政策，但是它也存在一些问题。首先，技术进步带来的生产力的提升是一种很难量化的外部利益，几乎不可能精准测算，因此，政府补贴的力度也就很难把控。其次，政府补贴会极大地增加政府开支，因此在预算有限的情况下，补贴的机会成本很高。简而言之，就是政府补贴了高科技行业，就会缩减对教育等其他行业的补贴，因此补贴会让政府面临来自社会各行业的巨大压力。

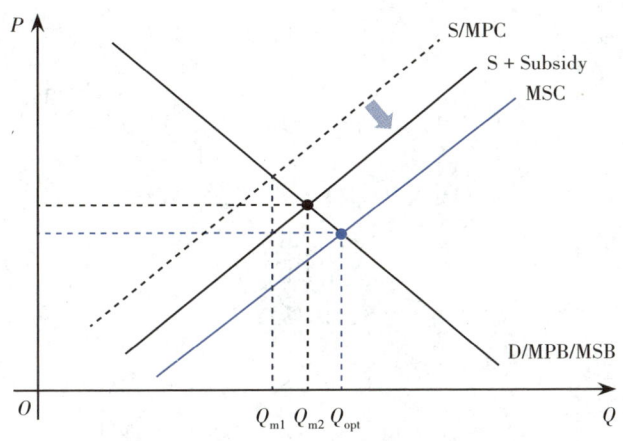

图1-53 通过政府补贴缓解生产不足

再来介绍消费中的外部效应。首先是消费中的负外部效应。一个典型的例子就是私家车，消费者通过驾车获得了便利，但是过多的私家车造成了交通拥挤，给其他人带来了不便。如图1-54所示，私家车的边际社会利益会低于边际私人利益，而两者之间的差距就是对交通的影响所产生的

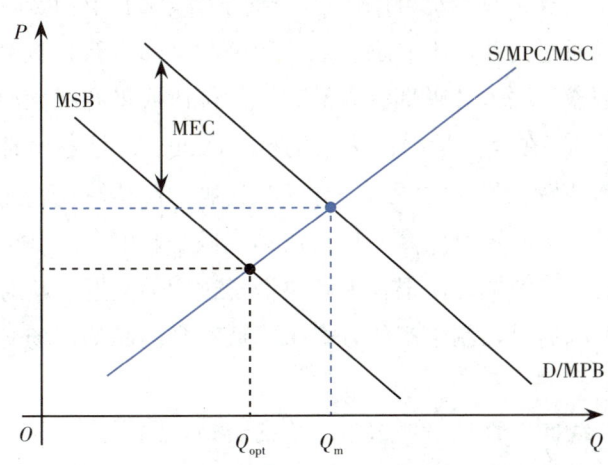

图1-54 消费中的负外部效应导致的过度消费

外部成本。对于消费中的负外部效应,市场均衡交易量是高于最优交易量的。

那么,政府有哪些政策可以改变这种过度消费的状态呢?首先,政府可以通过法规来限制该商品的消费,从而把需求曲线(MPB)向左移动,如图1-55所示。例如,私家车限行就是一种典型的法规,而禁止在公共场所吸烟也是为了限制香烟的消费量,从而降低吸烟对周围人带来的负面影响。

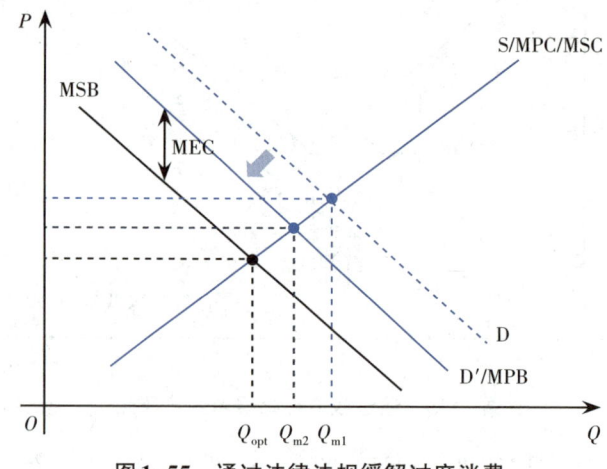

图1-55 通过法律法规缓解过度消费

法律法规虽然可以有效降低产品的需求量,但是它的缺点在于执行难度大、监管成本高,过于强硬的政策还可能使消费者产生抵触情绪。因此,除了法律法规,政府也可以通过广告的方式来影响消费者的喜好。例如,政府可以通过公益广告鼓励大家使用公共交通出行,减少私家车的使用量。而在烟盒上贴上"吸烟有害健康"的标语或者有视觉冲击力的照片的这种"软广",在经济学中被称为助推(nudge),是一种通过信息的有效传递来影响消费者行为的举措。与立竿见影的法律法规相比,广告的缺点就是见效慢,同时还有较高的运营成本。但是它的好处是可以促使消费者自发地改变消费习惯,从根本上解决消费过度的问题。政府除了可以影响需求,也可以通过限制生产的方式来降低某类商品的市场交易量,如图1-56所示。

如果生产线向左移动,那么市场均衡交易量同样会下降。征税就是一种限制生产的政策,通过征税来减产的好处在于,它不仅降低了市场交易

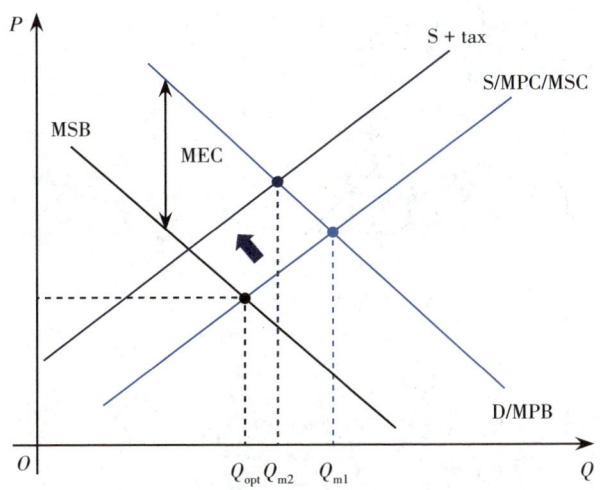

图1-56 通过征税缓解过度消费

量,而且提高了产品的市场价格,同时还能够为政府创收。

最后,再来介绍消费过程中产生的正外部效应。例如教育,它在使孩子成才的同时,也提升了社会的生产力。再如疫苗,接种疫苗使人们免受病毒侵袭,同时阻止了病毒的传播。因此,如图1-57所示,这类商品的边际社会利益会高于边际私人利益,高出的部分即边际外部利益。

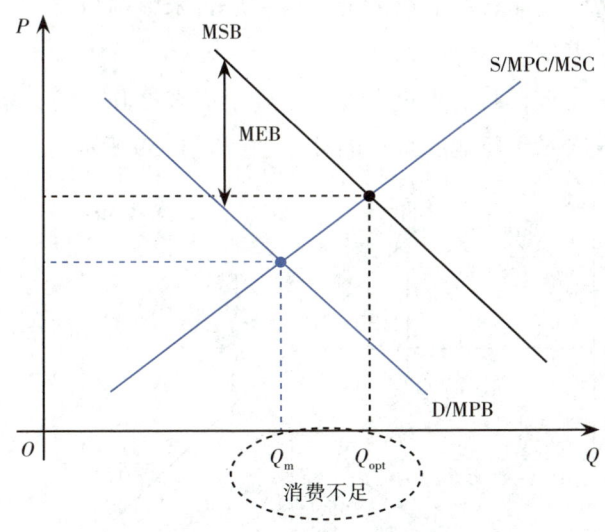

图1-57 消费中的正外部效应导致的消费不足

可以看到,对于这类商品,市场均衡交易量会低于最优交易量,因此,它们的消费是不足的。那么,政府可以通过什么手段来鼓励消费呢?

政府可通过立法来实行强制性消费，如九年制义务教育、强制接种疫苗等，如图1-58所示。

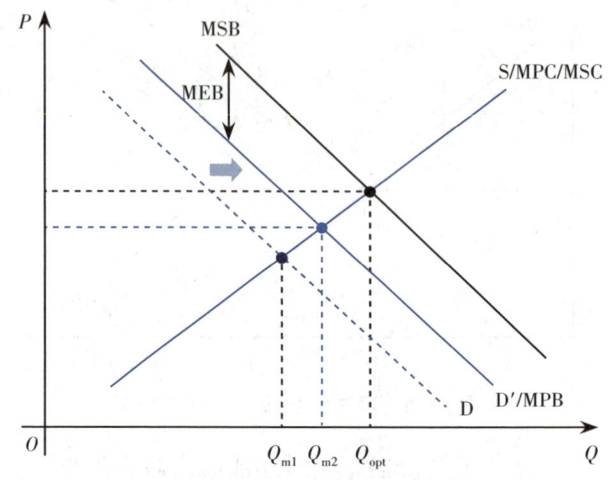

图1-58　通过强制消费缓解消费不足

强制性消费对于提升需求量确实可以起到立竿见影的效果，但问题在于并不是所有的商品都可以强制性消费。政府可以强制教育和医疗，但是并不能强制要求大家使用新能源汽车，或者乘坐公共交通。对于那些难以实行强制消费的产品，政府只能通过公益广告来影响消费者的选择，从而提升商品的需求量。

除了影响需求，政府也可以通过鼓励生产来提升市场交易量。最典型的例子就是政府对于新能源汽车的补贴，如图1-59所示。

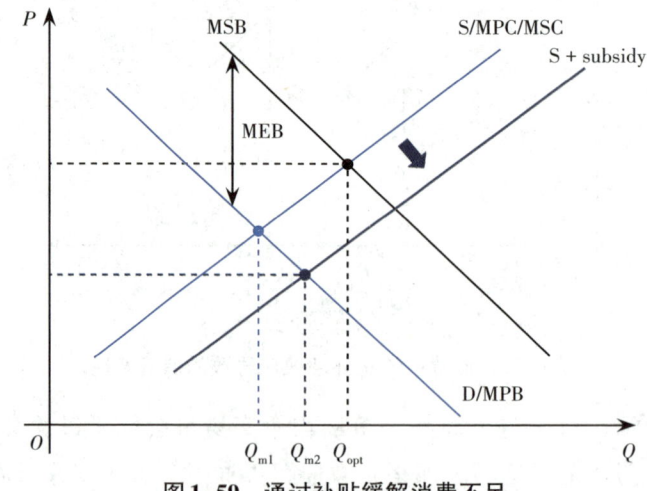

图1-59　通过补贴缓解消费不足

政府补贴不仅有效地提升了交易量，而且降低了市场价格。当然，考虑到补贴给政府带来的庞大开支，以及很难精准测算的补贴量，补贴也并非完美的解决方案。

# 第十八讲 企业产量

通常来说，投入和产出成正比。不过，这句话在经济学里却并不适用。如果投入和产出成正比，那么企业每多投入一个单位的资源，就会多生产出固定量的产品，投入和产出就会呈现出线性关系。然而，事实却并非如此。要想真正了解企业的投入和产出，还得从四种生产要素说起。经济学中的生产要素包括土地、劳动力、生产工具和企业家才能，它们组成了投入（input）。在经济学中，短期内有些生产要素是可变的，而有些则是不可变的。但是从长期来看，所有要素都是可变的。在四种生产要素中，短期最可变的首先是劳动力，毕竟企业扩招和裁员是比较常见的事情。其次是生产工具。企业购买机器等生产工具，也是可以在短期内实现的。但是土地和企业家才能在短期内很难改变，毕竟土地不是想买就能买到的，高级管理人才也是可遇而不可求的。所以，在短期内，劳动力和生产工具是可变投入（variable input），土地和企业家才能则是固定投入（fixed input）。如果给予企业足够的时间，那么它们也是可以购买更多的土地，或者更换管理层的。也就是说，从长期来看，企业不存在固定投入，所有的投入都是可变的。

然而，正是因为企业在短期内存在固定投入，才导致企业的投入和产出并不完全成正比。从表1-7来看，假设一个农场有四块地，农场主希望在四块地里分别种四种不同的水果。如果一开始只有一个农民，那么这个农民需要同时兼顾四种水果的种植，工作效率肯定不会特别高。这时候如果来了第二个农民，这两个农民就可以分工，这种分工在经济学里被称为专精（specialization）。而分工提高了两人的生产效率，从而产生了"1+1>2"的效果，也就是第二个农民带来的额外产出，会比第一个农民的产出更高。这个额外产出，在经济学中被称为边际产量（marginal product）。随着第三和第四个农民的加入，专精化的程度会进一步增加，所以边际产量也会不断增加。其实，仔细看后不难看出，这种不断增加的边际产量，是

表1-7 企业的投入和产量

| 农民数量 | 边际产量 | 总产量 | 平均产量 |
| --- | --- | --- | --- |
| 0 | 0 | 0 | 0 |
| 1 | 2 | 2 | 2 |
| 2 | 3 | 5 | 2.5 |
| 3 | 4 | 9 | 3 |
| 4 | 5 | 14 | 3.5 |
| 5 | 4 | 18 | 3.6 |
| 6 | 3 | 21 | 3.5 |
| 7 | 2 | 23 | 3.3 |
| 8 | 1 | 24 | 3 |
| 9 | 0 | 24 | 2.7 |
| 10 | −1 | 23 | 2.3 |
| 11 | −2 | 21 | 1.9 |

因为在生产初期，随着劳动力的增加，作为固定资源的土地的使用效率会逐渐变高。接下来，我们来看下第五个农民的加入会出现什么情况：因为四块地都被占用了，第五个农民无法专精于某种水果的生产，而只能协助其他农民，所以第五个农民的边际产量开始下降。随着农民越来越多，每个农民对于土地的利用率就会越来越低，边际产量也会不断下降。而最终当所有土地都被充分利用后，继续招募农民甚至可能会出现负边际产量，因为这些农民非但不能帮助生产，甚至会影响现有农民的工作效率，从而影响产出。有了边际产量后，就可以很容易地计算出总产量（total product）及平均产量（average product）。如果将表1-7中的三列数字绘制成图像，那么大致形状如图1-60所示。

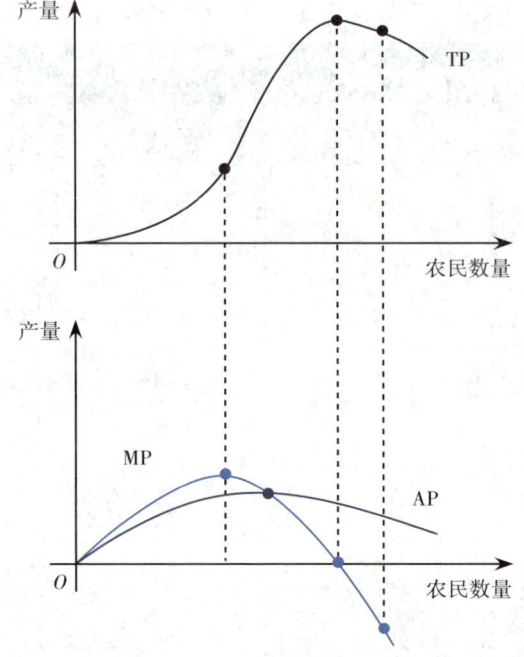

图1-60 平均产量、边际产量和总产量对比

总产量的上升先快后慢，最终达到顶峰后开始下降。边际产量短暂上升后立即呈现下降趋势，并最终由正转为负。平均产量则是呈现出先扬后抑的趋势。首先，根据边际产量的公式，边际产量 = $\dfrac{产量增量}{农民数量增量}$，可以知道边际产量其实就是总产量的变化速度。因此，当边际产量达到最高的时候，就是总产量上升最快的时候。当边际产量达到0，那么总产量也停止了增长，达到了最高点。而边际产量变为负值后，总产量也就开始下降。其次，边际产量和平均产量的交点一定是平均产量的最高点。因为，当边际产量高于平均产量的时候，平均产量就会被拉高；当边际产量低于平均产量的时候，平均产量就被拉低了。

综上所述，"投入产出成正比"这句话在经济学里并不适用。在短期内，企业增加劳动力的投入，最终会使得像土地这样的固定资源的使用效率变低，因此导致边际产量的下降。这就是企业的产量不会呈现线性增长的原因了。

# 第十九讲 企业成本

对于企业而言,"投入和产出"未必成正比。由于在短期内,企业存在不可变的固定投入,因此企业产量不会线性增长。本讲将介绍企业成本和产量之间的关系。

企业的投入决定了成本,投入越多,成本就越高。但是,因为企业存在固定投入和可变投入两种投入,所以存在固定成本(fixed cost)和可变成本(variable cost)。固定成本,顾名思义,就是不会随着产量上升而发生变化的成本,如房屋的租金、企业高管的工资等,所以总固定成本(total fixed cost)和产量之间的关系如图1-61所示,是一条水平的直线。可变成本,就是会随着产量的上升而不断上升的成本,如人力成本、原材料成本等。因此,总可变成本(total variable cost)和产量之间的关系就是一条不断上升的曲线。而总成本(total cost)则是总可变成本和总固定成本的总和。想要得到总成本的图像,只需要将总可变成本向上平移总固定成本的量就可以了。

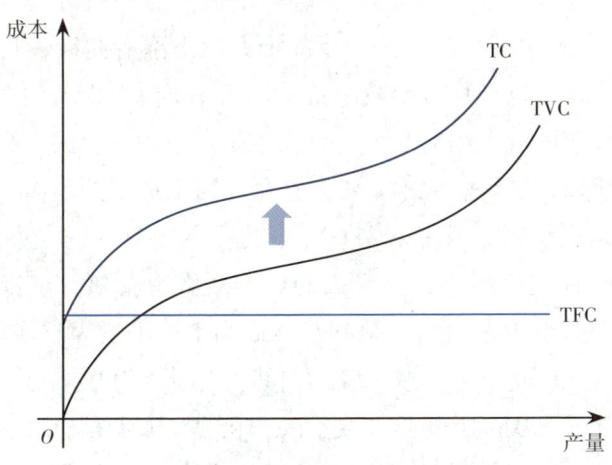

图1-61 企业的可变成本、固定成本和总成本

为什么总可变成本和总成本是曲线，而不是直线呢？想要回答这个问题，还要了解另外几个关于成本的概念。

首先是边际成本（marginal cost）。边际成本就是企业每多生产一件商品所需要的成本。其实边际成本与前面介绍过的边际产量之间有着重要的关系。边际产量是企业每多投入一个单位的生产要素所能够多生产的商品数量。假设边际产量是3，意思就是多雇用一个工人，就可以多生产三个单位的商品；反过来，也可以说每多生产一件商品，就需要多雇用1/3个工人，这就是边际成本。由此不难看出，边际产量越高，边际成本就越低。边际产量是一条先上升后下降的曲线，那么边际成本的形状就一定与之相反，是一条先下降后上升的曲线，如图1-62和图1-63所示。

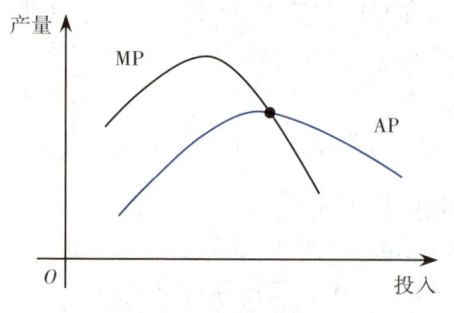
图1-62　边际产量和平均产量

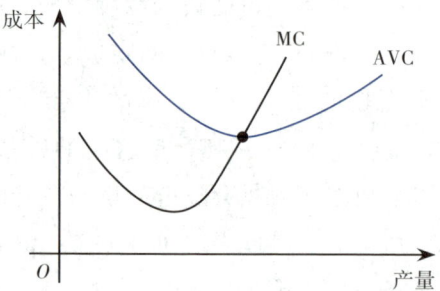
图1-63　边际成本和平均可变成本

同理，如果平均产量是一个劳动力所能生产的商品数量，那么，每件商品所需要的劳动力的数量，在经济学中被称为平均可变成本（average variable cost）。因为平均产量是一条先上升后下降的曲线，且在最高点与边际产量相交，所以平均可变成本就是一条先下降后上升的U形曲线，而且在最低点和边际成本相交。平均总成本是由平均可变成本和平均固定成本组成的，所以，平均总成本一定是在平均可变成本的上面，两条曲线之间的距离则是平均固定成本（AFC）。但是，ATC和AVC之间的距离会随着产量的变大而越来越小，这是因为固定成本不会随着产量的变化而变化，所以当产量变大之后，分摊到每件商品上的平均固定成本就变小了，因此，AFC本身就是一条不断下降的曲线。为什么总成本是一条曲线而不是直线？边际成本实际上就是总成本的变化率，或者是总可变成本的变化率。因为边际成本先变小后变大，所以总成本的上升应该是先变慢后变快，因此就形成了一条曲线，如图1-64所示。

由图1-64可知，短期内，随着产量的上升，企业的平均成本先下降后上升。在经济学中，当企业在短期内达到最低平均成本的时候，企业对于资源的利用就是最有效的。

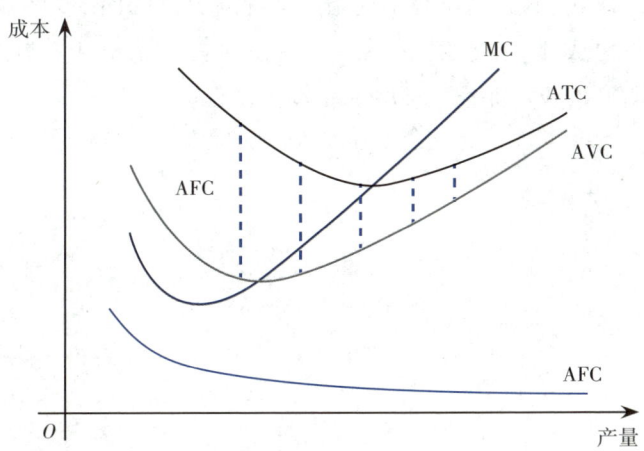

图1-64　边际成本、平均可变成本、平均固定成本、平均成本之间的关系

需要注意的是，短期内，企业是无法改变如土地、企业家才能这类固定投入的。但是，如果给予企业足够的时间，企业就可以进行扩张，租用更多的土地，购买更多的原材料，并且雇用更优秀的管理者。当企业规模扩大以后，企业在劳动力市场、原材料市场上的议价能力就变强了，所以生产成本也会不断下降。如图1-65所示，如果将每一阶段的短期最低成本连起来，就形成了这样一条下降的曲线。这种随着企业规模扩大而使生产成本下降的情况，在经济学中被称为规模经济（economies of scale）。但是，是不是企业的规模越大，成本就越低呢？答案是否定的。如果企业规

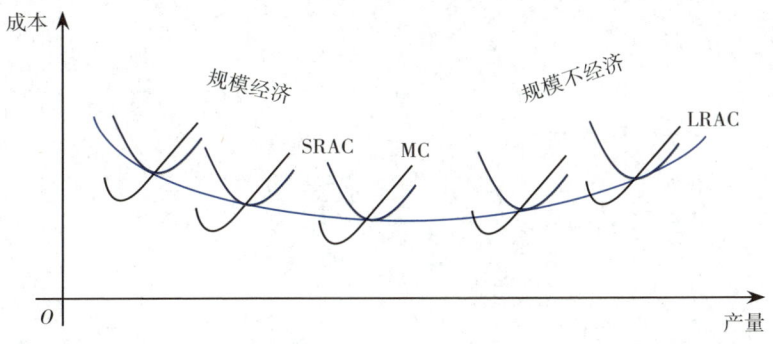

图1-65　企业的长期成本线

模进一步扩大，资源会逐步走向稀缺，过大的规模会导致企业的管理成本上升，同时还需要承担更多的社会责任，这一切都会让企业的成本再次上升，这种情况在经济学里被称为规模不经济（diseconomies of scale）。最终，企业的长期成本变化呈现出这条先下降后上升的曲线，在经济学中被称为长期平均成本曲线（long run average cost，LRAC）。与之相对应，SRAC即短期平均成本曲线（short run average cost）

# 第二十讲 市场结构

由很多企业组成的商品市场是如何工作的？不同商品的市场差异巨大，有些市场生产者众多，竞争激烈，通常比拼价格或产品质量。这样的市场会使消费者拥有更多的选择，不仅能享受合理的价格，而且可以得到质量保证。反观有些市场，因为生产者数量有限而缺乏竞争，呈现一家独大或几家独大的局面，让消费者没有选择的余地，虽然可以方便消费选择，却使得消费者被迫接受较高的价格。在经济学中，一个市场的生产者数量、竞争激烈程度、准入门槛等统称为市场结构（market structure）。一个市场的准入门槛越低，生产者数量就会越多；而生产者数量越多，竞争就越激烈。在经济学中，准入门槛从低到高而生产者数量从多到少，共有四种市场结构，分别是：① 竞争最激烈、生产者数量最多，以及准入门槛最低的完全竞争市场（perfect competition market）；② 生产者数量比较多，有一定准入门槛，但竞争仍然很激烈的垄断竞争市场（monopolistic competition market）；③ 生产者数量很少，准入门槛很高，且互相之间几乎不存在竞争的寡头垄断市场（oligopoly market）；④ 生产者一家独大，几乎难以进入的完全垄断市场（monopoly market）。

完全竞争市场需要满足的条件非常苛刻，所以它是一个高度理想化的市场模型，在现实生活中非常少见。除了要有大量的买家和卖家，完全竞争市场还需要满足以下条件：首先是自由出入（free entry and exit），即没有任何准入门槛，任何人都可以成为这个市场的卖家。其次是高度同质化的商品（homogeneous product），就是每一个生产者生产出来的商品都是一模一样的。在现实生活中，最接近同质化商品的是第一产业（即农牧业和采矿业），即便如此，也不能保证家家种出来的粮食都是一样的。而正因为商品的高度同质化，导致生产者在完全竞争市场中不具备任何的定价权，商品的价格是由市场供需决定的，企业只能被动接受市场价格，被称为价格接受者（price taker）。这件事情其实也不难理解，因为在高度竞争的市场中，企业的利润空间已经被挤压到极致，任何程度的降价都会导致企业难以生存而退出市场。但是，又因为商品同质化严重，企业也不敢随意涨价，因为一旦涨价，消费者都会转去购买别家的商品，导致企业的收入瞬间归零。完美市场的另外一个非常不切实际的条件就是完美信息对称（perfect information）。所谓信息对称，就是买家和卖家对于商品的认知完全一致，卖家不能隐瞒商品的实情。然而，在现实生活中，买卖双方的信息对称很难实现，卖家以次充好，或者夸大商品功效的行为，正是利用了买卖双方的信息不对称。虽然完美竞争市场的条件看似极度苛刻而又不切实际，但现实生活中还真的存在一个市场，它非常接近于完美竞争市场，那就是外汇市场。在外汇可以自由兑换的国家，每个人都可以进入外汇市场购买和抛售手中的货币，而每个人出售的货币不可能存在任何差异，毕竟钱都是一样的。另外，汇率是由外汇市场的供需决定的，没有任何一个卖家可以自主决定汇率，换言之，就是每个卖家都是价格接受者（price taker）。但是，完全竞争在经济学中存在的意义更多的是作为一个参照，让我们更好地理解非完全竞争这样一个更切实际的市场结构。

既然完全竞争市场是一个高度理想化的市场，那么，真实的市场是什么样的呢？在现实生活中，最普遍存在的一种市场结构是垄断竞争市场。与完全竞争市场中高度同质化的商品不一样，在垄断竞争市场中，不同生产者生产的商品会有差别，也就是我们所说的产品差异化（product differentiation）。例如，汽车市场中生产的汽车虽然都是四个轮子加一个铁皮盒子，都是被用作代步工具，但是不同汽车厂商会定位不同的客户群体，从而设计出外观、内饰、大小、性能都完全不同的汽车。正是因为垄断竞争市场存在很明显的产品差异化，所以生产者并不是被动接受市场价格，而可以根据自身产品的情况进行定价，从而找到匹配的客户。在经济学中，垄断竞争市场的生产者被称为价格制定者（price maker）。也正是因为这种市场结构下的商品差异化，某些生产者有可能在自身的商品领域获得一定的垄断地位，所以被称作垄断性的市场竞争。

如果说垄断竞争市场是差异化竞争，那么，另外两种市场结构（寡头垄断市场和完全垄断市场）就几乎没有竞争。在这两种市场结构下，企业数量少，准入门槛高，且企业拥有很强的定价权。区别就在于寡头垄断市场上是强强联手，而完全垄断市场上则是一家独大。

四种市场结构的特点如表1-8所列。

表1-8 四大市场结构的特点

| 特点 | 类型 | | | |
| --- | --- | --- | --- | --- |
| | 完全竞争市场 | 垄断竞争市场 | 寡头垄断市场 | 完全垄断市场 |
| 企业数量 | 🏠🏠🏠🏠 | 🏠🏠🏠 | 🏠🏠 | 🏠 |
| 准入门槛 | 无 | — | ▬ | ▬▬ |
| 商品性质 | 🦆🦆🦆 | 🦆🦆🦆 | ✈✈ | 🚆 |
| 定价权 | 无 | 有 | 有 | 有 |

## 第二十一讲 完全竞争市场

前面介绍了企业生产成本和产量之间的关系。在完全竞争市场中,企业的收入和产量之间又有何种关系呢?完全竞争市场中的每一个企业都是一个价格接受者,只能被动地接受市场价格,对自己的商品没有定价权。这就意味着不管企业所生产的商品需求量多大,价格始终不会发生变化,因此就形成了一条水平的直线。这条直线在经济学中不仅被称为企业的需求曲线,同时被称为平均收入线(average revenue),因为,如果价格始终不变,那么它就是平均每卖出一件商品的收入。与此同时,这条线还代表了边际收入(marginal revenue)。边际收入就是每多卖出一件商品所多带来的收入,既然商品的售价始终不变,那么边际收入也就理所当然地和平均收入一样了。对于完全竞争市场中的企业,这条水平直线代表了四层意思,分别是商品价格、商品需求线、平均收入及边际收入,如图1-66所示。

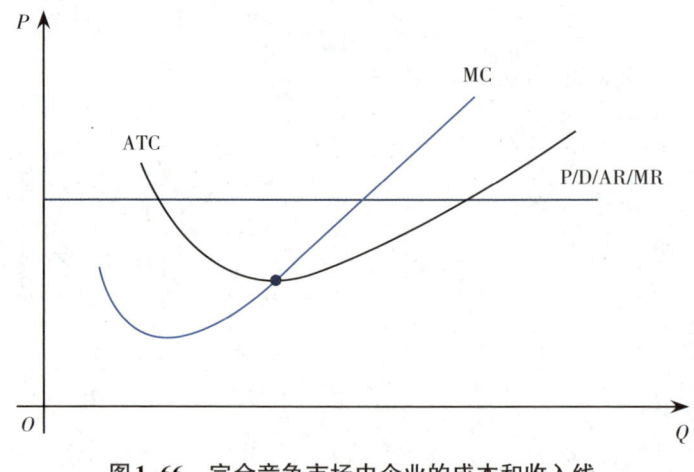

图1-66 完全竞争市场中企业的成本和收入线

那么,企业应该如何通过收入和成本来决定产量呢?

想要回答这个问题,还需考虑边际收入和边际成本。根据收入和成本的图像,在初期产量较低的时候,企业的边际收入会高于边际成本,也就意味着每多生产一件商品,多获得的收入会高于多投入的成本,从而使得利润增加。因此,只要边际收入高于边际成本,企业就应该通过不断增产来提升利润,直至两者相等。在经济学中,边际成本等于边际收入的情况被称为利润最大化(profit maximization)。我们再回到成本和收入曲线,MC 和 MR 的交点决定了企业的生产量 $Q_0$,也被称为使得利润最大化的产量(profit maximizing quantity)。如图 1-67 所示,在这个产量下,产品的售价会高于产品的平均成本,两者之间的差值就是单位商品带来的利润(profit per unit)。如果把这个利润乘上总产量,就得到了一个长方形的面积,即总利润(total profit)。但是在完全竞争市场中,这种利润只能在短期内实现。从长期来看,这种利润是不可能存在的,这又是为什么呢?

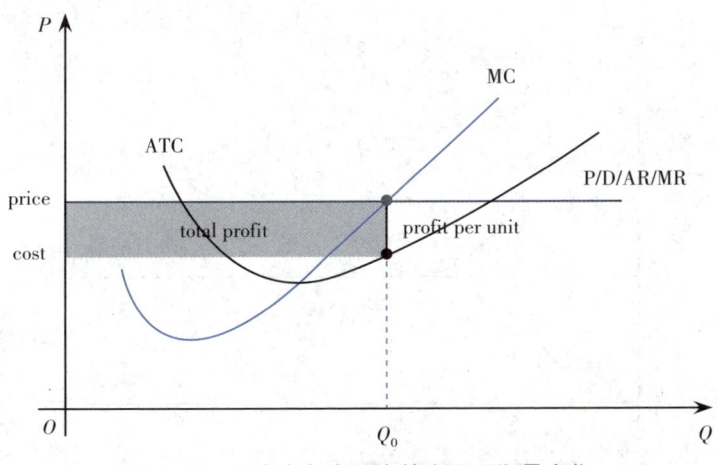

**图 1-67　完全竞争市场中的企业利润最大化**

为什么完美竞争市场中的企业利润只能在短期内实现,而从长期来看,这种利润就会消失呢?企业收入之所以是一条水平的直线,是因为在完全竞争市场中,价格不是由企业自身决定的,而是由市场决定的。所以如图 1-68 所示,这条水平直线的位置实际上取决于市场供需。完全竞争市场是一个没有门槛,任何生产者都可以自由出入的市场。如果有企业在这个市场中赚取了利润,那么就会有更多的生产者涌入这个市场,从而导致市场生产线向右移动。一旦市场供给变多,那么市场价格就会下降,从而使得利润空间受到了挤压。但是，只要企业在完全竞争市场中仍然有利润空间，就会不断地有新企业入场，最终会使得企业的利润归零。所以，从长期来看，完全竞争市场的售价应该刚好等于最低的平均成本，如图1-69所示。

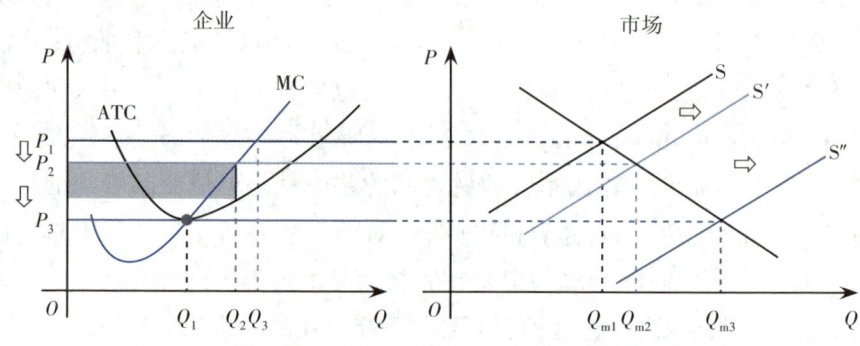

图1-68　完全竞争市场中企业成本收益和市场供需的变化

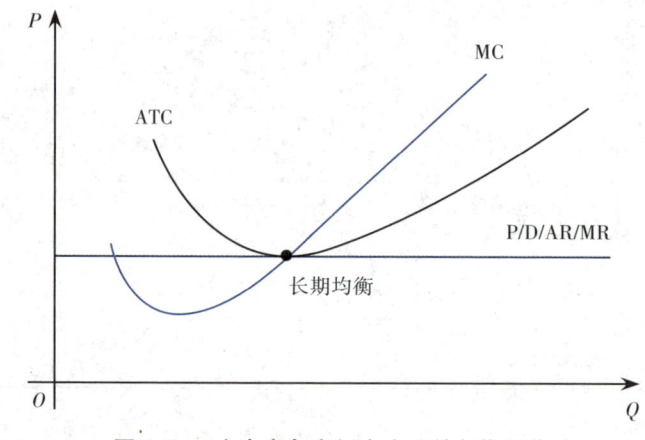

图1-69　完全竞争市场中企业的长期均衡

边际成本、平均总成本和商品价格三条线汇交于一个点，这就是完全竞争市场中的长期均衡（long run equilibrium）。既然从长期来看，没有企业可以真正在完全竞争市场中赚取利润，企业又为何要加入这个市场呢？其实，经济学中的利润和会计学中的利润并不是一样的。下面展示了两种利润的公式。日常人们所熟知的利润其实是会计利润，也就是总收入减去总支出，这种支出又称为显性成本。经济学中的利润除了要减去显性成本，还要再减去隐形成本。

会计利润（accounting profit）= 收入（revenue）- 显性成本（explicitcost）

经济利润（economic profit）= 收入（revenue）- 显性成本（explicitcost）- 隐性成本（implicitcost）

## 第二十二讲　完全垄断市场和寡头垄断市场

如果说完全竞争市场和垄断竞争市场都具有一定的竞争性，那么，完全垄断市场和寡头垄断市场就是缺乏竞争的市场结构。一般来讲，如果一个生产者所占据的市场份额超过75%，那么这个生产者就可以被称为垄断者。如果市场份额达到100%，那么就被称为完全垄断（pure monopoly）。

垄断企业的大规模生产让其在资源市场上的议价能力变强，而生产成本变低。又因为缺乏市场竞争，在消费者没有选择的情况下，垄断企业的客户黏性极高，那么，其在市场推广方面的投入也远不如竞争市场。因此，垄断企业在生产成本上的巨大优势自然而然地为这个市场建立了较高的壁垒，使得其他企业难以进入。

垄断企业在市场上占据着绝对的主导地位，其对于价格和产量都有很强的控制力。为了实现利益最大化，垄断者的定价和产量往往无法确保市场资源的最有效配置。垄断者甚至可以就同一件商品，针对不同客户销售不同的价格，这个现象被称为价格歧视（price discrimination）。价格歧视在现实生活中并不鲜见，如航空公司在售卖机票的时候，往往会提供比较低廉的"早鸟价"，而越临近出发日，价格则越高。那是因为越临近出发日，消费者的价格弹性越弱，就越容易接受更高的价格。价格歧视显然可以帮助垄断者最大化地榨取消费者的价值。正因为垄断会对商品市场造成诸多伤害，政府往往不会坐视不管，会出台一系列的政策来限制垄断企业的销售和定价行为。在这方面，最著名的当属某著名操作系统和西方各国政府之间长达十年之久的反垄断诉讼案。

虽然完全垄断市场在经济学中被描述成一种造成市场资源浪费的市场结构，但是有一种垄断却是受到政府支持的，被称为自然垄断者（natural monopoly）。垄断企业因为生产规模大而导致生产成本变低（即规模经济），而生产成本的降低势必意味着生产效率的提高。在一些需要大规模生产的行业，政府为了确保产量和生产效率，往往会默许甚至扶持一些垄断企业。例如，铁路运输、电信、供电供水等行业在大部分国家都属于受到政府保护的自然垄断性行业，政府甚至可以设置一些法定的准入门槛，以阻止其他生产者轻易进入，最典型的就是政府许可。但是，既然自然垄断是一家独大的局面，那么垄断者岂不可以随意定价，以使自身的利润最大化呢？其实，因为自然垄断行业受到政府的扶持，所以政府可以通过补贴垄断企业的方式，使价格始终处于合理的水平。这种价格在经济学中被称为公允价格（fair return price）。

如果说垄断市场是一家独大的市场结构，那么还有一种市场结构，可谓强强联手，它就是寡头垄断市场（oligopoly）。寡头垄断市场就是一种由少数几家大型企业瓜分市场的结构，如国内的外卖行业、航空业等，都可以被称为寡头行业。寡头市场的商品分两类：同质性商品（homogeneous products）和差异化商品（differentiated product）。第一产业的寡头市场（如农业、矿业等），寡头企业生产的商品有很强的同质性。而制造业和服务业的寡头市场，商品的差异化就非常明显，如不同航空公司的航线会有不同。

那么，寡头企业之间是否存在竞争呢？有意思的是，寡头企业之间非但没有竞争，相反，会有很强的"联合行为"。

寡头企业之间的联合行为有以下三种。

第一种是寡头合谋或者寡头勾结（collusion）。所谓合谋，就是寡头企业之间就市场份额、产品售价等达成一种心照不宣的默契。大家井水不犯河水、共同牟利的同时，也共同把准入门槛抬高，阻止其他企业进入。寡头合谋并不违法，但却是一种不太光彩的做法。

第二种联合行为被称为相互依存的行为（mutual interdependence），这种行为往往出现在商品同质性较强的寡头市场中。在这种市场中，每个寡头企业都不愿意涨价或降价。原因其实很简单，如果寡头A涨价，寡头B不涨价，那么因为两家商品一样，寡头A就会瞬间损失所有的市场份额。但是，如果寡头A降价，那么寡头B势必也会降价，导致把双方拖入"价格战"，最后两败俱伤。所以，寡头A知道，不管涨价和降价对于自身都没有任何好处，最好的策略就是保持价格不动。寡头B的想法和寡头A是一致的。所以，这种寡头之间相互博弈而造成的价格刚性，就是相互依存。

第三种寡头之间的联合行为被称为价格领袖（price leadership）。这种行为往往出现在寡头规模有很大差异的情况下。一般来讲,规模最大、成本最低的寡头企业会成为这个市场的价格制定者,其所制定的价格会使自己的利益最大化,与此同时,也能确保其他小规模的企业有利润。通俗来讲,就是一种"小弟跟着大哥有肉吃"的市场结构。

# 第二十三讲 垄断企业

前两讲介绍了完全竞争市场中的企业成本和收益。但是，完全竞争市场是一个高度理想化的市场结构，在现实生活中并不多见。本讲将介绍市场结构的另一个极端，就是一家独大的完全垄断市场。

完全垄断市场和完全竞争市场的不同：① 完全垄断市场卖家数量很少，而完全竞争市场则很多；② 完全垄断市场有很高的准入门槛，而完全竞争市场没有准入门槛；③ 完全垄断市场中企业有定价权，而完全竞争市场中的企业没有定价权。那么，这两种市场结构的企业成本和收益曲线有何不同呢？

如图1-70所示，两种市场结构下的企业成本曲线并无任何区别，而区别在于收入曲线（revenue）。在完全竞争市场中，企业没有定价权，商品的售价完全取决于市场供需，所以平均收入、边际收入、价格和需求都是一条水平的直线。而对于垄断企业来讲，因为企业占据极大的市场份额，而且拥有绝对的定价权，所以垄断企业就几乎代表了整个市场，因此企业的平均收入即需求曲线就是一条向下的直线。因为平均收入不断下降，所以边际收入就必须是一条处于平均收入下方同样下降的直线。

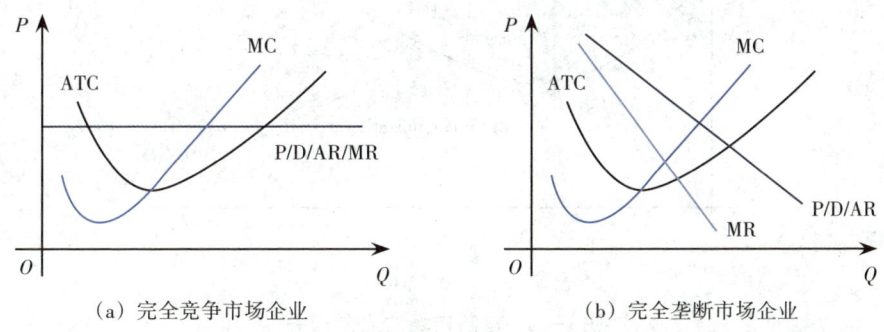

(a) 完全竞争市场企业　　　　　(b) 完全垄断市场企业

图1-70　完全竞争市场中的企业和垄断企业对比

在这种情况下，垄断企业应该如何决定产量呢？在边际成本等于边际收入时，企业可以实现利润最大化，如图1-71所示。

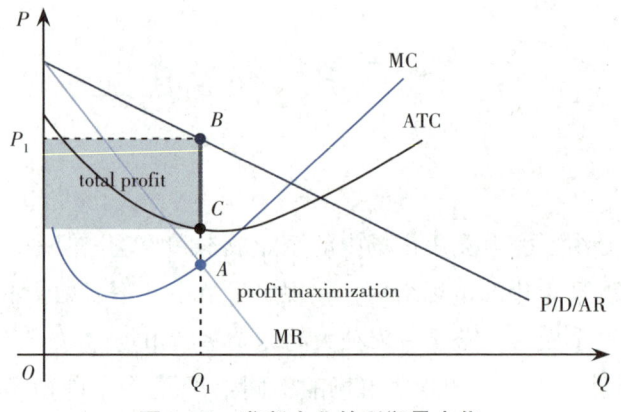

图1-71 垄断企业的利润最大化

$Q_1$就是垄断企业的产量，而此时的价格是由需求曲线决定的，即$P_1$。因为这个价格处在平均成本线上，所以$B$，$C$之间的距离就是单位商品的利润。长方形的面积就是企业的总利润。因为垄断市场有较高的准入门槛，新企业很难进入，所以不同于在完全竞争市场中转瞬即逝的企业利润，垄断企业的利润可以长期维持。但是这种长期维持的利润对于市场而言却是一种资源的浪费，原因在于当企业的生产成本达到最低的时候，企业就达到了所谓生产效率（productive efficiency），如图1-72所示。

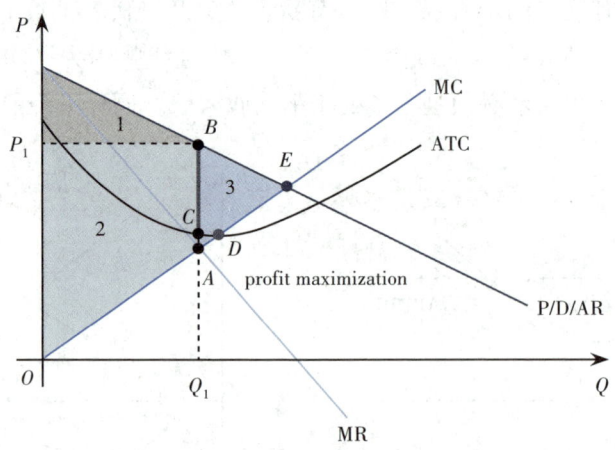

图1-72 垄断市场的无谓损失

生产效率在$D$点，实际成本则是在$C$点，所以垄断企业并没有达到最低的生产成本。再来看一下垄断市场下的消费者和生产者利益。平均收入线就是企业的需求曲线,那么,哪一条是企业的供给曲线呢?其实,在利润最大化的企业目标下,企业的产量是由 MR 和 MC 的交点所决定的,企业的产量就应该始终在 MC 这条线上,所以 MC 就是企业的供给曲线。

如图 1-72 所示,因为 $P_1$ 是商品的售价,所以区域 1 就是消费者剩余,区域 2 的面积就是生产者剩余,不难看出,区域 3 的面积就是谁都没有获得的利益,即无谓损失。只有产量达到 $E$ 点,也就是边际成本等于售价时,这种无谓损失才会消失,从而使市场达到资源配置的最高效,也就是配置效率。对于一家企业来讲,生产效率最大化意味着生产成本的最低,也就是最低平均成本。资源配置效率的最大化意味着商品的售价和企业的边际成本相等。综上,在完全垄断市场中,企业既没有达到生产效率,也没有达到配置效率,因此把垄断市场称为一种不完全竞争的市场。

前面还提到过一种非常特殊的垄断,叫作自然垄断。在自然垄断下,因为企业规模的扩大而使得生产成本不断下降,从而使生产效率提高,因此受到政府的保护和扶持。从图 1-73 中可以看到,自然垄断和普通垄断的最大区别在于 ATC 这条线不再是 U 形的,而是一条不断下降的曲线,自然垄断行业只存在规模经济,而没有规模不经济。因此,MC 就是一条处于 ATC 下方不断下降的曲线。

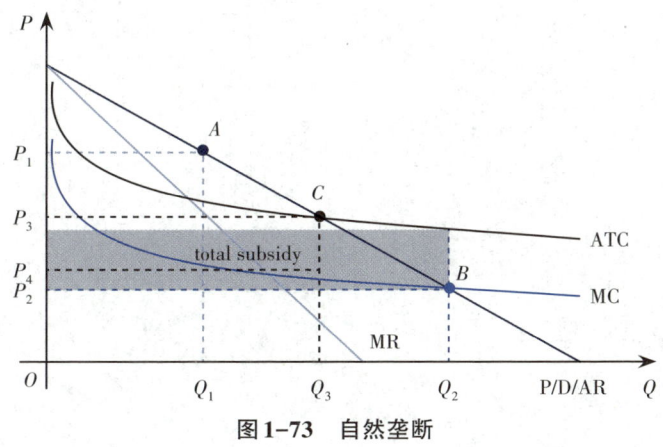

图 1-73 自然垄断

在没有任何政府干预的情况下,垄断企业为了利润最大化的产量是 $Q_1$,价格则为 $P_1$,这个价格在经济学中被称为没有干预情况下的价格(unregulated price)。但是,自然垄断企业的产品往往是确保民生的基础设施和服务，政府为了确保资源分配的效率及价格的合理性，是不会允许自然垄断企业自由定价的。如图1-73所示，社会资源配置的最优价格应该是在 B 点，也就是价格等于MC的点上，所对应的产量和价格分别是 $Q_2$ 和 $P_2$，这个价格在经济学中被称为社会最优价格（socially optimal price）。在这种情况下，商品的售价是低于生产成本的，也就是说，垄断企业为了社会资源配置达到最优而需要亏本经营，这当然也不现实。那么，折中的方案是什么呢？图中 C 点是价格等于平均成本的位置，即企业的经济利润为零。这个点所对应的价格 $P_3$ 在经济学中被称为公平价格（fair return price）。但是因为在公平价格上，市场资源的配置没有达到最优，所以政府会要求自然垄断企业定价在 $P_4$ 的水平，确保价格等于MC，从而确保配置效率。而 $P_3$ 和 $P_4$ 之间的差价则是政府对于每件商品的补贴，长方形的面积就是政府的总补贴额（total subsidy）。这就是在如通信、电力水利、铁路运输这样的自然垄断行业产品价格为什么很亲民的原因，这背后其实就是政府的鼎力支持。

## 第二十四讲 价格歧视

商品供需决定了市场交易价格，通常情况下，这个市场价格对于所有消费者来讲都是一样的。正是因为如此，那些心理价位高于市场价格的消费者就获得了额外的利益，即消费者剩余。但是有没有一种情况，生产者可以就同一件商品，以不同的价格卖给不同的消费者呢？这听起来匪夷所思，其实在现实生活中是存在的，在经济学中这种行为即价格歧视。价格歧视容易发生在企业有定价权的垄断市场中。先来看下垄断企业的成本和收入曲线。为了便于理解，假设这个企业有固定不变的平均成本，故有平均总成本等于边际成本，如图1-74所示。

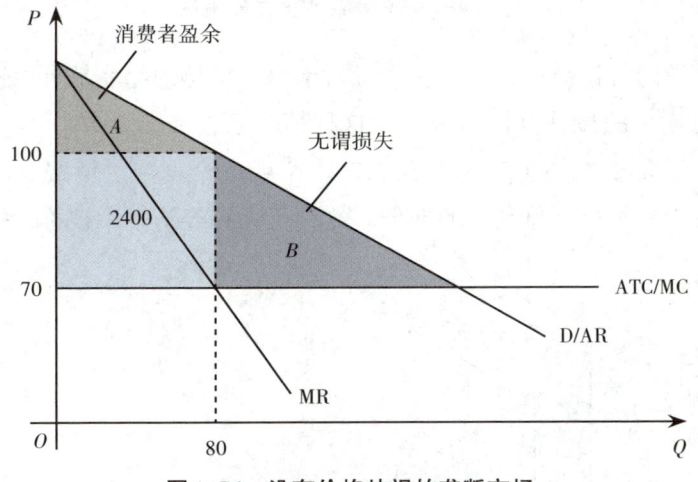

图1-74 没有价格歧视的垄断市场

根据利润最大化原则，企业对于该商品的产量和定价应该由MR和MC的交点所决定。那么，如图1-74所示，此时该商品的销售量为80件，售价为100元，成本为70元，那么，此时企业的利润为2400元，也就是图中长方形的面积。而此时的消费者剩余是A的面积，B的面积则是无谓损失。假设现在企业对于两组消费者收取不同的价格，分别是110元和90

元，那么如图1-75所示，企业的总利润就上升到3200元。而消费者剩余缩小到了图中 C 和 D 的两块面积，而无谓损失则缩小到了 E 的面积。可以看出，价格歧视其实就是一种企业将消费者剩余转为自身利益的过程，同时还能减少市场的无谓损失。

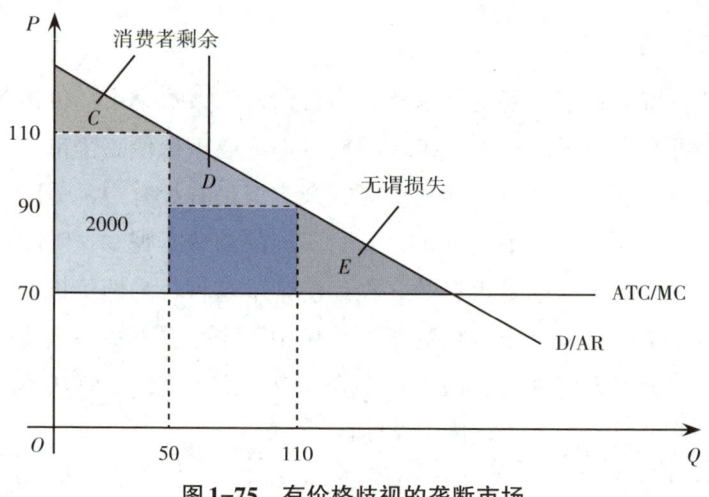

图1-75　有价格歧视的垄断市场

最极端的价格歧视，就是生产者对于每一单位的商品都可以按照消费者所愿意支付的最高价格出售，在这种情况下，如图1-76所示，整个三角形的面积都变成了生产者的利润，生产者完全剥夺了消费者的所有剩余，同时消除了社会总利益的损失。这种行为在经济学中被称为完全价格

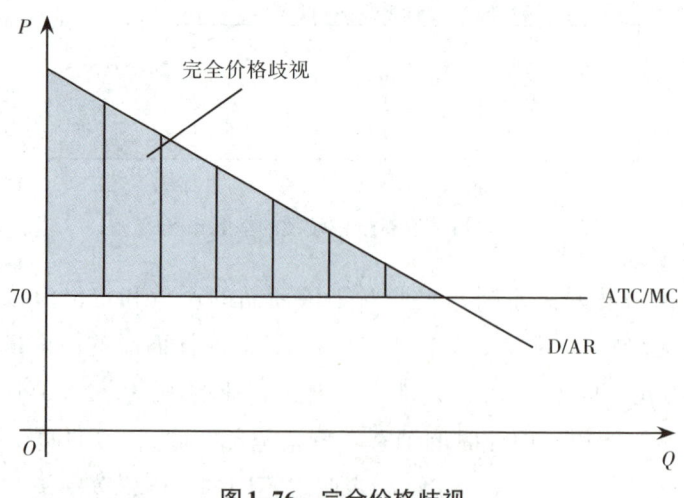

图1-76　完全价格歧视

歧视（perfect price discrimination）。虽然价格歧视从经济学的角度来看是有助于提升社会总利益的，但更多的是把消费者利益（consumer surplus）转换为生产者利益（producer surplus），通俗地讲，就是"剥削消费者"。这种戴着有色眼镜向消费者销售商品的行为几乎等同于"宰客"，被认为是不道德的。

价格歧视若要奏效，还必须要满足以下几个条件：首先，商品的需求曲线是向下的，这就意味着不同消费者对于同一件商品有着不同的心理价位，从而给价格歧视足够的空间。试想，若需求曲线是水平的，那就意味着每一名消费者对于该商品的心理价位完全一样，那商家也就应该一视同仁，没有区别对待的必要了。其次，市场上必须要有几组不同的消费者，这种不同主要体现在价格弹性上。若市场上有一组消费者的价格弹性较低，那么对于这些对价格不敏感、甘愿付钱的消费者，生产者就会索要较高的价格；而对于价格敏感度高、喜欢货比三家讨价还价的消费者，生产者则可以在价格上做出让步。其实在现实生活中，很多销售人员会通过和客户的交谈来判断消费者对于商品价格的敏感度，从而决定商品的优惠力度，这就是价格歧视的一种体现。最后，该商品在市场上没有二次销售的空间。简单来讲，就是那些擅长讨价还价的客户不能把低价甚至免费获得的商品以更高的价格转售给其他消费者；否则，垄断企业就丧失了价格歧视的机会。通俗来讲，薅来的羊毛只能自己用，不能转卖给他人。其实，我们所熟悉的"黄牛党"，就是通过转售商品来获利，这也解释了为什么像比赛和演唱会门票之类的商品，商家不能实现价格歧视。

价格歧视虽然听上去不太道德，但在现实生活中，很多商家的营销手段都暗中包含着价格歧视。例如，小摊贩的摊主往往会向顾客报一个高得离谱的价格，然后通过讨价还价来达成交易。通过这种方式，卖家可以揣摩出顾客愿意支付的最高价格。这种"揣摩消费者心理价位"的价格歧视被称为一级价格歧视（1st degree price discrimination）。还有一种价格歧视叫作量大从优（volume discount）。商家为何要给购买量大的消费者优惠呢？因为购买量大的消费者往往因为支出较大而对价格较为敏感；相反，少量购买的消费者，因为本身支出不大，所以对价格也就不那么敏感。这种根据购买量的价格歧视被称为二级价格歧视（2nd degree price discrimination）。再如早鸟价（early bird price），商家会给早做决定的消费者优惠，最典型的例子就是机票。那是因为购买时间越早，消费者的选择就越多，他们对于价格的敏感度也越高，商家为了达成交易，就会给予较大力度的优惠。而如果临近出发日，在消费者没有很多选择的情况下，他们的价格敏感度就会变低，因此，机票就会涨价。除此，同一个航班，周一至周五的价格往往会比周末更高。这是因为乘坐工作日航班的往往都是商务人士，而乘坐周末航班的则以游客为主，商务人士的价格敏感度比游客要低，因此被迫接受更高的价格。另外，为什么同一个航班，单程机票往往比来回票更贵呢？原因很类似，商务人士更有可能乘坐单程航班，因为他们可能对于回程的时间并不确定，或者需要连续访问多个城市，而游客则会更多地选择来回机票。这种根据消费者的某些特性（如购买时间、年龄、职业等）的价格歧视被称为三级价格歧视（3rd degree price discrimination）。

## 第二十五讲 理性行为

很多人说经济学是建立在一些非常"不切实际"的假设的基础上的，而其中被批评最多的假设就是理性行为（rational behavior）。在行为经济学中理性行为的英文定义是 making choices to maximize utility or benefit，意思是每一个理性决定都是为了获得最大的利益。需要注意的是，理性行为中的利益并不能简单地和收入画等号。例如，理性的劳动者并不追求收入的最大化，而是追求收入所带来的幸福感的最大化。在经济学中有这样一条曲线用来呈现工作时间和收入水平的关系。通过图1-77可以清晰地看到，当劳动者处于低收入水平的时候，工资越高，他们的工作积极性越高，因为在处于温饱阶段的时候，涨工资能给员工带来更多的满足感。但是，当劳动者的工资水平较高的时候，工资上涨反而会打消其工作积极性，这是因为高收入的员工会更注重生活质量，当钱已经够花的时候，他们更愿意牺牲收入来换取休闲时间，从而达到满足感的最大化。

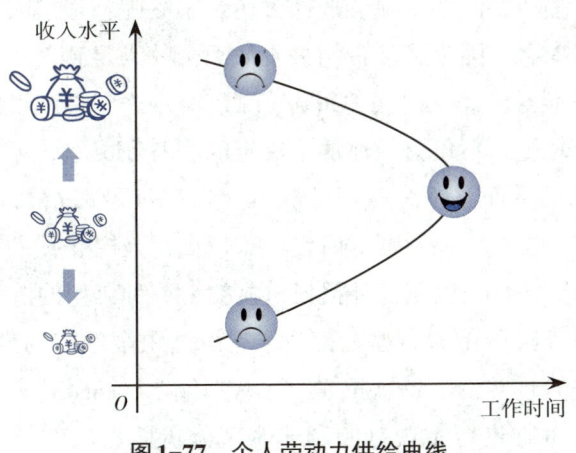

图1-77　个人劳动力供给曲线

通俗地讲，理性的劳动者会认为钱并不是越多越好，而是够花就行。那么现实情况是这样的吗？除了劳动者，经济学认为消费者和生产者同样拥有理性行为。在之前的学习中，我们了解到消费者的消费组合通常能够使消费满足感最大化。但是在现实生活中，这显然有悖于理性行为。而对于理性的生产者而言，不管处于何种市场结构之下，企业的目标都是经济利益的最大化（maximizing economic profit）。但事实并非如此，除了经济利益最大化，现实中企业的目标也可以是销售额的最大化、销售量的最大化、市场份额的最大化等。在现实生活中，到底在经历着一些什么样的非理性行为呢？

首先，在金融市场中，人们容易对资产价格产生过度乐观，而这种过度乐观往往会使人们在购买金融资产的时候失去理性的思考，疯狂追涨导致资产泡沫的产生。在行为经济学中，把这种过度乐观称作非理性繁荣（irrational exuberance）。其实，除了过度乐观，人们的从众行为也是产生资产泡沫的另外一个重要原因。很多投资者认为，大多数人的决定就是正确的决定，因此跟风购买金融产品，导致价格虚高，泡沫越来越大。这种消费者的从众行为在行为经济学中被称为羊群效应（herding effect）。当"领头羊"开始跑起来的时候，所有的"羊"都会不假思索地跟着跑起来。其实，如今的名人代言、网红带货等就是通过激发消费者的从众心理来达到营销的目的。第三种非理性行为被称为沉没成本谬误（sunk cost fallacy）。假设你花了800元买了一张演唱会的门票，可是演唱会当天你却身体不适但又无法转手门票，你会选择去还是不去呢？很多人可能会咬着牙坚持去看完演唱会，因为虽然带病去看演唱会的满足感已经大不如前，但他们却还是舍不得已经花出去的800元门票钱，这就是沉没成本谬误。人们在做决定的时候，不仅会关注这个决定的收益和成本，还会关注那些做出决定前已经发生而且不可收回的成本，俗称沉没成本（sunk cost）。而在金融市场中，投资者在亏损的时候，难以做出及时止损的决定，而是选择追加投资进行补仓，以期弥补损失，这就是一种典型的沉没成本谬误。

还有一种普遍存在的非理性行为，它虽然跟金融市场没有很大关系，但是却与人们的日常生活息息相关，即认知偏差（cognitive bias）。这是一种因为人们对事物进行主观判断和非客观分析而做出的非理性决策。例如，当专家说高浓度酒精能够消灭病毒的时候，消费者主观认为喝高度酒就能预防肺炎。当权威组织说双黄连口服液能够有效抑制病毒的时候，消费者都认为所有和双黄连口服液功能类似甚至是名字相似的商品都可以抵御病毒。虽然这两个例子有点夸张，但是日常生活中，又有谁能够在做决定的时候保持绝对的冷静、客观和理性呢？其实，人们的主观认知时时刻刻都在支配着决策。

  虽然在现实生活中几乎不存在真正意义上的理性消费者，但是，理性和非理性之间的界限本身就很模糊。假设一名富豪用着一款老旧的过时手机，这是理性还是非理性行为呢？在旁人看来，这名富豪明明可以用极少量的钱更换手机，给自身带来更大的满足感。但是在富豪看来，升级手机后，因为不熟悉操作而带来的不便和潜在损失会超过新手机带来的满足感。再如，听信行业专家的言论是理性行为吗？有人认为这不理性，因为专家也会犯错，消费者应该有自己的判断。但是专家的追随者们却会认为，自己研究判断不仅要花费更多的时间成本，而且还有更高的犯错率。而对于那些冒着被病毒感染的风险连夜排队购买双黄连口服液的消费者们，如果他们认为服用双黄连所能够带来的安全感超过了出门排队购买商品所带来的风险，那么他们的决定就是理性的。所以一个在旁人看来非理性的行为，在消费者看来却非常有可能是理性的。每个人对于成本和收益都有着不同的衡量标准，那么他们对于理性的诠释当然也就不尽相同。

# 第二十六讲 企业目标

在经济学中，一个理性企业的目标应该是利润最大化（profit maximization）。而为了实现利润最大化，企业的生产量必须达到边际成本等于边际收入的水平。因此，不管是什么样的市场结构，使企业利润最大的产量都是由 MC 和 MR 的交点所决定的。但是，在残酷的商业世界中，企业并非理性，企业的目标也未必一定是利润最大化。除了利润最大化，企业还可以有哪些目标呢？一个企业的规模并非由企业的利润多少决定，而是由企业的收入决定的。世界500强企业就是根据年收入来排名的。因此，很多企业为了扩大规模，会以收入最大化作为目标。而根据收入模型，收入最大化的生产量应该在边际收入为0的位置。

企业增加收入、扩大规模有很多好处。最显而易见的就是前面介绍过的规模经济，企业在扩大规模的过程中，成本逐渐下降，生产效率逐渐提升。其次，大企业在融资方面有天然的优势，它们能够以更低的利息成本获得银行贷款，而股权融资更是可以让企业走向上市。此外，在竞争激烈的市场中，企业的利润空间其实非常有限。而如果企业能够做大，就可以在竞争中脱颖而出，建立垄断地位。到那个时候，盈利也就水到渠成了。

那么，企业如何实现收入的增长和规模的扩大呢？在经济学中，企业增长有两大类：内部增长（internal growth）和外部增长（external growth）。所谓内部增长，就是企业通过增加投资来提升产能、扩大规模。外部增长是指企业通过并购实现规模扩大。

外部增长还分三种：第一种是横向整合（horizontal integration），是指同类企业之间的合并，如两家航空公司或两家银行的合并等。这种横向整合的目的是消除竞争，通过真正的强强联手来巩固市场的垄断地位。第二种是垂直整合（vertical integration），是指上下游产业的整合，如轮胎制造商、汽车制造商、汽车经销商之间合并。垂直整合的目的是降低生产成本（如原材料成本、营销成本等），从而提高生产效率。第三种被称为复合性整合（conglomerate integration），是指两家完全不同类的企业之间的整合，如一家房地产企业和一家矿泉水厂合并。这种整合主要是为了实现产品多样化，从而降低商业风险。

企业以收入最大化为目标，是为了扩大规模，从而在市场中占据主导地位。但是企业的市场地位本质上取决于企业的市场占有率，而市场占有率则取决于企业的销售量（sales volume），而非销售额（sales revenue）。例如，在手机市场中，两个不同品牌的手机单价可能相差甚远，因此，真正可以反映企业市场地位的并非手机的销售额，而是手机的销售量。然而，很多企业并不以"最大化"作为目标。诺贝尔经济学奖得主、美国经济学家西蒙曾经提出过一个叫作"满意原则"（satisficing rule）的理论。他认为，在现实中，企业的管理者并非总是要做出如"利润最大化""收入最大化"的最优决策，因为最优结果太难实现了。很多大型企业的老板会雇用职业经理人来管理公司，而这些经理人并不会在意企业赚了多少钱，他们要做的就是向老板们交出一份满意的答卷，从而保住自己的饭碗。这份满意的答卷就是西蒙所说的"满意决策"，职业经理人并不追求利润或收入的最大化，而是实现利润和收入的稳定增长，因为增长会让老板们看到希望，从而获得他们的信任。所以就会出现这样一个很具有讽刺意味的结果：老板们满心希望赚最多的钱，而管理者们每年都会帮老板赚更多的钱。老板们高兴地以为管理者每年都在突破极限，但管理者们其实根本就没想帮老板赚最多的钱。这种老板和管理者们的目标不一致，在经济学中被称为委托代理问题（principal-agent problem）。当然，并不是所有的老板都想着如何压榨员工，以实现利润的最大化。有远见的老板也会为企业制定一些战略目标（strategic objectives），例如，在寡头市场，企业会把避免价格竞争、稳定市场价格作为目标。因为寡头企业的老板们深知，打价格战只能两败俱伤，只有合作共赢才能巩固市场地位。此外，很多企业把保护环境、承担社会责任作为企业目标，为的就是建立良好的品牌形象，从而获得更多客户的信任。

企业制定目标时有三种决策方式：最优决策、满意决策、战略性决策。虽然它们各不相同，但目标都是把企业做大。然而在现实中，并非所有的企业都以做大为目标，很多市场仍然有小企业的生存空间。为什么很多企业不思进取，甘愿做小呢？这背后有很多原因。首先是市场的原因。

很多市场本身很小，根本容不下大企业。例如桌球球杆市场，可能一两家小而美的作坊就可以满足绝大部分的市场需求。此外，准入门槛低、竞争激烈的市场，以及专门提供个性化产品和服务的市场，都容易催生小企业，难以孵化大企业。其次是企业自身的原因。小企业有很多大企业不具备的优势，如小企业没有复杂的人际网络，沟通和管理比大企业更高效；小企业能够更敏捷地应对瞬息万变的市场，在产品创新方面也能走在大企业的前面；小企业能够更容易地获得政府的补助和税收优惠。正是因为小企业有这些优势，很多小企业的老板变得有些"不思进取"。当然，很多小企业其实并不甘愿平庸，只是苦于增长无方。企业的增长需要依靠投资和扩建，而投资的钱从哪来呢？小企业生产成本高，有限的利润不足以用来扩大规模。赚不到钱只能借钱，但是小企业贷款成本高，融资难度远高于大企业。因此，缺乏投资资本就成了遏制小企业增长的关键因素。

# 第二十七讲 生产要素市场

在后面的宏观经济部分将介绍循环流向模型,本讲暂通过循环流向图(见图 1-78)进行相关知识介绍。由图 1-78 可见,每个经济体都存在两个市场:商品市场(product market)和生产要素市场(factor market)。在商品市场中,企业提供商品,而个人购买商品。因此,企业是卖家,个人则是买家。但是,在生产要素市场,个人提供诸如劳动力、土地之类的生产要素,企业则需要购买这些生产要素来进行生产。因此,在生产要素市场,企业和个人的角色发生了互换,个人成了卖家,企业则成了买家。

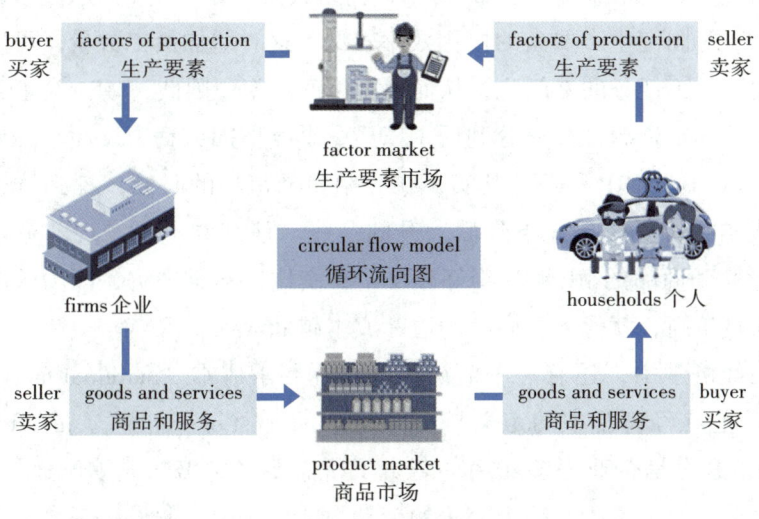

图 1-78 循环流向图

那么,生产要素能给作为买家的企业带来什么样的收益,又产生什么样的成本呢?本讲会用四大生产要素市场之一的劳动力市场(labor market)来举例说明。

首先来看劳动力的收益,在经济学中有一个值叫作边际收益产品(marginal revenue product,MRP),它在经济学中的英文定义是 the addition to a firm's revenue when an additional labor is employed，意思是企业每多雇用一名员工，该员工可以为公司多创收的价值。简而言之，就是劳动力的边际收益，如图1-79所示。

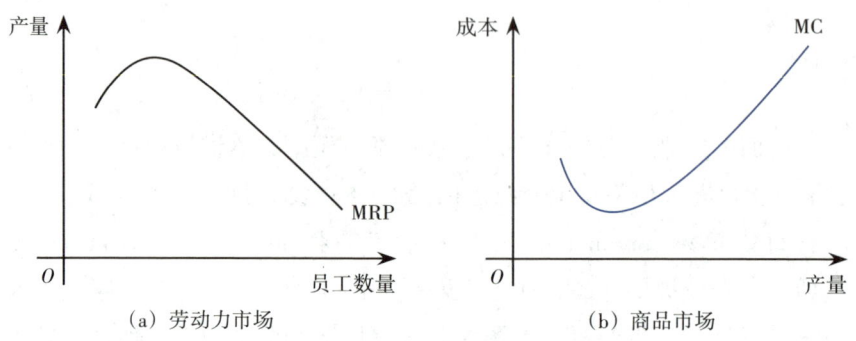

(a) 劳动力市场　　　　　　(b) 商品市场

图1-79　劳动力市场和商品市场对比

MRP和企业员工数量的关系呈现出一种先上升后下降的趋势，这又是为什么呢？因为在企业发展的初期，员工数量不足，劳动力对于如土地、机器设备等固定生产要素的使用效率较低，这时增加员工数量，可以实现专精化、员工任务的专门化，从而提高生产效率。因此，MRP会上升。而当企业的固定资源都被充分利用了以后，继续增加劳动力反而会降低生产效率，从而使MRP下降。其实，在介绍商品市场的时候，提到过企业的边际成本图像是一条先下降后上升的曲线。仔细看不难发现，劳动力的MRP形状和商品的MC形状刚好相反，其实这也不难理解，因为劳动力的边际收益越高，就代表着商品的边际成本越低。

在经济学中，还有一个值被称为边际要素成本（marginal factor cost，MFC）。它在经济学中的定义是 the additional cost of employing an additional worker，意思是企业每多雇用一名员工所需要多付出的成本。通俗地讲，就是该员工的工资。在一个完美的劳动力的市场中，假设每一名员工的技术能力、工作经验等各方面素质都完全一样，那么在这种情况下，新加入公司的员工的工资就不应该和老员工有任何区别。所以，在完美的劳动力市场中，企业的MFC就是一条水平的直线。既然员工的工资不会随着员工数量的变化而变化，那么，企业应该如何决定雇用多少员工呢？当我们把MRP和MFC放在一起，就会发现两条线会交于A点，A点所对应的员工数量是$Q_1$，如图1-80所示。

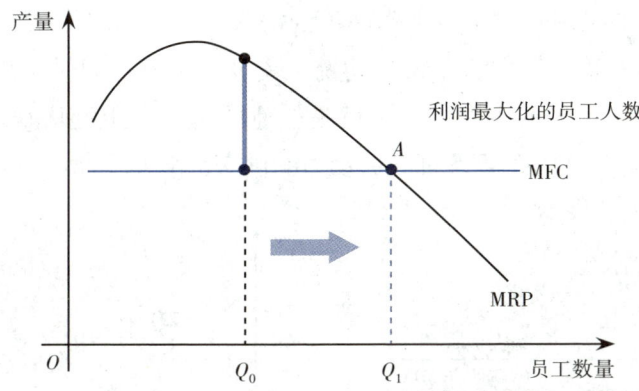

图1-80 企业的劳动力收益和劳动力成本线

假设企业员工人数少，是 $Q_0$，那么，每多雇用一名员工所带来的收益是超过其成本的。企业为了增加利润就应该继续扩招，直至 MRP 等于 MFC，也就是员工数量达到 $Q_1$ 的时候。因此，将 MRP 与 MFC 相等时的员工数量称为利润最大化的员工人数（profit maximizing number of workers）。既然 MFC 是一条水平的直线，就说明企业对于员工的工资并没有控制权，那么到底是谁决定了员工的工资呢？在完美的劳动力市场中，决定员工工资的不是企业本身，而是劳动力市场的供需。劳动力市场的供需其实和商品市场如出一辙，唯一不同的是，劳动力的供给方是个人，而劳动力的需求方则是企业，如图1-81所示。供给曲线和需求曲线的交点决定了市场的均衡工资（equilibrium wage），而正是这个市场均衡工资决定了企业的劳动力边际成本，即 MFC 的位置。

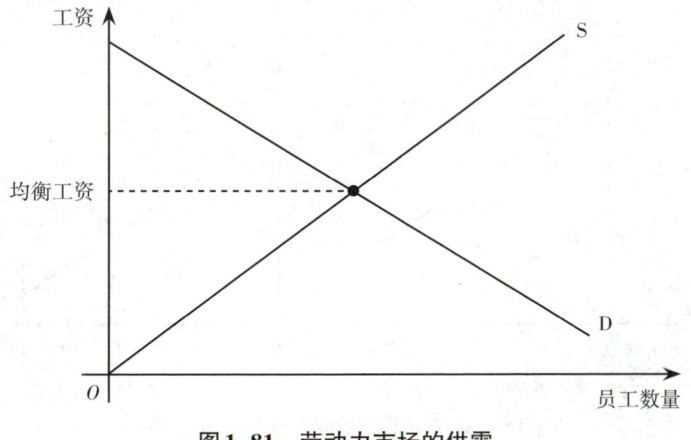

图1-81 劳动力市场的供需

那么，如果现在对于该工作岗位的需求变多，如图1-82所示，市场需求曲线向右移动，那么，市场均衡工资就会上升，同时拉高了企业的MFC。而MFC上升的直接结果，就是企业的员工雇用量从$Q_0$降到了$Q_1$，因此，任何一项工作的薪水都和劳动力的供需密不可分。

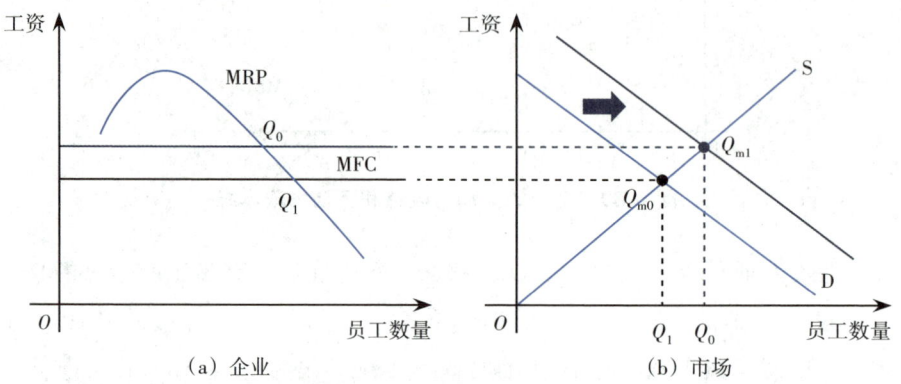

图1-82　企业的劳动力成本收益和劳动力市场供需的关系

再回到劳动力市场的图像，其实工作类型也会决定供给曲线的形状。对于技术含量较高的工作，劳动力的供给曲线会更加陡峭，或者说工资弹性较低，如图1-83所示。在这种情况下，对于高技术人才的需求增加，只会推高薪水。但是，由于技术门槛高，人才的供给量却不会发生很大的变化。反观技术含量较低的工作，劳动力的供给曲线就会变得更加平缓，或者说价格弹性会变高。劳动力市场需求的变化对工资水平的影响有限。

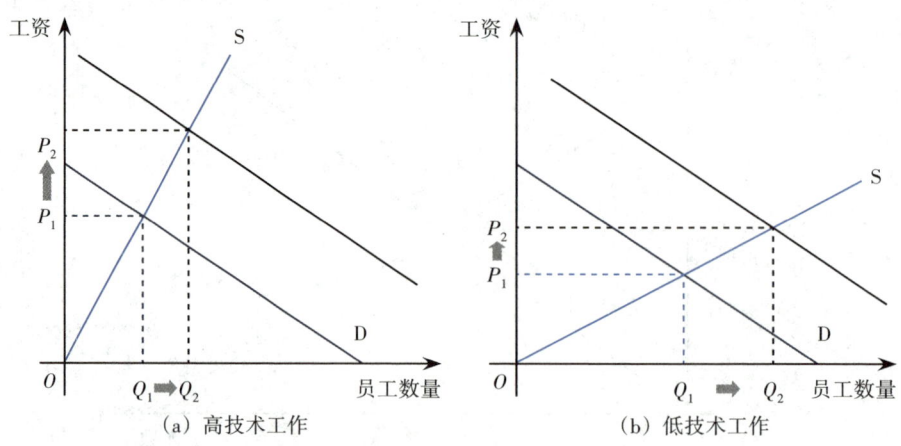

图1-83　不同工作的劳动力供给曲线

最后，再来看图1-84所示的两块面积。处于供给曲线下方的面积在经济学中被称为转移收入（transfer earning），英文定义是the minimum income a worker needs in order to supply labor，意思是让员工参与该份工作的最低工资。而处于供给曲线的上方及市场均衡工资下方的面积在经济学中被称为经济租金（economic rent），英文定义是the extra income a worker receives above the minimum level they need in order to work，即员工实际工资中超出他心理最低工资的部分。如图1-84所示，任何员工的薪水都包含了两部分：让他在岗的最低工资转移收入，以及超出最低工资的经济租金。

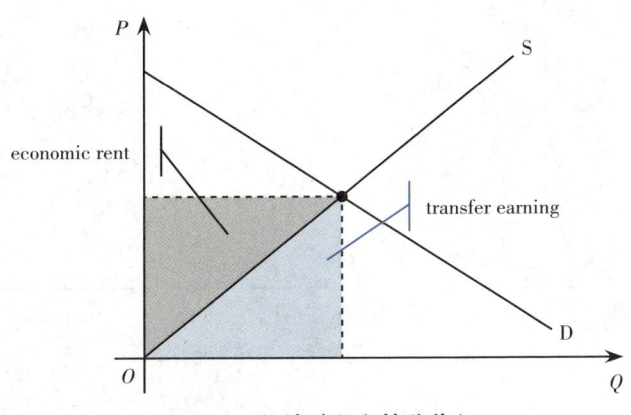

图1-84　经济地租和转移收入

当然并不是所有的劳动力市场都是完美的。如同商品市场，劳动力市场也存在垄断。如果一个企业在商品市场是一个垄断者，那么在劳动力市场，它就成为了唯一的雇主（the single buyer of labors）。这种情况在经济学中被称为买方垄断（monopsony）。比较典型的买方垄断是矿业公司。如果矿业公司掌握了矿井的开采权，那么他们不仅垄断了矿产这个商品市场，同时成为矿工这个劳动力市场的唯一买家。对于买方垄断的劳动力市场，企业对劳动力的需求线仍然是代表MRP，而因为企业面对的是整个劳动力市场，所以企业面临的劳动力供给线和市场供给线形状一致。这里需要注意，劳动力供给曲线体现的是工资和劳动力供给量的关系，而工资代表了企业的平均人力成本，也就是平均要素成本（average resource cost，ARC）。而因为平均要素成本随着劳动力数量上升而上升，因此边际要素成本必须始终高于平均要素成本。如果企业以利润最大化为目标，那么企业的雇佣量就由 MFC 和 MRP 的交点决定，也就是 $Q_m$，此时的工资水平则是 $W_m$。但是对于劳动力市场而言，资源配置最优的雇佣量应该是在供需线的交点所决定。可见，在一个买方垄断的劳动力市场中，劳动力的雇佣量偏低，工资也偏低。如果再结合商品市场的图，可以看到，一个垄断企业在商品市场中通过过高的定价来"剥削"消费者的利益，同时在劳动力市场通过过低的工资来"剥削"劳动者的利益，如图 1-85 所示。

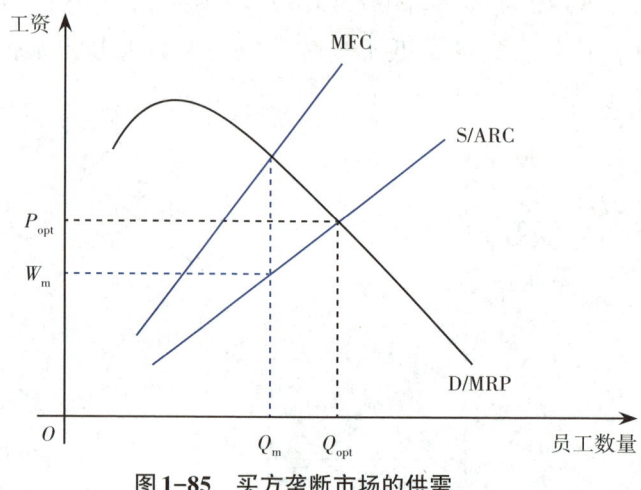

图 1-85　买方垄断市场的供需

## 第二十八讲 博弈论

自从淘宝从某年开始推出"盖楼"活动后,只要到了"双十一"的活动周期,消费者都化身为"建筑师"。我们可以从经济学的角度来研究一下这个活动。"盖楼"的活动是这么玩的,你可以组成战队和其他战队进行 PK,胜者将得到淘宝的红包,而败者将一无所获。怎么"盖楼"呢?首先你可以提升自己的等级,其次可以拉人助力帮助战队"盖楼"。开始大家互相帮忙,你帮我,我帮你,后来有一拨人觉得自己"盖楼"太难了,就转换了身份,变成了纯粹的"民工",去帮别人"盖楼"。不管结果如何,"民工"每次都从"战队"那里收取一定的"劳务费",通常在 4~10 元,但是他们不会分得淘宝的红包。所以问题来了,为什么有些人愿意组战队"盖楼"PK,有些人愿意成为纯粹的"民工"呢?这个问题的背后其实有非常深刻的经济理论。

在经济学中,边际成本的英文定义是 the additional cost to produce one more unit,意思是每多生产一件商品所需要的成本。边际收益的英文定义是 the additional revenue resulting from the production of one more unit,意思是每多生产一件商品所产生的收益。通常来说,只要边际收益大于边际成本,那么生产者就应该选择继续生产。我们回到"盖楼",首先来看"民工","民工"的边际收益就是每次协助战队"盖楼"所获得的非常稳定的 4~10 元的报酬,可他们的边际成本是什么?他们的边际成本几乎为零,因为他们不需要有任何经济上的付出,如果说真的要有边际成本,那么应该说是他们所牺牲的本该看电影或睡觉的时间,在经济学中把这种牺牲叫作机会成本(opportunity cost)。所以,"民工"是一个低边际效益、低边际成本的工作,但是因为边际成本非常低,所以大部分的"民工"还是愿意帮别人"盖楼"。反观战队,他们的边际成本就非常高,除了每次参加 PK 所需要的"门票费",还有雇用"民工"的费用,而且这个费用会随着 PK 进入白热化、"民工"越来越多而变得越来越高。但是,一旦 PK 获胜,他们的边际收益也会很高。所以战队PK是一个高边际成本、高边际收益的工作。但需要注意，战队的成本和收益存在很大的不确定性，每一场PK的"民工"数量可能都不同，而每场PK的结果也不一样，所以他们的边际成本和边际收益在统计学中被称为"期望值"（expected value），它是一个把"不确定性"考虑在内后计算出的平均值。因此，战队如果认为期望边际收益高于期望边际成本，那么他们就会选择继续进行战队PK。

既然"民工"和战队的边际收益都高于边际成本，为什么有人选择做"民工"，有人选择做战队呢？其实，这还涉及每个人的风险偏好（risk preference），"民工"虽然做的是低边际效益的工作，但是它的风险也很低，或者说几乎是稳赚不赔，所以这类人在经济学中被称为风险规避型（risk-averse）人群，即"小富即安"型人群。而那些选择做战队的人，他们甘愿冒着输掉PK从而血本无归的风险，也要参与到PK中，以期获得高额的回报，这种人在经济学中被称为风险追逐型（risk-seeking）人群，他们往往拥有非常强的"赌徒心理"。

战队PK往往比拼的是谁请的"民工"更多，"民工"多的那一方就可以"造更高的楼"，从而赢得PK，获得奖金。所以战队双方往往会邀请大量的"民工"来帮助"造楼"。而最终的结果是，他们雇用"民工"的支出已经超过了赢得PK所能获得的红包。即便是这样，战队双方仍然会不停止招募"民工"，而非及时止损，这又是什么原因呢？难道只是为了斗气吗？其实，这个现象可以用经济学中著名的博弈论来解释。

如图1-86，假设有两个战队，分别为战队A和战队B，他们对于PK有两种策略：请"民工"或不请"民工"。图中会呈现出四组数字，它们代表双方采取各自的策略后所能获得的期望回报。假设战队A和战队B都不请"民工"，那么双方的期望回报都是200元。但是如果战队A和战队B都请"民工"，那么双方的回报都是100元，原因是战队A和战队B都需要花钱招募"民工"，从而增加了成本，影响了回报。如果战队A请"民工"而战队B不请"民工"，那么战队A赢得PK的概率会大大增加，所以战队A的期望回报变成了300元，而B的期望回报则降到了20元。相反，如果战队B请"民工"而战队A不请"民工"，那么双方的期望回报就会反过来。面对这样的期望回报，双方到底会做出怎样的选择呢？首先要假设信息完全透明，双方完全知晓自己和对方在不同情况下的回报。那么我们先来看战队 A，战队 A 知道，如果战队 B 请"民工"，他自己如果也请"民工"的话，回报是 100 元；如果不请的话，回报只有 20 元。所以在对方请"民工"的情况下，战队 A 的最佳选择是也请"民工"。那么如果对方不请"民工"呢？那么如果战队 A 请"民工"，回报是 300 元；不请"民工"，回报则是 200 元，所以在对方不请"民工"的情况下，战队 A 的最佳选择还是请"民工"。因此，不管战队 B 做出什么样的选择，战队 A 的最佳选择都是请"民工"。这就是经济学中所说的支配型策略（dominant strategy）。反观战队 B，可以通过同样的方式得知，不管战队 A 做出什么样的选择，战队 B 的最佳选择都应该是请"民工"，所以战队 B 的支配型策略也是请"民工"。这样一来，不管对方的选择如何，双方的支配型策略都是请"民工"，这也解释了为何 PK 双方都愿意不惜一切代价地请"民工"来帮忙"造楼"，即便这种策略会严重影响自己的最终回报。这个结局就是博弈论中著名的纳什均衡（Nash equilibrium）。如果博弈中的任何一方，在对方做出任何决定的情况下，自身都没有比现有决策更好的选择，此时双方就达到了纳什均衡。有意思的是，虽然对战双方都请"民工"是纳什均衡，但纳什均衡给他们带来的结果却并不是最好的回报，因为最好的回报是双方都不请"民工"。可见，博弈的结果往往不是双赢，而是两败俱伤，但这种两败俱伤却是博弈双方非合作的必然结果。

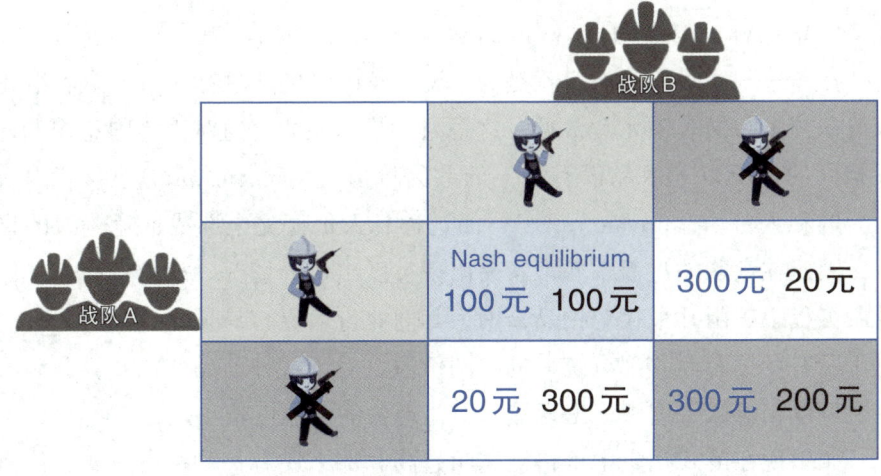

图 1-86　博弈中的收益矩阵

# 第二十九讲 拍卖理论

拍卖，又被称为竞价购买，是一种有别于普通购买的方式。普通商品是有标价的，消费者只需支付商品的标价即可购得；而在竞价购买中，商品没有标价，消费者根据自己对于商品的估值进行出价，出价最高者购得商品。很多人以为，只有像古董、珠宝等高端稀有的商品才能被拍卖。但在现实生活中被拍卖的商品种类繁多，大到政府工程、油田开采权、无线电波段，小到鲜花、水产等各种农产品都可以进行拍卖。同时，拍卖的方式也是花样百出。

广为熟知的拍卖方式被称为英式拍卖。所谓英式拍卖，就是由拍卖人宣布起拍价，竞购人依次叫价，价高者得。这种拍卖方式比较适合稀有商品的拍卖，比如房产、艺术品等。英式拍卖的最大特点就是竞购者争相叫价，场面异常激烈。但正是因为这种激烈，竞购者在竞拍过程中经常会受到他人叫价的影响，层层加码，最终购得了商品，但购入价格却远超该商品的实际价值。这种因为非理性决策导致的"赢家就是输家"的现象，在经济学中被称为赢者诅咒（winner's curse）。很多拍卖人利用"水军"或者"托"来刻意哄抬价格，就是为了激发竞购者的非理性叫价。赢者诅咒现象在艺术品拍卖中尤其常见，这是因为艺术品的价值对于不同竞购人是不相同的，所以艺术品没有统一的共同价值（common value），只有因人而异的私人价值（private value），而这种私人价值完全取决于竞购人的喜好，因此在竞购的过程中非常容易出现过度出价的情况。相比较而言，像政府工程、矿山开采权等拍品，因为其商业价值更容易量化，因此，它们对于所有竞拍者而言都有统一的共同价值。对于这种商品的拍卖，竞购人往往可以相对保持理性，出现赢者诅咒现象的可能性较小。

如果说在英式拍卖中价格被越叫越高，那么还有一种拍卖方式，价格则是越叫越低，它被称为荷兰式拍卖法。荷兰式拍卖又被称为减价式拍卖，这是一种非常特殊的拍卖方式。它是由拍卖者首先叫出一个高得离谱的价格，并逐步降低竞价，只要有人首先举牌，那么商品就被击槌成交了。这种拍卖方式又被称为"无声拍卖"，因为在竞拍的过程中，是卖方叫价，买方则是全程沉默，只要有一人举牌，拍卖就结束，所以激烈程度远不如英式拍卖。但是，在这种无声拍卖的过程中，因为竞拍人无法获得任何关于其他买家的信息，这个时候他们担心早举牌会买亏，而晚举牌则可能被别人捷足先登，唯一的选择就是在要价达到心理价格的时候举牌。因此，在荷兰式拍卖中，买家会变得更加理性，出现冲动出价的可能性比较小，同时完全杜绝了卖方靠托儿哄抬价格的现象。这种拍卖方式最初就是由荷兰人在鲜花交易中发明的。鲜花的品质参差不齐，而且保质期又较短，卖方为了尽快卖出手中的鲜花，会首先设定一个最高价，然后每隔一段时间降价一次，直至卖完所有的鲜花。时至今日，荷兰式拍卖仍被广泛应用于易腐烂且品质良莠不齐的产品（如水果、蔬菜、鱼类、烟草等）交易中。首先举牌的竞拍人有优先选购权，如果该买家没有买走所有的商品，那么卖家会继续降价，直至销售完手中的所有商品。

除了英式拍卖和荷兰式拍卖，还有一种被称为密封拍卖（sealed-bid auction）的拍卖方式。这种拍卖方式要求竞拍人将自己的报价密封起来交给拍卖人，大家都不知道对方的出价。一般来讲，拍卖人会选择出价最高的买主，但是，有时候拍卖人也会考虑价格之外的其他因素选择买主。在政府工程招标中经常采用这种方式，这是因为政府除了要考虑投标者的出价，还要考虑投标者的实际业务能力。还有一种特殊的密封拍卖，被称为第二价格密封拍卖，意思就是竞拍成功者需要支付的不是他自己的报价，而是第二高的报价。尽管最后成交价格不是最高报价，但是从心理学的角度来看，这种拍卖方式反而能够促使竞拍人报高价。假设现在有两个竞拍人甲和乙，双方都有高、低两个报价。站在乙的角度，如果甲报高价，乙也必须要报高价，因为这样才能保有胜出的可能性，而且如果成功也只需要支付甲的报价。但是，如果甲报低价，那么乙完全没有必要报低价，因为乙报高价不仅能够保证稳赢，而且只需要支付甲所报的低价。所以，不管甲报低价还是高价，乙都应该报高价，这就是在博弈论中的占优策略（dominant strategy）。那么，站在甲的角度，其想法和乙是完全一致的，所以最终使得所有竞拍者都报了高价，避免了大家集体报低价的局面。这个拍卖制度其实是1996年的诺贝尔经济学奖获得者维克瑞教授提出的，因此也被称为维克瑞拍卖。

## 第三十讲  帕累托最优

拍卖这种交易方式到底对经济产生了何种影响？答案是，拍卖优化了社会资源的配置，从而使社会利益最大化。想要深入了解这个问题，还要了解另外一个著名的经济学概念——帕累托最优（Pareto optimality）。帕累托最优在英语里的定义是 the idea that it is impossible to make one person better off without making another person worse off。简而言之，就是在一个人获益的同时，一定有另外一个人受害。例如，甲想把自己的二手车卖给乙，甲的底价是2万元，而乙愿意支付的最高价格是3万元。假设最终双方以2.5万元成交，那么这就是帕累托最优。因为如果成交价从2.5万元涨到了2.6万元，那么甲多赚1000元的同时，乙多支付了1000元，也就是一方收益一方受害。不难看出，如果这是一个买卖双方的简单交易，那么，其实以任何交易价格都会实现帕累托最优。但是如果现在丙和乙同时想买甲的二手车，乙出价3万元，丙出价3.5万元。此时，甲就应该把车卖给出价最高的丙才能实现帕累托最优。这是因为，如果甲把车以3万元卖给乙，那么乙可以转手以3.2万元的价格卖给丙，这个时候乙赚了2000元，而丙则省了3000元，双方都获益了，因此总利益获得了提升。这种多方同时获益的结局在经济学中被称为帕累托改进，而一旦没有帕累托改进的余地，帕累托最优就达成了，此时各方的总利益已经达到了最大。而拍卖这种交易方式，能够确保出价最高者获得商品，从而实现帕累托最优，以及社会利益的最大化。那么，如果出价最高者是以第二高的价格购入商品，帕累托最优是否仍然能够实现呢？

在第二价格密封拍卖方式中，出价最高者竞拍成功，但只需支付第二高的报价。在这种情况下，帕累托最优是否达成了呢？假设丙出价3.5万元，乙出价3万元，丙最终赢得竞拍，并以3万元的价格购得甲的二手车。此时，丙如果想获得额外利益，则需要以3.2万元的价格转卖给乙，但是因为乙的心理价位只有3万元，所以这个交易无法达成。但是，如果丙以

2.8万元的价格卖给乙,那么乙节约了2000元的同时,丙却亏了2000元,也就是一方获益一方受害,双方总利益并没有发生变化。因此,出价最高的竞拍者以第二高的价格购得商品,仍然可以达到帕累托最优。

其实,也可以从博弈论的角度来分析这个问题。图1-87所示是在第二价格密封拍卖方式下阿强和阿花的收益矩阵(payoff matrix)。在这种方式下,双方会不约而同地选择报高价,从而达到纳什均衡。试想一下,如果此时阿强改为报低价,那么,阿强从"可能胜"变成了"必败",因此受害;而阿花从"可能胜"变成了"必胜",因此获益。一方获益一方受害的局面再次出现,也就意味着在双方达到纳什均衡的时候,任何决策的改变都不可能使双方总利益获得进一步的提升,因此,帕累托最优也就达成了。

图1-87 密封拍卖中的收益矩阵

帕累托最优在经济学中有很重要的应用,它是对资源配置效率的一种更广义的描述法。前面介绍过,经济资源的配置效率(allocative efficiency)是在社会需求得到最大满足的时候实现的。在PPC的图像中,线上的任何一个点都能实现最大产量和最低成本,但只有一个点能实现最优的资源配置。此时,任何改变资源配置的举动都只能使一方获益的同时使另一方受害,所以社会利益已经达到最大而无法进一步增加,而这恰恰就是帕累托最优所诠释的思想。这种配置效率也可以通过市场供需图像呈现出来,如图1-88所示。资源配置最优的交易量应该是在边际社会利益(MSB)和边际社会成本(MSC)相等的时候,因为此时社会总利益是最大的。试想一下,现在交易量低于最优交易量,那么这个社会每多生产一件商品,额

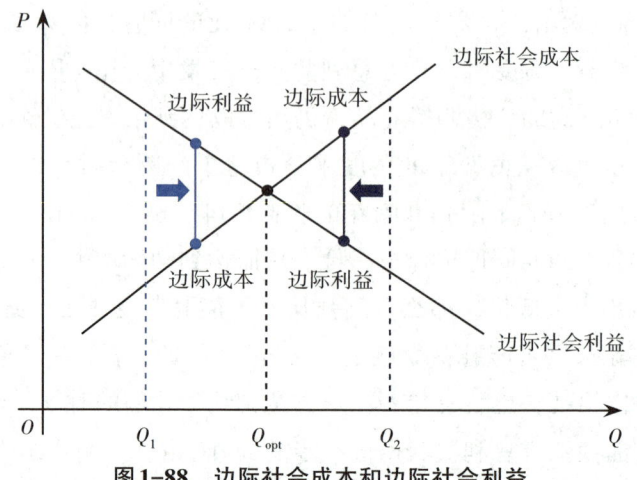

图1-88 边际社会成本和边际社会利益

外获得的利益（MSB）会高于额外的成本（MSC），因此，社会总利益得到提升，这就是帕累托改进。如果交易量高于最优交易量的话，那么，此时社会每少生产一件商品，节约的成本（MSC）会超过损失的利益（MSB），这个时候社会总利益也得到了提升，因此，存在帕累托改进的可能。不难看出，只要边际社会利益等于边际社会成本的时候，就找不到任何发生帕累托改进的空间，因此帕累托最优也就达成了。

综上所述，一旦帕累托最优达成，那么社会资源的配置就达到了最高效，此时的社会利益是最大的。

## 第三十一讲　效率与公平

　　经济学是一门研究如何合理分配有限资源的课程，在介绍经济学的过程中，反复强调的一个词是资源配置的效率。大多数情况下，通过自由市场的供需力量就可以确保资源配置的效率。一旦市场失灵，政府可以通过各种干预手段来提升资源配置的效率。然而，效率并不是政府唯一的经济目标，政府的另外一个重要目标叫作公平（equity），简而言之，就是确保资源分配的公平。效率和公平这一对"冤家"就经常在经济学中"碰面"。假设老王煎饼摊今天还剩下最后一份煎饼，此时来了两个人——阿福和阿旺。阿福很有钱但是并不是很饿，阿旺很饿但是钱不够，如果他们两个都想要吃煎饼，那么老王把煎饼卖给出得起钱的阿福就是效率，而把煎饼亏本卖给很饿的阿旺就是公平。不难看出，效率和公平就是一对鱼与熊掌不可兼得的矛盾体。所谓效率，就是把资源分配给需求最高的人，且这种需求必须建立在支付能力的基础上。所谓公平，就是把资源分配给最需要的人，以确保他们的基本生存所需。老王如果把煎饼一分为二，满足阿福购买欲望的同时，也确保了阿旺的生存所需，这是否也是一种公平呢？

　　如果老王把煎饼一分为二，让有钱的阿福和饥饿的阿旺都能吃上煎饼，这在经济学中被称为平等（equality）。平等和公平并不矛盾，它们的关系其实非常微妙。平等可以是公平的一种解释，假设老王煎饼摊来了两个同样很饿又很穷的人，这个时候老王把煎饼一分为二是一种平等，也是一种公平。这种公平在经济学中被称为横向公平（horizontal equity），两个情况完全相同的人必须获得相同的资源分配。如果把煎饼平均分给情况完全不同的阿福和阿旺，这种平等就不能和公平完全画等号了。

　　图1-89是一张非常著名的漫画，解释了平等和公平的区别。左图中，三个人站在了一样高的木箱上，但是他们获得的利益并不一样，最弱势的人没有得到应有的帮助，而最具优势的人其实有没有那个木箱都是一样的。再看右图，最弱势的人获得了最多的帮助，而最具有优势的人把自己

的木箱让给了比较弱势的人，最终，三个人都得到了自己想要的结果。在西方经济学的价值观中，人生来并不一样，如果弱势群体和精英阶层获得一样的资源分配，他们所获得的利益也是完全不同的，所以，只有当精英阶层把一部分超出他们生存所需的资源转移给弱势群体，才是公平的体现，因为只有这样，才能确保最需要帮助的人得到应有的帮助，这就是经济学中的纵向公平（vertical equity）。那么，政府可以采用什么样的手段来确保这种资源分配的公平呢？

**图 1-89　平等和公平**

首先是累进税（progressive tax system）。所谓累进税，就是收入越高，税率越高，最典型的例子就是个人所得税。政府通过不断递增的税率，迫使高收入人群把自己收入的更大比例交给政府，由政府通过社会福利制度分配给穷人。通俗来讲，就是富人通过交税接济穷人。通过这种累进税制，政府不仅确保了资源和收入分配的公平性，也缩小了贫富差距。因此，资源分配的公平最终产生了资源分配的相对平等，再次说明了"公平"和"平等"这一对概念的微妙关系。

说到福利制度，其实政府的社会福利还分为两大类：第一类被称为资产测查补助（means-tested benefits），这是一种仅针对低收入人群或者其他弱势群体的福利，失业补助就是一种典型的资产测查补助。这种福利虽然能够确保穷人得到应有的帮助，但也存在一个问题。如果失业补助过于丰厚，很多穷人将其当作一种不劳而获的工具，则很难再有工作的动力，从而长期处于失业的状态。这种现象在经济学中被称为贫穷陷阱（poverty trap），即穷人始终无法改变贫穷的状态。而在一些西方高福利国家，虽然贫富差距不大，但过高的社会福利导致人们的工作动力不足，社会劳动力短缺，成了名副其实的"懒人国度"。第二类福利被称为普遍福利（universal benefit）。普遍福利，顾名思义，就是对全体公民发放的福利，无论收入高低。普遍福利在使穷人获得帮助的同时，社会仍然维持着一定的贫富差距。普遍福利在某种程度上可以缓解贫穷陷阱的困境。

# 第二部分
# 宏观经济

# 第一讲　循环流向模型

循环流向模型（the circular flow model）是一张展示经济学精髓的模型。经济学是一门研究市场的学科，而市场中存在着"两派人"，一派叫作企业（firms，business）；另外一派叫作个人（individuals，households）。这两派人会通过两个不同的市场进行交易活动，这两个市场分别是商品市场及生产要素市场。首先，企业会把生产出来的商品和服务送入商品市场，而个人会从商品市场购入这些商品，图2-1展示了从企业经过商品市场到达个人的商品流动过程。个人为了得到商品，是需要向企业付钱的。个人付出的钱被称为消费性开支（consumer spending），而这些钱到了企业那边，就成为其收入，也就是营业收入（business revenue）。

再来看另外一个市场——生产要素市场。生产者有了资源才能生产。生产者需要通过生产要素市场购入这些资源。谁会为这个市场提供资源

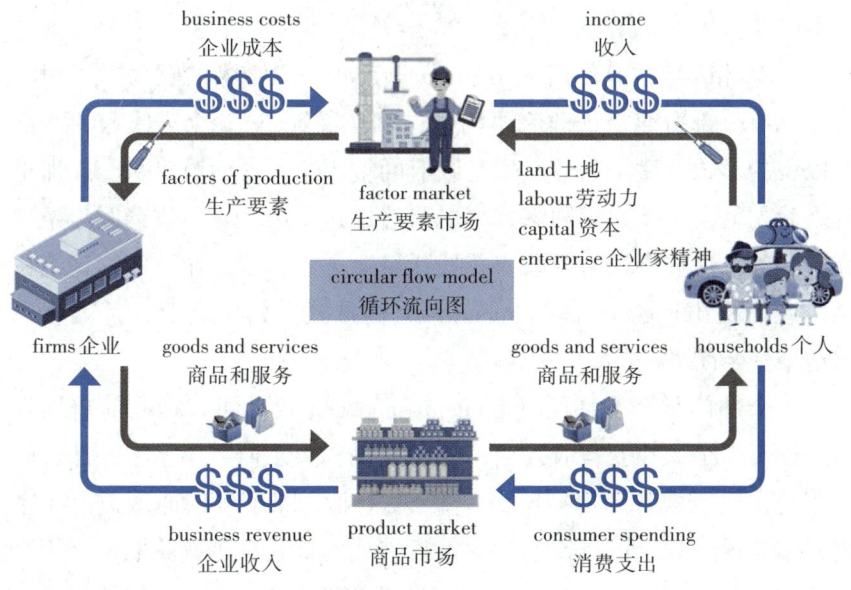

图2-1　循环流向图1

呢？在经济学中，资源的提供方就是个人。这件事情其实也不难理解，以劳动力市场为例，企业通过劳动力市场雇用员工，而个人就是劳动力的提供方，他们要通过劳动换取报酬才能消费。其实，个人除了可以提供劳动力，也可以提供其他生产要素，包括生产用的土地、用于购买机器设备的资本及企业家精神。在经济学中，个人其实就是资源的提供方。这样也就构成了从个人经过生产要素市场到达企业的资源流动。企业为了获得资源需要付出金钱，即企业成本；而对于个人而言，这笔钱就是收入。如果个人提供的是劳动力，那这笔收入当然就是工资；如果个人提供的是土地，那这笔收入往往被称为租金（rent）；如果个人提供的是企业用于购买机器设备的资金（capital），那这笔收入就是利息（interest）。因此，通过生产要素市场的资金流动方向就是从企业到个人。至此，企业和个人之间形成了两个方向相反的闭环，内侧的闭环体现的是企业的投入和产出，外侧的闭环则体现收入和支出。这两个闭环非常清晰地呈现出了市场中企业和个人之间的种种互动，包括生产、消费、雇用、投资等，也就是各种各样的经济活动。

事实上，个人和企业之间的资金流动并非一个闭环，个人的收入所得不会全部用于购买商品，而企业的所得也不会全部来自个人的消费。经济学中，还存在三个额外的部门（sectors），而这三个部门的存在可以使资金流出或者流入这个闭环（见图2-2）。

第一个部门是政府部门（government sector）。个人的收入除了用于购买商品，有一部分会流入政府机构，这就是税（tax），个人收入的一部分是要以税的形式上缴国家的。税是政府的重要收入，而政府从个人那里收了税之后，就会用于建设国家，如造路造桥、发展教育、改善医疗条件和巩固国防等。这些事还需要政府花钱让企业去做，因此，政府的这笔税收又会以政府支出（government spending）的形式支付给企业，也就相当于流回这个资金闭环。

第二个部门是金融部门（financial sector），此处可以把它简单地理解为商业银行。个人在获得收入后，除了交税和买东西，还会把一部分的钱存入银行，这就是储蓄（savings）。反观企业，除了可以通过把商品销售给个人来获得收入，还可以通过向银行借钱的方式来迅速获取资金用于企业发展。企业用从银行获取的资金来购买机器设备、扩大规模的行为，在经济学中被称为投资（investment）。所以，银行从个人那里吸取存款后，又会把资金借给企业投资，从而形成了从个人经过银行到达企业的资金流动。

最后一个部门大家可能会稍稍有点意外，那就是海外部门（foreign sectors）。之前提到的所有的部门及资金和物质的流动都是局限在本国内部的。但是，如果本国的经济是开放的，那么本国的公民就可以把钱用于购买进口商品；而一旦购买进口商品，那么他们的钱就流入海外部门，这笔资金的流动也会称作进口（imports）。反观企业，他们除了可以把商品售卖给本国消费者，也可以把商品卖给外国消费者，从而从海外部门获得资金。这笔资金的流入被称为出口（export）。

如图2-2所示，所有的资金都是从个人的那一侧流出的，被称为漏出

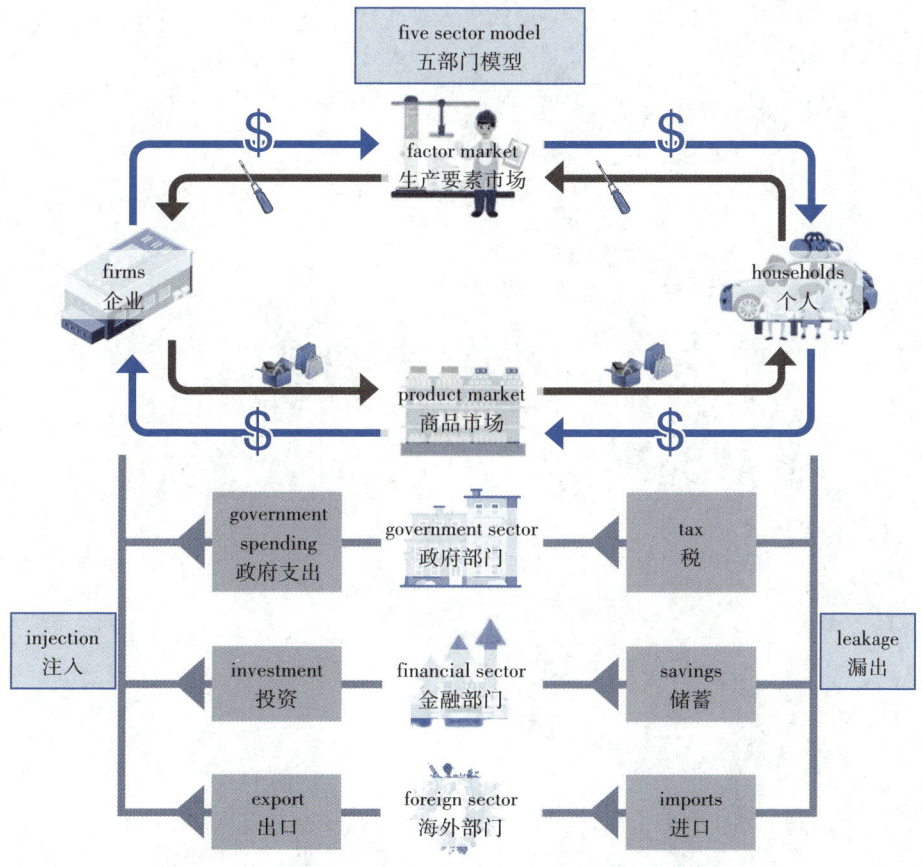

图2-2　循环流向图2

(leakage)；而又从企业这一侧流入，被称为注入（injection）。这个完整的资金流动模型在经济学中被称为五部门模型（five sector model），因为它包括企业（firms）、个人（households）、政府部门（government sector）、金融部门（financial sector）、海外部门（foreign sector）五个部门，完整地呈现了资金的流向，以及每一次资金流动所对应的经济活动。

## 第二讲 宏观经济指标

一个国家的经济实力主要体现在国内生产总值（GDP）上。当然，GDP并不是衡量一个国家经济水平的唯一指标。在经济学中，政府对于宏观经济的调控其实有四个主要参考指标，即GDP增长率（GDP growth）、失业率（unemployment rate）、通货膨胀率（inflation rate）、国际收支（balance of payment）。

其一，GDP增长率。快速增长的GDP体现了一个国家强大的生产力和旺盛的需求，GDP越高，人们为国家创造的价值就越大，那么他们的收入也会越高。

其二，失业率。一个国家失业率的高低反映了国民的生活质量，体现了一个国家的经济发展水平。通常情况下，GDP增长率和失业率应该是联动的，也就是GDP增长越快，失业率越低。但是也存在例外。如果一个国家的GDP高速发展，但是失业率却居高不下，这说明什么问题呢？这其实说明这个国家的财富分配极不均衡，有一小部分人创造了大部分的价值，从而也获得了不菲的收入；而其他人只创造了一小部分价值，也自然收入微薄。

其三，通货膨胀率。简而言之，通货膨胀率就是一个国家物价水平的上涨速度。如果物价上涨过快，那么人们手中的钱的购买力就会急速下降，从而影响生活质量。但是，GDP的快速增长往往伴随着较高的通货膨胀率。如果一个国家的GDP增长过快，那说明人们的需求旺盛，当人们都在购买的时候，物价水平也就水涨船高了。所以，GDP快速增长虽然可以有效降低失业率，但同时可能带来较高的通货膨胀率。在经济学中，失业率和通货膨胀率就是一对矛盾，低失业率和低通货膨胀率很难同时实现。这就解释了为什么几乎不会有国家出现零失业率或零通货膨胀率，而是把失业率和通货膨胀率保持在一个较低的健康水平。

其四，国际收支。大部分国家的经济都是开放的，国与国之间有频繁的贸易往来，国际收支就来自进口和出口。如果一个国家的进口总额超过出口总额，说明本国支付给他国的钱会多于他国支付给本国的钱，因此就出现了贸易逆差（trade deficit）。一旦出现贸易逆差，那么政府就需要动用自己"小金库"里的外汇储备来填补这个"窟窿"，或者通过发行外债的方式向别国借钱。因此，除了高GDP增长率、低失业率、低通货膨胀率，大部分国家的政府都会把国际收支平衡作为其第四个宏观经济目标。

第二部分 宏观经济

# 第三讲 国内生产总值

国内生产总值（gross domestic product，GDP）在经济学中的英文定义是 the market value of all final goods and services produced within a country over a time period，意思是在一个国家境内生产的所有最终商品和服务的价值。这里需要画一个重点，就是最终商品和服务（final goods and services）。例如，皮革作为一件商品，就不能被视为最终商品，因为皮革会被皮鞋厂作为生产资源用来生产皮鞋。所以，皮革是中间商品（intermediate good），皮鞋才是最终商品（final goods）。在测算 GDP 的时候，如果同时测算了皮鞋和皮革的价值，那就出现了重复计算（double counting）的情况。为了避免重复计算，只能测算最终商品的价值。

然而，在经济学中，直接测算最终商品和服务总价值是一件非常困难的事情，GDP 的测算是通过间接方式实现的，这种方式被称为支出法（expenditure approach）。

一个国家生产出来的所有商品和服务最终都会被消费者所消费。所以，支出法背后的逻辑就是，一个国家的总支出体现了这个国家总产出的价值，也就是 GDP。那么，一个国家的总支出到底包括哪几部分呢？根据支出法，GDP 由四部分组成，分别是消费者支出（consumption spending）、投资支出（investment spending）、政府支出（government spending）、净出口（net exports），如图 2-3 所示。

消费支出，指的就是人们每天的开销，如伙食费、交通费、"双十一"清空购物车的费用等，只要是消费者的支出，都算作消费支出。

投资支出，主要包括企业购买生产工具的支出，如厂房、机器、设备等。需要注意的是，和皮革之类的原材料不一样，生产工具本身就是最终商品，它们是被生产者而非消费者所购买和使用的商品。所以，投资支出可以被当成生产者的支出。

除了消费者支出和投资支出，政府也会支出，即政府支出。政府支出

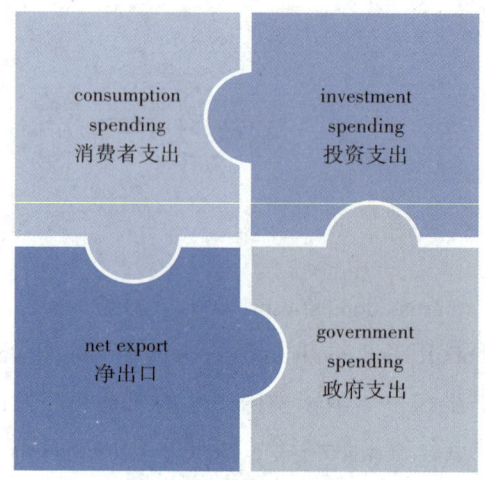

图2-3 支出法测算GDP

主要包括公共设施，如机场、火车站、道路桥梁，以及公共服务（如教育、医疗、国防）等。这些都是政府为了确保人民生活质量和国家安全的支出。

除了消费者、生产者和政府，其实还有一类人也会购买本国生产的商品和服务，那就是"外国人"。如果本国生产的商品和服务输出到国外，那么外国人就会产生这笔"消费本国商品的支出"，经济学中把这笔支出叫作出口（export）。既然外国消费者可以购买本国商品，那么本国消费者就可以购买外国商品，也就是所谓进口，而这笔支出是需要在本国的消费总额中被扣除的。因此，出口额减进口额，也就是净出口，就成了GDP的最后一块拼图了。那么，里皮先生的1.8亿元的工资支出到底算谁的呢？因为里皮是中国足球协会邀请执教中国国家队的，而中国足球协会属于政府机构，中国国家足球队从某种程度上来说属于公共服务，所以里皮先生的工资属于政府支出。

对于GDP的测算，除了支出法（expenditure approach），还有一种方法叫作收入法（income approach）。收入法测算GDP的逻辑是这样的：一个国家所生产的商品和服务的总价值，最终都应该体现在这个国家的总收入上。简而言之，收入等于产出。但是因为收入法测算GDP在实际操作中存在一定难度，容易产生偏差，所以没有像支出法那样被广泛使用。此处简单呈现一下收入法的公式，不作详述了。GDP = 劳动者报酬 + 营业利润 +

租金 + 净利息收益 + 间接税净额 + 折旧。前四项是不同形式的收入，后两项是因为总收入和总支出之间存在一定的偏差而需要做的调整。显而易见，支付给里皮先生的1.8亿元在收入法里被视作工资。那么，里皮先生是意大利人，他所赚的工资真的能算作中国的GDP吗？答案是肯定的。因为里皮先生是在中国境内赚的工资，所以从理论上来讲，他是为中国创造价值的。

在经济学中还有一个值，被称为国民生产总值（gross national product, GNP）。GNP的定义是the value of all final goods and services produced by the factors of production supplied by the country's residents regardless where the factors are located，即由本国公民所生产的最终商品和服务的价值总和，不管本国公民身处何处。把GDP和GNP做一个对比就不难发现，GDP强调的是本国境内创造的商品价值，而GNP强调的是本国公民创造的商品价值。所以里皮先生的1.8亿元工资，可以算作中国的GDP，也可以算作意大利的GNP。

GDP和GNP之间还有一个简单的数学关系：GNP = GDP + 本国公民在海外的收入 – 外国公民在本国的收入。

GDP和GNP到底哪个更能体现出一个国家的经济水平？此问题一直以来在经济学界就有很大的争议。一般来讲，大家会普遍认为，GDP反映的是生产总额，但是GNP能够更好地反映生产给本国带来的财富。所以衡量经济增长通常会用GDP，因为一个国家的生产总值的变化，直接反映了经济增长的幅度。衡量经济发展用GNP会更适合，因为一个国家的国民收入体现了这个国家公民的生活质量，从而反映了其经济发展水平。

# 第四讲　失业率

第二个宏观经济指标是失业率（unemployment rate）。首先，"失业"在经济学里的定义是 the state of being willing and able to work but without a job，意思是一种"愿意且有能力工作但却找不到工作的状态"。所以，并不是所有没有工作的人都属于失业人口，如没有能力工作的老人、小孩、残障人士等，以及不愿意工作的家庭主妇，都不属于失业人口，因为他们本身就不是劳动力市场的一员。顾名思义，失业率就是失业人口占总劳动力市场的比例。无论经济实力多强，世界上任何一个国家的失业率不可能为零，这是为什么呢？想要了解这个问题，需要先了解经济学中四种不同类型的失业。

第一种失业是摩擦性失业（frictional unemployment）。摩擦性失业在英语里的定义是 temporary unemployment that arises when people are in-between jobs，即工作转换中的失业。如年底了，有人领完年终奖后也许会考虑另谋高就，在新旧工作之间的真空期就是一种摩擦性失业的状态。这种失业持续时间很短，对社会和个人的影响不会很大，但它是不可避免的。

第二种失业叫作季节性失业（seasonal unemployment）。季节性失业的定义是 state of being out of work because of the time of year，意思是因为季节而导致的失业。有些行业只存在于一年中的特定时间段，最典型的就是农业和旅游业。处于农闲时期的农民和旅游淡季的导游，如果没有第二技能的话，就都会处于这种季节性失业的状态。虽然季节性失业不像摩擦性失业那样转瞬即逝，但它归根结底还是一种暂时性的失业。但是只要一个国家有季节性的产业，季节性失业就很难被避免。

第三种失业被称为结构性失业（structural unemployment）。这种失业跟前两种相比就严重很多了，它在英语里的定义是 unemployment caused as a result of the changing structure of economic activity，意思是因为经济活动的结构改变而导致的失业。在过去的几十年中，随着科学技术的发展，很多职业在社会发展中逐渐消失，像电话接线员、BP机传呼员、公交车售票员、胶片冲洗员等。如今，随着AI技术的发展，也许又有一批职业要成为牺牲品了。因为产业结构的调整，而导致技术能力和岗位需求不匹配，从而产生的失业就是结构性的失业。结构性失业可以说是国家技术进步和产业升级的必然结果。

摩擦性失业、季节性失业和结构性失业都存在很强的必然性，甚至可以说是无法避免的。在经济学中，这三种失业被统称为自然失业（natural unemployment）。它在英语中的定义是 natural unemployment is the unemployment under full employment，意思是一个国家在充分就业情况下所产生的失业，或者说在一个国家在产能达到最大的情况下，仍然出现的失业。自然失业虽然无法避免，但是是否可以缓解呢？其实，政府是可以通过干预手段来降低自然失业率的。首先是增加劳动力的流动（increasing labor mobility）。很多结构性失业带有很强的地域性，如在大城市劳动力过剩，而在偏远地区却劳动力不足，政府可以通过一系列优惠政策鼓励那些在大城市找不到工作的人前往偏远地区，解决那里的劳动力不足问题，同时解决国家的失业问题。这种政策在劳动力不足的西方国家（如加拿大、澳大利亚等国）是很常见的。其次是提高教育和培训水平（improving education and training）。这个政策应该很容易理解了，如果政府能够为那些处于季节性失业和结构性失业中的居民提供良好的教育培训，也许知识丰富的导游可以在旅游淡季成为一名讲师，技术高超的胶片冲洗员也许可以转型成为一名"P图"高手，声音甜美的电话接线员也许可以转型为一名网络主播。

除了前面所述的三种自然失业，还有第四种失业，即周期性失业（cyclical unemployment）。它是四种失业中最让人担心的一种，在英语里的定义是 the unemployment that occurs as the economy goes into a slowdown or recession，即经济增速放缓或者经济衰退的时候出现的失业。一个国家经济衰退时的最主要表现就是市场总体需求不足，当需求不足的时候，商品和服务的产量就会下降，产量不足则会导致企业对于劳动力资源的需求不足，最终的结果就是企业开始裁员，从而产生了失业。之所以叫作周期性失业，是因为经济的波动是带有周期性的，繁荣过后总是萧条，周期性失业就会和经济衰退一样,周而复始地出现。因为周期性失业不属于自然失业,出现周期性失业时,因为需求不足,所以GDP会低于国家的产能,政府可以通过财政政策和货币政策来刺激需求,从而达到提升GDP和降低失业率的目的。

## 第五讲 通货膨胀

　　通货膨胀率是一个国家的重要宏观经济指标。通货膨胀在英语中的定义是 a sustained rise in general price level，即一种持续性的总体物价上涨。但是，一个国家的商品和服务种类繁多，不同商品之间的价格差距很大。那么，总体物价指的是什么呢？答案是居民消费物价指数（consumer price index，CPI）。在经济学中，CPI 测量的是消费者所购买的"一篮子"商品的加权平均价格。在我国，这"一篮子"商品包括了 8 大类 200 多个基本分类中的 600 余类商品，国家统计局根据这些商品的消费权重计算出平均价格，而后会设定一个基准年的 CPI 为 100，这样，其他年份相对于基准年的平均价格就可以通过 CPI 的大小体现出来了。例如，我国设定 1978 年为基准年，所以 1978 年的 CPI 就是 100，而 2018 年的 CPI 是 650，这个数字非常直观地表明了 40 年间我国的物价水平翻了 6.5 倍。既然物价水平上涨了那么多，居民的生活水平有没有受到影响呢？答案显然是否定的。因为居民的收入也会随着物价水平的上涨而提高。事实上，1978 年至今这 40 多年间，我国居民收入的涨幅远不止 6.5 倍，所以，人民的生活水平是不降反升的。虽然旺盛的需求推高了物价，但也带动了 GDP 的高速增长，从而确保中国经济的蓬勃发展及居民收入水平的不断提高。

　　既然高物价不会影响居民的生活水平，通货膨胀率的重要性又何在呢？在经济学中有一句话非常简单精辟地回答了这个问题：The price level does not matter, but the rate of change of price does，意思是物价本身并不重要，重要的是物价变化的速度。从长期来看，居民的收入会随着物价水平的上升而提高，但是在短期内，这件事情却很难实现。因为在经济学中，工资是有黏性的（sticky wage），如果物价上涨得过快，在短期内居民收入是来不及做出相应变化的。当物价上涨而收入不变的时候，这个固定收入的购买力就会下降，居民的生活水平也会受到影响。那么高通货膨胀率除了会让居民手中的钱的购买力下降，还会对社会带来什么影响呢？首先是

"皮鞋"成本（shoeleather cost）。这是一个非常形象的说法。当通货膨胀过快的时候，居民手中货币的购买力就会不足，所以他们需要减少货币持有量，转而将它们存入银行赚取利息来应对通货膨胀。但是，因为现金持有量变少，所以每次他们需要钱的时候又要去银行取款。因为存钱和取钱而来回奔波，进而磨损了鞋子，所以被称为"皮鞋"成本。实际上，就是消费者为了应对高通货膨胀而损失的时间和便利。其次是菜单成本（menu cost）。如果物价上涨过快，那么生产者需要在短时间内调整所有商品的价格，工厂需要重新印刷产品价目表，零售商需要更改价格标签，餐馆需要重新印刷菜单，因此，这种因为通货膨胀而给生产者带来的额外成本就被称为菜单成本。

高通货膨胀给社会带来的最大的影响被称为财富的再分配（redistribution of wealth）。通俗地说，就是在社会处于高通货膨胀的情况下，并非所有人都是受害者，而只是财富从一类人的手里转移到了另一类人的手里，因此，有受害者就必定有受益者。例如，雇主和雇员之间就会产生这种财富再分配。假设老板这个月支付员工100元工资，而下个月的通货膨胀率是5%，理论上来讲，物价上涨会给老板的生意多带来5%的收入，所以下个月老板就应该多支付员工5%的工资，也就是105元。而实际上，因为工资黏性的原因，老板并没有多支付5元，而还是支付了100元的薪酬，所以这本该属于员工的5元钱就跑到了老板口袋里，这就是财富再分配。通货膨胀下的财富再分配还会出现在借贷双方之间，假设A借给B 100元钱，B答应一个月后偿还105元（即支付5%的利息）。但是，如果下个月的通货膨胀率恰巧也是5%，那么B还给A的这额外的5元钱只是用来抵消通货膨胀的，也就是说，A一个月后收到的105元和这个月借出去的100元在价值上没有区别，A什么都没有赚到。换句话讲，就是B实际上扣留了A 5元钱的利息，财富就这样不知不觉地从A转移到了B。因此，在通货膨胀的情况下，贷款人（lender）往往是受害者，而借款人（borrower）却是受益者。

其实还有比贷款人更惨的，那就是投资人。假设投资人花了100元投了一个回报率为5%的项目。一个月后，投资人拿回了105元，但是因为通货膨胀率也是5%，因此，有人一定认为，和贷款人一样，投资人的实际回报率应该是0。但真实情况比这个更糟糕，因为这5元钱会被政府认定为投资回报，所以还需要向政府缴纳1元的资本利得税，投资人实际只拿回了104元，而这104元甚至连5%的通货膨胀率都无法抵消，财富就这样悄悄地从投资人转移到了政府。

很多人对通货膨胀都持有不同的观点。第一种比较常见的观点是在高通货膨胀下把钱存银行，不如直接花掉，存银行的话钱会不断贬值。确实，在高通货膨胀下，人们到底应该花钱还是存钱本身就是一个两难的选择。如果选择存钱，那么一旦银行利率低于通货膨胀率，那么储蓄者还是会遭受损失；但是如果选择把钱花了，那么消费者可能就没有足够的积蓄来应对可能会日趋严重的通货膨胀。在经济学中有一句话：Inflation discourages people to save，while it forces people to save，意思是通货膨胀本身不鼓励储蓄，但又会迫使消费者储蓄。在通货膨胀下，消费者确实面临着"及时行乐"还是"未雨绸缪"的两难选择。

第二种比较普遍的观点是虽然投资者的回报需要缴纳税款，导致投资回报可能无法抵消通货膨胀，但是投资总比不投资好。这个观点是非常正确的。实际上，在高通货膨胀下，唯一错误的做法就是手持现金，因为随着物价上涨，现金的购买力一定会越来越弱。对于摆脱现金的方法，不同的人会有不同的策略。可以选择消费来及时行乐，也可以通过储蓄利息或者投资回报来抵御通货膨胀，还可以购买诸如黄金之类的保值产品来维持财富的价值。总而言之，把现金"送走"的方法很多，具体还要看个人的风险偏好。

另外，还有一个非常极端的观点认为通货膨胀的最终受益者是印钞者。印钞在经济学中有个术语，叫作铸币权（seigniorage）。铸币权到底掌握在谁手里自然不言而喻，但是印钞会对经济带来何种影响？政府又为什么要印钞呢？想要回答这两个问题，首先要来看一个简单而著名的公式，即费雪方程式（fisher equation）：$MV = PT$。公式中，$M$代表货币供应量（money supply），$V$代表货币流通的速度（velocity of circulation），$P$是总体物价（price level），而$T$则是商品的交易量（volume of transaction）。假设有一个极度简单的经济体：这个国家的商品只有一头猪，目前的价格是100元。而因为只有一个生产者和一个消费者，交易只能产生一次，所以货币流通速度为1。根据费雪方程式，可以计算出货币总量应该是100元。假设现在政府决定加印100元钞票，接下来会发生什么呢？首先，货币供应量变成了200元。其次，因为生产者和消费者数量不变，那么，货币流通速度V不会发生变化，而猪的产量没有发生变化，所以T还是等于1。为了费雪方程式成立，猪的价格P就变成了200元一头。可见，印钞会导致物价上涨。然而，因为居民手中还是只有100元，而猪的价格却变成了200元，所以本来能够买一头猪的钱现在却只能买半头猪，钱的购买力下降了，货币就贬值了。但是在货币贬值的时候，居民们会意识到，持有货币不如持有一头猪，因为货币会越来越不值钱，但是猪还是那头猪。所以，这个时候，居民会用货币来大量购买商品，从而摆脱通胀的影响。对于商品的需求一旦变高，商品价格又会再一次被推高。当商品供不应求的时候，居民为了摆脱手中的货币，又会在外汇市场抛售本国货币换取外汇，而这一抛售又会进一步加剧货币的贬值。这还不是最糟糕的，因为货币不断贬值，印钞者发现，钞票的面值还抵不上印钞所需要的油墨和纸张的成本。这个时候，印钞者非但不会停止印钞，反而要加大钞票面值。只需要多印几个零，就可以使钞票的价值瞬间超过印钞成本。而加大钞票面值，又再一次加速了货币的贬值。印钞所带来的一系列连锁反应形成了恶性循环，最终可能导致国家经济的崩溃，这就是让人闻风丧胆的超级通货膨胀（hyperinflation），也称恶性通货膨胀。

既然超级通货膨胀是因为政府印钞导致的，那么，政府为什么要印钞呢？其实，历史上发生过多起因为印钞而导致经济崩溃的案例，最著名的应该就是2008年的津巴布韦事件。津巴布韦曾经是一个可以和南非媲美的富裕国家。但是，21世纪初，因为土地改革影响了西方国家的利益，所以津巴布韦遭受了西方发达国家的制裁，导致国内生产力不足，经济严重衰退，政府财政赤字严重。因为国内生产不足，政府无法通过税收来改善收入；加之国际社会的制裁，导致政府也无法向他国借钱。政府唯一能做的就是通过大量印钞来填补财政赤字的窟窿。2001—2009年，津巴布韦央行不断加大纸币的面值，使得通货膨胀率一度高达$7.96 \times 10^{10}$%，也造就了那张非常著名的100万亿津元的津巴布韦"纪念币"。政府的政策失误最终导致津巴布韦币彻底沦为垃圾货币，并最终退出了本国的法定货币体系。

# 第六讲 名义值和实际值

GDP是衡量一个国家宏观经济表现的重要指标,它在经济学中的定义是一个国家所生产的最终商品和服务的总价值,而这个总价值应该是由商品的产量和价格共同决定的。假设一个国家的唯一产业是养猪,上一年猪的总产量是5头,每头猪的价格是1000元,那么GDP就是5000元。如果当年猪的总产量仍然是5头,但是每头猪的价格涨到了1200元,那么当年的GDP总量就是6000元。那么,这个GDP总量的增长真的能够反映国家的经济发展吗?不难看出,这个GDP的增长纯粹是因为物价上涨而导致的,而猪的产量其实并没有发生变化。

在经济学中,如何消除物价变化对GDP总量产生的这种具有误导性的影响呢?再回到养猪,假设上一年的养猪量是20头,猪的单价是1000元/头。当年则是30头猪,单价1200元/头。上一年和当年的总产值分别是20000元和36000元,这个数字在经济学中被称为名义GDP(nominal GDP)。但是,为了消除物价变化带来的影响,更真实地反映国家产量的变化,会保持上一年的GDP总量不变,而把当年的GDP根据两年的物价进行折算。折算后的这个数字被称为实际GDP(real GDP)。仔细看图2-4,

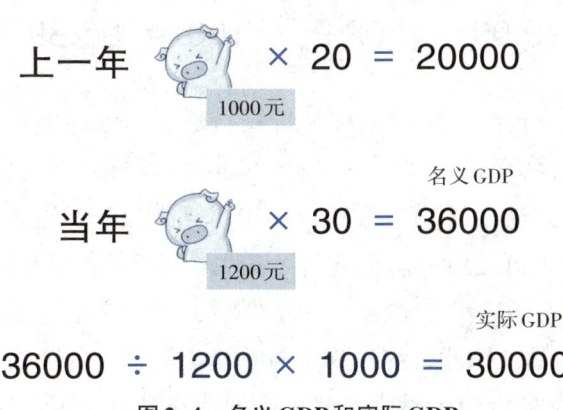

图2-4 名义GDP和实际GDP

不难发现，实际GDP的增长刚好反映了猪的产量的增长，从而消除了物价变化对GDP的影响。

因此，在经济学中，实际GDP的变化能够更真实地反映出一个国家商品和服务产量的变化。

既然实际GDP能够更好地反映一个国家产量的变化，那么，政府为什么只公布名义GDP，而非实际GDP呢？这是因为实际GDP的计算是需要以某一年的GDP作为参照的，参照年份不同，实际GDP也会不同。而国与国之间很难就参照年份达成统一，因此操作起来难度太大。而且，名义GDP和实际GDP之间的转换也很容易实现。根据国家统计局的数据（见表2-1），2018年和2019年我国的名义GDP总量分别为91.93万亿元和99.09万亿元。而市场的物价水平通常是由CPI消费者价格指数来体现的。官方数据显示，若设2018年CPI折算系数是100，2019年的CPI折算系数则是102.9。那么，2019年相对于2018年的实际GDP的计算如下：99.09 ÷ 102.9 × 100 = 96.39（万亿元）。

表2-1　2018和2019年我国的名义GDP、CPI折算系数及实际GDP

| 年份 | 名义GDP | CPI折算系数 | 实际GDP |
| --- | --- | --- | --- |
| 2018 | 91.93万亿元 | 100 | 91.93万亿元 |
| 2019 | 99.09万亿元 | 102.9 | 96.39万亿元 |

$$99.09 \div \underset{\text{GDP deflator 折算指数}}{102.9} \times 100 = 96.39$$

而这个102.9在经济学中被称为折算指数（GDP deflator）。因此，只要有任意两年的名义GDP和物价指数，就可以轻松地实现名义GDP和实际GDP的换算。当然在实际操作中，GDP折算指数并不能完全和CPI画等号。一个国家的CPI是由一篮子具有代表性的消费品的价格决定的，但是GDP折算指数必须包括一个国家在一年内所生产的所有商品，其中包括消费品和资本性商品。因此，统计GDP折算指数所包含的商品比统计CPI更多。但是，因为实际GDP对于参照年份的选择具有很强的主观性，因此也就无法成为国际通用的测量方法。除此，一个国家的物价水平本身就与其经济表现有关。旺盛的需求不仅可以促进生产，也会推高物价。因此，名义 GDP 把产量和物价都包含在内，反映出来的经济情况并不会和真实情况有很大的偏差。

在经济学中，有"名义值"和"实际值"的区分，除了 GDP，还有很多其他的值，如利率（interest rate）。人们所熟知的银行利率，被称为名义利率（nominal interest rate）。如果名义利率为 5%，通货膨胀率为 3%。那意味着如果把 100 元存入银行，一年以后可以获得 105 元，但是一年以后需要花 103 元才能购买相当于上一年 100 元的商品，因此，实际收益只有 2 元，所以这 100 元存款的实际回报率也就是 2%，这个回报率在经济学中被称为实际利率（real interest rate）。经济学中的实际利率就等于名义利率减去通货膨胀率，这就是著名的费雪效应（Fisher effect）。其公式为：名义利率 − 通货膨胀率 ≈ 实际利率。

根据费雪效应的公式，在通货膨胀的情况下，实际利率会低于名义利率，意味着借款的成本变低，而贷款的收益也变低了。因此，费雪效应非常精辟地解释了为何在通货膨胀下，借款人是受益者，而贷款人却是受害者。当然，这个公式其实是个近似的关系，但在利率和通货膨胀率较低的情况下，这种近似还是比较准确的。

# 第七讲　总需求和总供给1

一个国家的宏观经济表现通过不同的宏观经济指标得到体现，那么，如GDP、失业率、物价水平等经济指标的高低又取决于哪些因素呢？在微观经济学中，一件商品的价格和交易量是由这件商品的供需所决定的。但宏观经济研究的不是某一特定商品的市场，而是囊括所有商品和服务的总体市场。因此，这个市场的价格和交易量就是由社会的总需求（aggregate demand）和总供给（aggregate supply）决定的。那么，这个总体市场的供需线和某一特定商品市场的供需线是否一样呢？

从图2-5中不难看出，总体需求线的形状和特定商品的需求线是一致的，也就是一条向下的斜线。但是，这里有几个细节值得注意。首先，特定商品市场的纵轴表示这件商品的价格，是一个金钱价值；而总体市场的纵轴表示的是物价水平（price level），而不是金钱价值。其次，特定商品市场的横轴表示的是这件商品的交易量；而对于总体市场而言，所有商品的交易总量刚好等于这个国家的GDP。需要注意的是，总体市场的横轴是实际GDP，而不是名义GDP。这是因为实际GDP消除了物价波动带来的影响，真正体现了一个国家的产量而非产值。

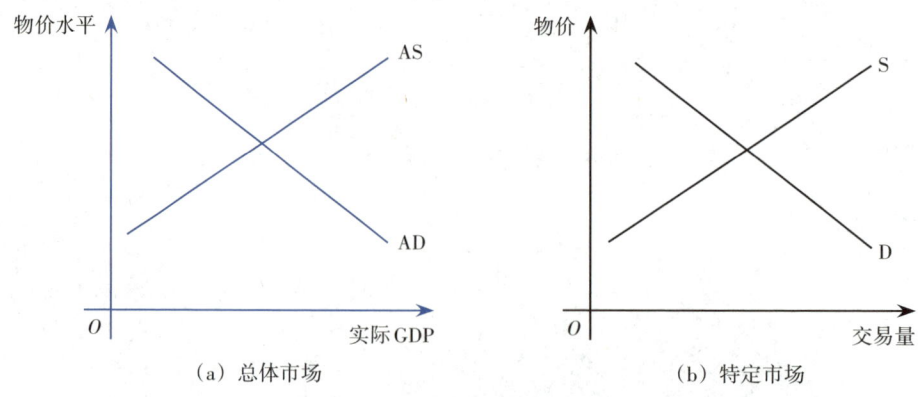

图2-5　总体市场和特定市场

这样一条向下的直线表明，一个国家的物价水平越低，对于商品和服务的总需求量就越高。这里的总需求量是否都来自消费者呢？总需求的公式和 GDP 是完全一致的。由此可知，宏观经济中的总体需求不只是来自消费者，还来自企业、政府及海外部门。那么，为什么 AD 是一条向下的直线呢？之所以物价越低，总体需求越高，主要有以下三个原因。

第一，财富效应（wealth effect）。当物价上涨的时候，消费者财富的购买力变低，因此对于商品和服务的需求降低，从而使得消费者支出降低。

第二，利率效应（interest rate effect）。当物价上涨时，消费者和企业对于货币的需求变大，从而推高了利率；而利率上升主要会抑制 AD 中的投资支出，这是因为企业用于购买机器设备的钱主要源于银行贷款。

第三，国际效应（international effect）。国内物价的上涨会推高出口价格，因此海外消费者对于出口商品的需求变低；同时，过高的物价还可能促使国内消费者更多地购买海外进口商品，从而拉高进口量。这么一来，净出口就会变低。

以上三个原因刚好解释了物价的变化对于消费者支出、投资支出和净出口的影响，那么，物价会影响另外一部分政府支出吗？答案是不会。其实政府支出的大小取决于政府的财政政策，而非物价水平。

那么，除了物价水平，还有什么其他因素会影响 AD 呢？事实上，任何与物价无关的因素影响 AD，都会使得 AD 左右平移，如图 2-6 所示。这一点和微观经济中的需求线平移非常类似。

第一，影响消费者支出的因素。首先，消费者信心（consumer confidence）的变化会直接影响他们的支出。消费者如果对国家的经济抱有信心，那他们对自己未来的收入就会有更高的期望，因此当下就会减少储蓄、增加支出。除此，还有两个硬性的指标会影响消费者支出：个人所得税税率和银行利率。更低的税率会增加消费者的可支配收入，而更低的利率会使得消费者存款回报变少且贷款成本变低，这些都会促使消费者增加支出。

第二，影响企业投资支出的因素。和消费者信心类似，企业信心（business confidence）的提升会促使企业加大投资量，而企业所得税和利率的降低也同时会刺激投资。除此，技术的更新使得企业提升生产效率、

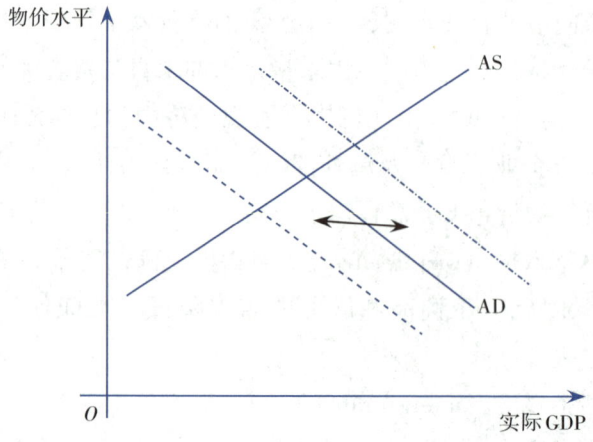

图 2-6　总需求波动对经济的影响

降低生产成本、扩大生产规模，这意味着企业需要加大投资量。

第三，影响政府支出的因素。政府支出体现的是政府对国家经济的宏观调控，因此它主要是受到政府经济政策的影响。与此同时，政府支出还会受政府政治目的的影响，如政府为了赢得选民的信任而刻意加大投入。

第四，影响净出口的因素。首先，海外消费者的收入会影响他们对于本国出口商品的需求，从而影响出口量；其次，汇率的高低会直接影响进、出口量，当本国货币贬值的时候，出口价格变低而进口价格变高，从而使净出口量变高；最后，国与国之间的贸易保护手段（如关税、配额等）会受到出口量和进口量的影响。

# 第八讲 总需求和总供给 2

宏观经济学中的总供给代表的是在不同物价水平的所有商品和服务的总供给线，如图 2-7 所示。

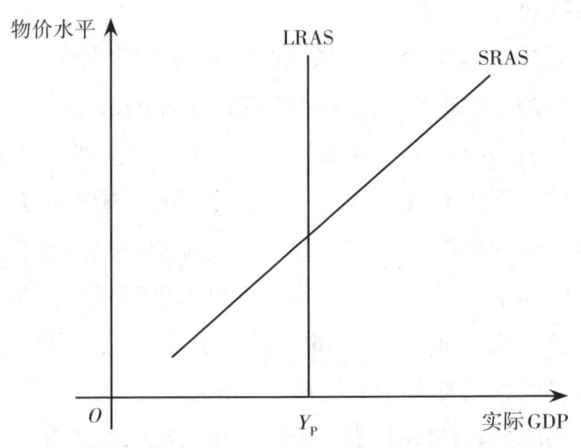

图 2-7 短期总供给线和长期总供给线

由图 2-7 可以看到，市场的总供给线有两条，一条是倾斜的短期总供给线（short run aggregate supply，SRAS），另外一条是竖直的长期总供给线（long run aggregate supply，LRAS）。为什么宏观经济学的总供给线有短期和长期之分呢？这种总供给线的形状是新古典主义经济学派所主张的。这个学派的经济学家认为，资源价格（如工资水平等）在短期内是不会随着物价的上涨而上升的，被称为黏性工资。但是从长期来看，物价的上涨一定会推动这些资源价格的上涨。

这个假设似乎不无道理，一个国家的物价水平每个月都在变化，但是老板不会因为物价上涨而轻易给员工涨工资。但是如果把时间周期拉长到十年甚至二十年，物价上涨必定伴随工资的上涨，否则人们的购买力就会越来越低，从而影响生活水平。

再回到总供给线上，短期内物价上涨意味着企业的收入上涨，但是因为资源价格不变，所以企业成本不变，因此企业的利润随着物价上升而上升，从而促使企业增产。这就解释了为什么短期总供给线是一条向上的斜线。物价水平越高，企业产量越大。但是从长期来看，企业的成本会随着物价的上涨而上涨，因此，无论物价水平多高，都不会影响企业利润，也不会影响产量。长期总供给线是一条竖线，意味着从长期来看，一个国家的总产量和物价水平无关，而只和这个国家的产能（productive capacity）有关。竖线的位置在经济学中也被称为潜在产量，即充分就业下的产量。它是一个国家的资源被充分有效使用后实现的产量，也对应了一个国家的生产可能性曲线PPC的位置。

那么，什么样的因素会导致供给线平移呢？首先来看短期总供给线。影响SRAS的因素虽然很多，但大多数都和企业的成本有关，因为成本影响企业利润，而利润决定了企业的产量。但是，既然之前介绍过：短期资源价格具有黏性，那短期成本岂不就是不变的吗？短期资源价格有黏性指的是资源价格不随物价的变化而变化，但资源价格仍然会受到其他因素的影响。劳动力成本主要受政策的影响，政府如果降低最低工资水平，或者限制工会影响力，就会降低企业的劳动力成本，从而使短期总供给线右移。进口原材料的价格则会受到汇率波动的影响，本国货币贬值会提高进口价格，从而使原材料成本上涨，短期总供给线就会左移。此外，政府调整税率和补贴就等同于改变企业生产成本，提高税率使短期总供给线左移，而提高补贴则使短期总供给线右移。还有一个因素被称为供给冲击（supply shock）。当一个国家发生天灾人祸（如地震、洪涝、旱灾、战争等）的时候，企业的生产成本就会提高，从而迫使短期总供给线左移。具体如图2-8所示。

再来看影响长期总供给线位置的因素。LRAS的位置决定了一个国家的产能，而一个国家的产能主要取决于三方面：资源的数量、资源的质量、技术水平。因此，任何可以使长期总供给线平移的因素都是在影响这三方面。例如，一个国家的移民政策、退休年龄、劳动力参与度决定了劳动力资源的数量，企业和政府的投资水平决定了国家的生产设备、基础建设等实体资本的数量，而土地改造、勘探等则会影响自然资源的数量。再如，国家对于教育和医疗的投入会改变劳动力的质量；研发投入可以加速技术的更新迭代，从而提高国家的生产效率。以上任何一项因素的积极变

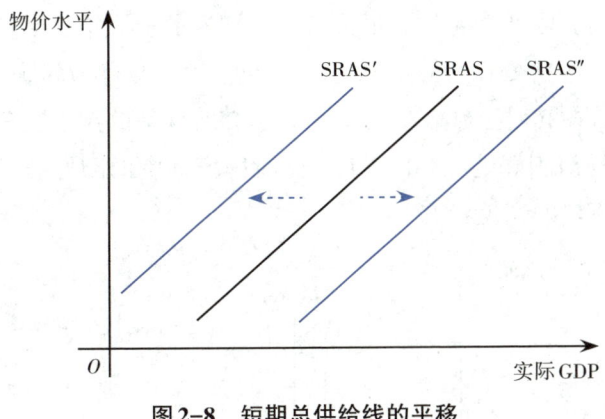

图2-8 短期总供给线的平移

化都会提高国家的产能,从而使LRAS向右平移,同时也使PPC向外平移,如图2-9所示。

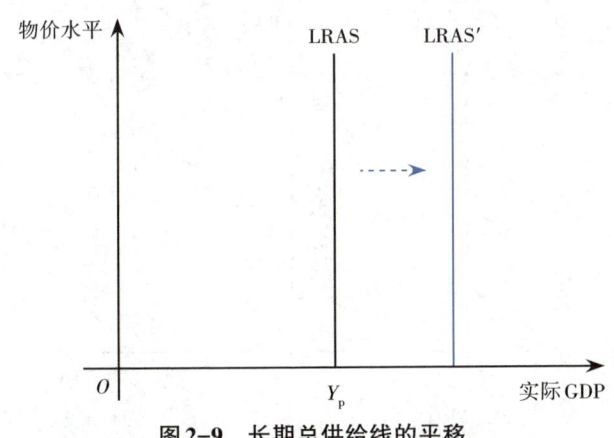

图2-9 长期总供给线的平移

把总需求线(AD)和总供给线放在一起,如图2-10所示,AD和SRAS的交点决定了一个国家短期的均衡物价水平和均衡产量,而这个交点可以在LRAS的左侧、右侧或刚好在LRAS上,这恰好代表了一个国家的三种经济状态。如果短期均衡在LRAS的左侧,说明国家的实际产量($Y_e$)低于最大产能($Y_p$),此时,国家的资源没有被充分利用,产量不足,失业率偏高,经济表现低迷。在PPC上可以体现为一个处在PPC内部的点。这种实际产量低于最大产量的状态,在经济学中被称为萧条缺口(recessionary gap 或 contractionary gap)。相反,如果短期均衡处在LRAS的右侧，则说明实际产量超过了最大产量，国家的资源被过度利用，此时往往物价过高，经济处在过热的状态，在经济学中被称为膨胀缺口（expansionary gap），在PPC上则表现为一个处于PPC外部的点。完美的经济状态应该是短期均衡刚好处在LRAS上，此时国家的资源刚好被充分利用，经济处于不冷不热的完美状态。

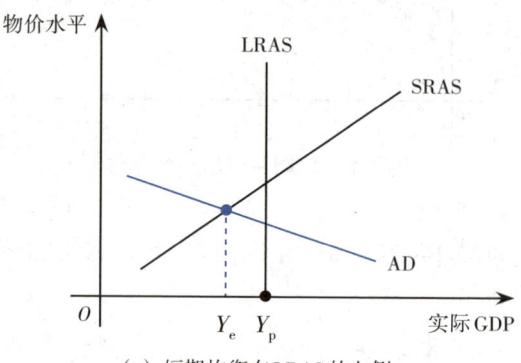

(a) 短期均衡在LRAS的左侧

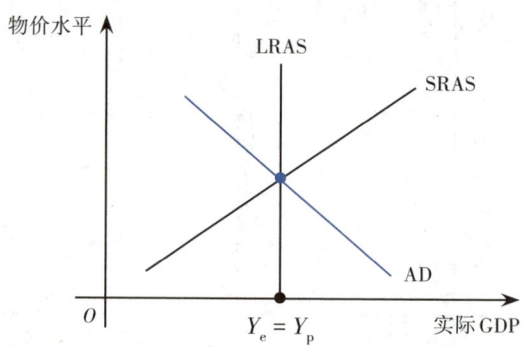

(b) 短期均衡刚好处在LRAS上

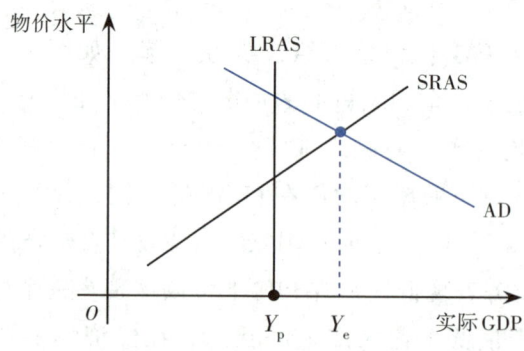

(c) 短期均衡在LRAS的右侧

图2-10 三种宏观经济状态

## 第九讲 宏观指标间的关联

经济增长率、失业率、通货膨胀率和国际收支是四个重要的宏观经济指标。良好的经济状况主要表现为较高的经济增长率、较低的通货膨胀率和失业率,以及平衡的国际收支。但是在经济学中,这四项指标之间还存在千丝万缕的联系,政府是否可以同时实现这四项宏观经济指标呢?

恶性通货膨胀会给社会带来巨大危害。其实,通货膨胀还真的不是一无是处,作为宏观经济的重要指标,大部分国家的政府都会设定一个较低但并非为零的通货膨胀率作为目标,而后通过货币政策和财政政策来实现这个目标,在经济学中俗称通货膨胀目标(inflation targeting)。表2-2呈现了2019年第三季度一些主要国家的通货膨胀率和GDP年增长率。

表 2-2 通货膨胀率和GDP增长率

| 国家 | 通货膨胀率 | GDP年增长率 |
| --- | --- | --- |
| 中国 | 4.5% | 6.0% |
| 美国 | 2.1% | 2.1% |
| 欧元区国家 | 1.0% | 1.2% |
| 委内瑞拉 | 39114% | -26.8% |

健康的通货膨胀率往往可以确保GDP的稳定增长,但是过高的通货膨胀率却会给国家的经济带来灾难。市场短期供给线是向上的,而短期需求线是向下的,两条线的交点决定了GDP总量和物价水平。如果一个国家的需求旺盛,那么总体需求线会向右移动。如图2-11所示,当需求曲线向右移动后,GDP的总量上升,从而推高了物价。这种通货膨胀,在经济学中被称为被需求拉动的通货膨胀(demand-pull inflation),也就是所谓良性的通货膨胀。

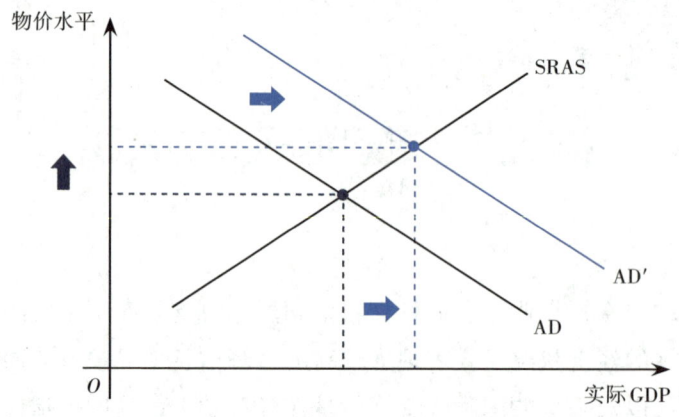

图2-11　总需求上升对经济的影响

但是,物价上升不就影响了居民的生活质量吗?一个国家的GDP总量不仅反映了国家的产出,同时反映了国民的收入。所以,需求在推高物价的同时,也驱动了GDP的增长,从而改善了居民的收入,居民的生活质量总体上是不会受到影响的。如图2-12所示,如果一个国家的需求不足,需求曲线就会往左移动,导致物价下跌,同时GDP也会下降。这就是经济学中的通货紧缩(deflation)。

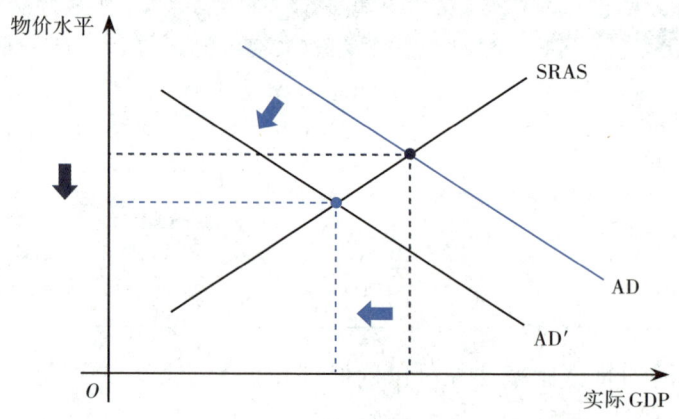

图2-12　总需求下降对经济的影响

其实通货紧缩并非好事,需求不足带来的是经济的疲软,而经济疲软势必影响国民收入。

如果说被需求拉动的通货膨胀是良性的,那么还有一种不那么良性的通货膨胀,在经济学中被称为成本推动型通货膨胀(cost push inflation)。

假设一个国家的生产成本因为某些原因而上升，那么如图2-13所示，短期供给曲线就会往左移动，物价被推高的同时拉低了GDP。在经济学中，这种高通货膨胀率、低GDP的情况，被称为停滞性通货膨胀（stagflation），俗称滞涨。

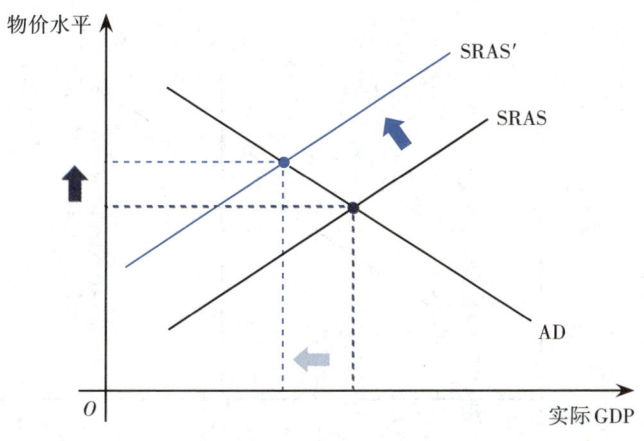

图2-13　总供给下降对经济的影响

滞涨给国家带来的危害不言而喻，因为它不仅推高了物价，还遏制了GDP的增长，影响了国民收入。换言之，就是人们的收入少了，但物价却涨了。那么问题来了，到底是什么原因导致生产成本的上升，从而使得总需求线往左移动的呢？其实生产成本的上升有很多原因，如战争、自然灾害、外国制裁、政局动荡等，都会导致一个国家生产资源的数量和质量下降，从而使得成本上升。这种因为突发事件而导致的供给曲线的左移，在经济学中被称为负面供给冲击（negative supply shock）。当然，除了突发事件，如果一个国家的生产资源大多依靠进口，那么生产成本也非常有可能受到如汇率、国外经济等因素的影响。可见，充足和优质的生产资源能够确保相对稳定的生产成本，从而避免滞胀。

了解了通货膨胀和GDP之间的关系后，下面来看下通货膨胀率和失业率之间的关系。在需求拉动的通货膨胀下，高通货膨胀率带来的是高GDP增长。

如图2-14所示，当国内需求旺盛的时候，企业的产量上升，对于劳动力的需求变大，从而使得失业率下降，但与此同时，通货膨胀率却会上涨。反之，在需求不足的情况下，虽然通货膨胀率较低，但是经济疲软带来的是生产不足，这时候企业就会裁员，使得失业率上升。因此，当需求发生变化的时候，短期内通货膨胀率和失业率的变化方向相反。在经济学中有一个著名的图像呈现了这种通货膨胀率和失业率之间的交替关系，称作菲利普曲线（Philips curve），如图2-15所示。

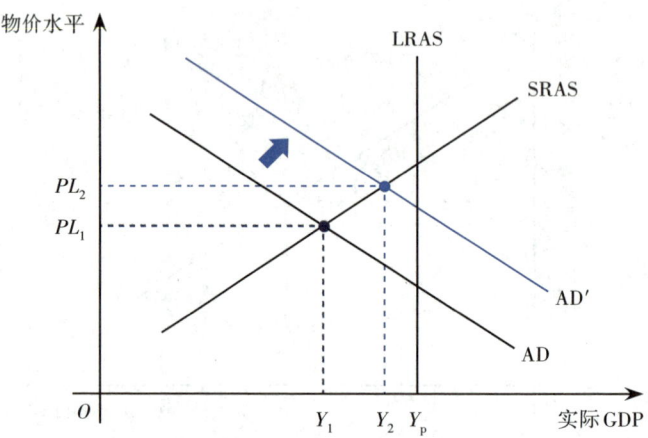

图 2-14　物价水平、失业率和 GDP 之间的关系

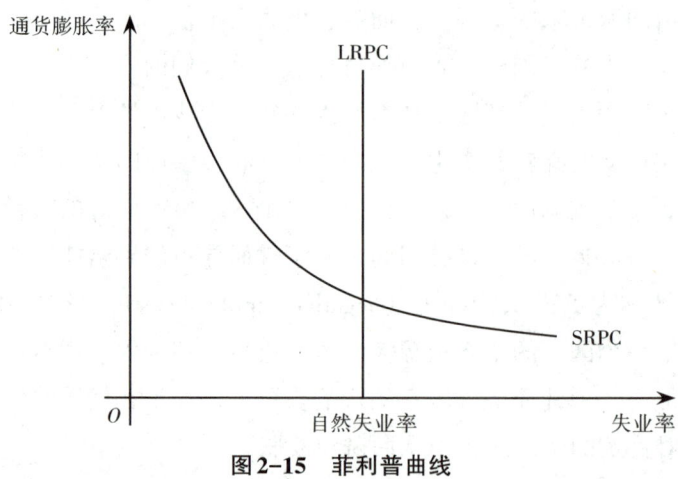

图 2-15　菲利普曲线

但是，从长期来看，市场总供给量是固定的，因为它取决于一个国家的总产能，而这个时候的失业率就是自然失业率。如图2-16所示，此时需求的变化只会影响物价，也就是通货膨胀率，而对失业率没有影响。所以，长期菲利普曲线（LRPC）就变成了一条竖线，表示通货膨胀率的变化不会影响失业率。

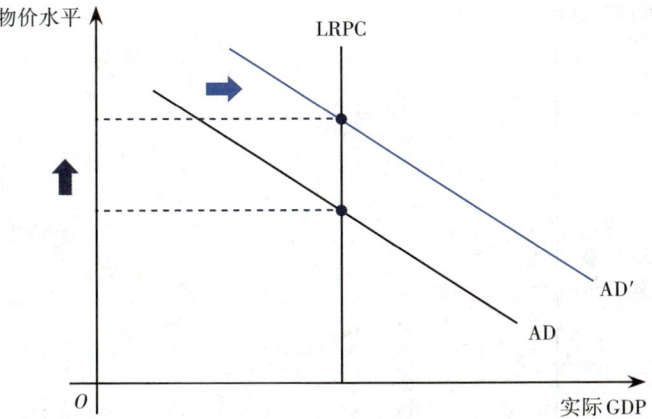

图 2-16　需求变化在长期对经济的影响

如图 2-17 所示，如果一个国家出现负面供给冲击，那么短期总供给线向左移动，导致物价上涨的同时生产却不足，从而使得失业率上升，产生滞涨。在滞涨的情况下，通货膨胀率和失业率同时升高，使得短期菲利普曲线（SRPC）往外移动，如图 2-18 所示。

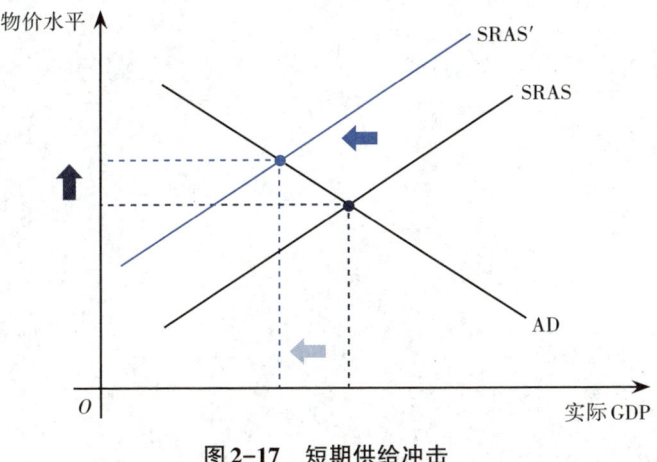

图 2-17　短期供给冲击

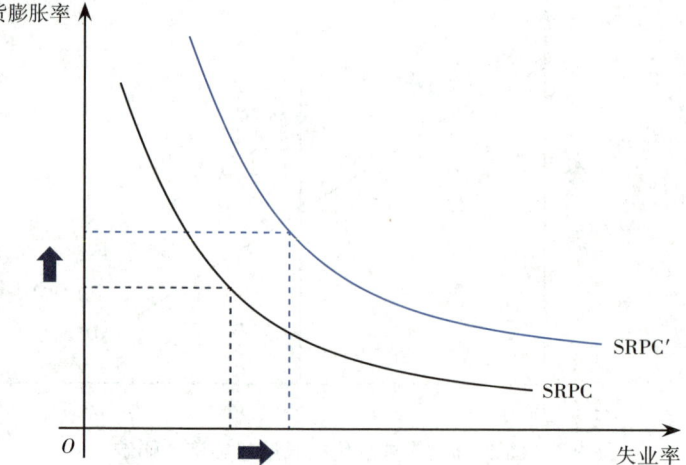

图 2-18　短期供给冲击对菲利普曲线的影响

# 第十讲 财政政策

政府是如何通过宏观经济政策来实现四大宏观经济目标的呢？其实，政府调控宏观经济主要有两大工具，分别是财政政策（fiscal policy）和货币政策（monetary policy）。简单来说，财政政策就是通过调整政府的收入和开支来影响宏观经济。政府的主要收入来源是税收。政府的支出在经济学中被称为政府支出。那么，政府是如何通过调整税收和开支来影响经济的呢？如果一个国家的经济比较低迷，GDP增长缓慢、失业率较高，那么这个时候政府就应该降税。如果个人所得税降低了，那么消费者的可支配收入就变多了，从而刺激了消费者支出。如果企业所得税降低，那么生产成本降低、利润上升，会促使企业增产和扩张，从而加大投资。除了降税，政府也应该加大开支，因为政府支出本身就是GDP的组成部分之一，所以加大开支对于刺激GDP会起到立竿见影的效果。在经济学中，这种低税收、高政府开支的财政政策，被称为扩张性财政政策（expansionary fiscal policy）。在经济处于低迷的时候，这种财政政策能够通过刺激市场各方需求的方式，刺激GDP的增长，同时解决高失业率的问题，如图2-19所示。

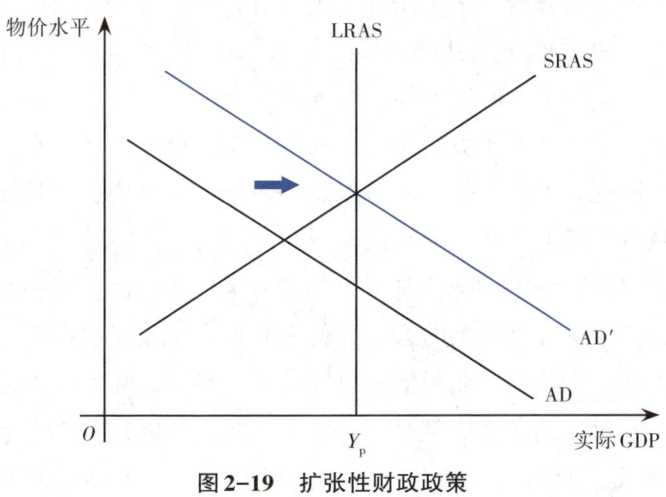

图2-19　扩张性财政政策

当然，如果一个国家的经济因为过热而导致物价指数过高，政府就可以反其道而行，通过高税收、低支出这种收缩性财政政策（concretionary fiscal policy）来给经济降温，如图 2-20 所示。

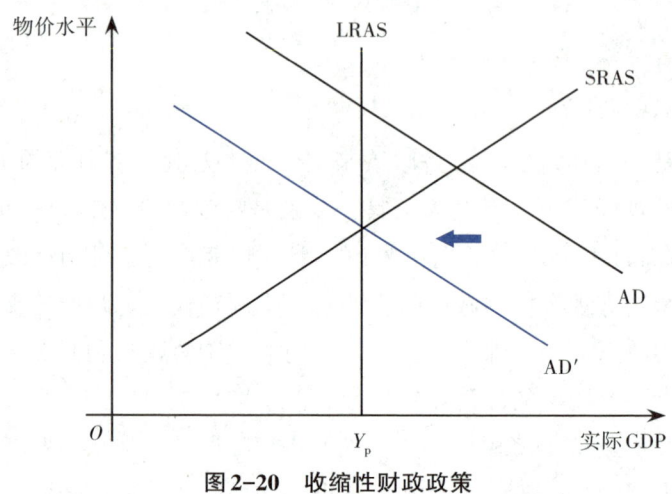

图 2-20　收缩性财政政策

财政政策是一种"大刀阔斧"的宏观经济政策，往往可以非常直接、有效地刺激低迷的经济，或者给过热的经济降温。但是财政政策也存在诸多缺陷。

首先是存在时间差（time-lag）。因为财政政策属于政府决策，所以从发现问题到做出决定，再到执行政策往往需要较长的时间，导致经济问题无法在第一时间被解决。

其次，因为财政政策除了调控宏观经济，还有一些其他作用（如解决民生问题、帮助政府建立良好的形象等），所以财政政策会受限于政府的政治目的，而无法全身心地为经济服务。

再次，政府的财政预算每年都会对外公布，但是一旦公布后，就很难经常调整。因此，财政政策虽然可以救经济于水火之中，但是却不能对宏观经济指数进行长期不间断地微调。

最后，财政政策中的降税是一个非常有争议的手段。很多经济学家认为，在经济处于极度低迷的时候，即便是降税，也很难提振消费者和生产者的信心，所以降税对于刺激需求是无效的。另外，还有些人认为，降税这种做法是不可逆的，意思就是税一旦降下去了，就很难再升上来，因为税率影响了几乎所有人的利益，如果消费者和生产者都习惯了较低的税率，那么，一旦政府决定提高税率，肯定会招致所有人的反对。

此外，财政政策虽然可以有效影响市场需求，但是对于供给端的影响却不明显。如果经济低迷是因为市场需求不足，那么扩张性财政政策可以有效刺激经济。但是，如果经济低迷是因为生产力不足，那么财政政策就很难有用武之地了。

正是因为财政政策存在很多的短板，政府还需要其他的宏观调控工具来与其形成互补。

# 第十一讲 乘数效应

在宏观经济学中，有一个非常简单而又神奇的现象，被称为乘数效应（multiplier effect）。一个国家的GDP可以用社会总支出来衡量，而社会总支出由消费支出、投资支出、政府购买支出和净出口支出四部分组成。如果其中的消费支出增加10000元，根据乘数效应，社会总支出的增量并不是10000元，而是10000元的倍数。这个倍数到底是多少呢？想要回答这个问题，要从另外一个概念开始，即边际储蓄倾向（marginal propensity to save，MPS）。大部分居民的收入其实都会被分为两部分：储蓄和消费。如果边际储蓄倾向为0.2，那意味着人们会把收入的20%用于储蓄。也就是说，每多赚100元，就会多存20元，而剩下的80元则会用于消费，而对应的比例80%就是边际消费倾向（marginal propensity to consume，MPC）。不难看出，边际储蓄倾向与边际消费倾向之和为1。当消费支出增加10000元的时候，社会总支出（即GDP总量）的增加倍数就取决于边际储蓄倾向。

假设所有居民的边际储蓄倾向都是0.2，也就是居民收入的20%用于储蓄，80%用于消费。政府给了阿强100元的失业补助，阿强拿着100元找高级理发师阿飞做了个发型，那么阿飞的收入就增加了100元。阿飞选择存20元，用剩下的80元去阿福的烧烤摊吃饭。那么阿福的收入就增加了80元，阿福会选择存16元，用剩下的64元去隔壁阿宝的地摊买个蓝牙音响给自己的烤串摊搞点气氛。而当阿宝进账64元后，她选择去隔壁阿花的美甲店做个美甲，顺便买了两个包子，总共消费51.2元，实际存了12.8元。可以看到，如果这个市场足够大，那么理论上来讲这个消费链就会无限进行下去，如图2-21所示。

仔细观察后不难发现，这些消费支出组成的其实是一个无穷的几何级数，而这个几何级数的公比恰好是0.8，也就是边际消费倾向。

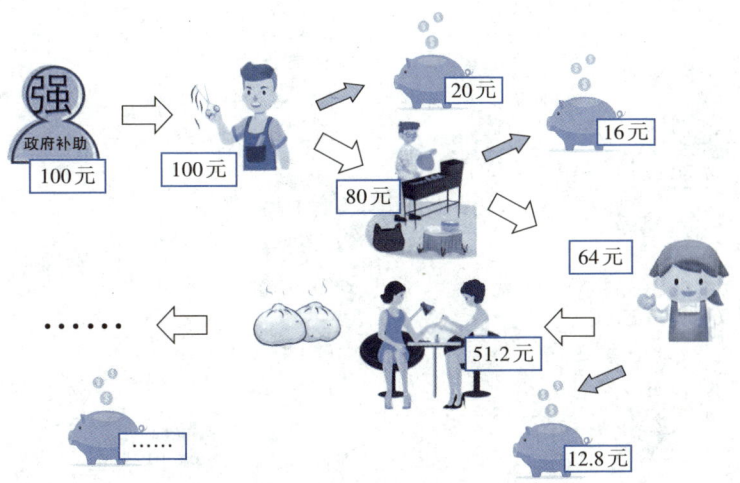

图 2-21　政府增加支出产生的乘数效应

$$100 + 80 + 64.2 + \cdots = \frac{100}{1 - 0.8} = \frac{100}{0.2} = 500$$

这个无穷级数的值最终应该等于100/（1－0.8），或100/0.2，答案是500。也就是说，政府100元的补助（即政府支出），给整个经济带来了500元的总支出增量。而这个倍数5其实就是边际储蓄倾向的倒数，在宏观经济学中被称为支出乘数（spending multiplier）。GDP中的任何一项支出的增加，都会产生一系列的连锁反应，最终使得总支出呈倍数增加，这就是著名的乘数效应。

其实，除了居民通过努力工作来增加收入，政府减税也是一种间接增加居民可支配收入的方法，从而达到刺激消费的目的。假设政府决定为阿强减税100元，那就意味着阿强的可支配收入多了100元。如果边际储蓄倾向为0.2，阿强就会拿80元去找阿飞理发，而不是100元。这个时候，整条消费链的支出都会相应地发生变化，仔细看后不难发现，每一笔消费和储蓄都变成了原来的80%，如图2-22所示。

根据无穷几何级数的公式，社会总支出的增量应该是：

$$(100 + 80 + 64.2 + \cdots) \times 0.8 = \frac{100 \times 0.8}{1 - 0.8} = \frac{100 \times 0.8}{0.2} = 400$$

而这个倍数（0.8/0.2）对应的是边际消费倾向与边际储蓄倾向之比，在经济学中被称为税收乘数（tax multiplier），意思就是政府税收变化引起

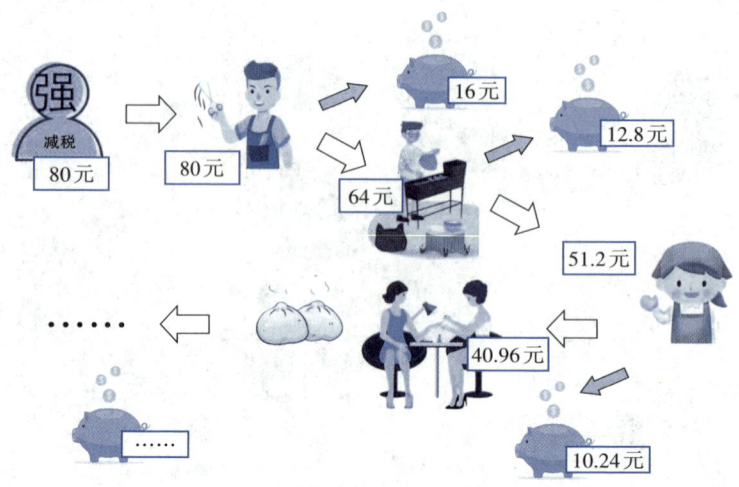

图2-22 政府降低税收产生的乘数效应

的社会总支出变化的倍数。政府给阿强减税100元，社会总支出的增量是减税额的4倍，也就是400元。

最后一个问题，如果政府决定增加开支的同时相应地增加税收，社会总支出会发生什么变化？假设政府决定增加10000元的政府支出，同时多征收10000元的税，那么根据支出乘数，10000元的政府支出产生的社会总支出的增量应该是10000/0.2 = 50000元；同时政府多征收10000元的税，会使得居民的可支配收入减少10000元，根据税收乘数，这个10000元会使得社会总支出下降40000元。由此可见，政府同时增加开支和税收，总体上给社会带来的是积极的影响。

## 第十二讲　货币政策

货币政策，简而言之，就是通过影响货币供应量来影响利率，从而影响市场需求。想要了解货币供应量、利率和市场需求三者之间的关系，还要从货币市场说起。在货币市场中，钱的定义是流通的货币（currency in circulation）。流通的货币主要包括三种：现金（cash）、旅行支票（traveler's check）、支票账户（checking account），通俗地说就是存在银行里活期存款，可以随时提现。这三种货币都有一个共同点，即都是可以立即使用的钱。

在货币市场的供需图像中，横轴是流通货币的总量（quantity of money），纵轴则是利率（interest rate）。利率其实就是存款的回报或者贷款的成本（the return on saving or the cost of borrowing），或者称作持有货币的机会成本（opportunity cost of holding money）。因此，利率其实可以被理解为"货币的价格"。

货币的需求线和普通商品的需求线一样，是一条下降的线。这个其实不难理解，因为如果利率下降，那么存钱的回报变低，而借钱的成本也变低，换句话讲，就是手中持有货币的机会成本变低，对于货币的需求量就上升了。但是货币供应线的形状就有点特殊了，它其实是一条竖直的线，如图2-23所示。这就意味着，货币供应量不会随着利率的变化而变化，相反，它是一个固定的量。正如商品市场，货币供应和货币需求的交点，就决定了市场的均衡利率。

货币供应量到底是由谁决定的呢？答案显而易见，是由政府决定的。想要知道政府是如何决定货币市场的供应量的，就得先简单了解一个国家的金融体系。

货币的供给者到底是谁？其实货币的供给者是商业银行（commercial bank）。商业银行通过吸收个人存款的方式来获得资金，并且将资金通过贷款的方式投入货币市场，供个人和企业使用。但是，商业银行是否可以

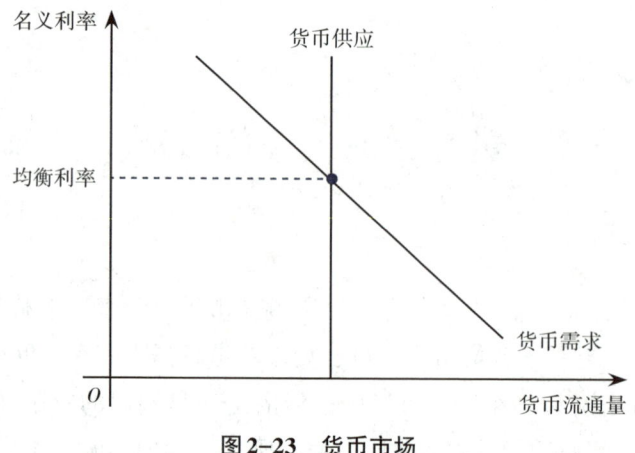

图 2-23 货币市场

将吸收到的所有存款都借出去呢？答案是否定的。如果商业银行把吸收的所有存款都投入货币市场，那么，一旦有大量的存款者在某个时间点要求取现，商业银行可能就会面临着没钱可还的窘境。因此，出于金融安全的考虑，政府会设定一个名为存款准备金率（required reserve ratio）的指标。存款准备金率的英文定义是 the smallest fraction of deposit that central bank allows commercial banks to hold，意思是中央银行要求商业银行在吸收的所有存款中保留在银行的最低比例。例如，如果存款准备金率是5%，那意思就是商业银行每吸收100元的存款，就需要保留5元在银行，剩余的95元可以以不同形式投入货币市场。中央银行作为政府机构，它的重要职能就是为商业银行设定存款准备金率，从而影响货币供应量。不难看出，如果存款准备金率下降，那么商业银行就会有更多的钱投入货币市场，货币供应量就会上升。

中央银行除了设定存款准备金率，还能如何影响货币供应量？作为国家的国库，中央银行可以直接借钱给商业银行，让其把钱投入货币市场。中央银行借钱给商业银行的利率在经济学中被称为贴现率（discount rate）。如果贴现率下降，那么，商业银行就能从中央银行借更多的钱投入货币市场，从而增加了货币供应量。

中央银行的最后一个影响货币供应量的方法是发行和收购国债（government bond）。如果政府认为货币供应量过大，那么可以通过向商业银行发行国债的方法，收回商业银行可供贷款的资金，从而减少货币供应量。这种中央银行通过国债的买卖影响商业银行贷款量的操作，被称为公开市场操作（open market operation）。

综上所述，国家的中央银行可以通过三种方法影响货币供应量，分别是调整存款准备金率、调整贴现率及公开市场操作，如图2-24所示。

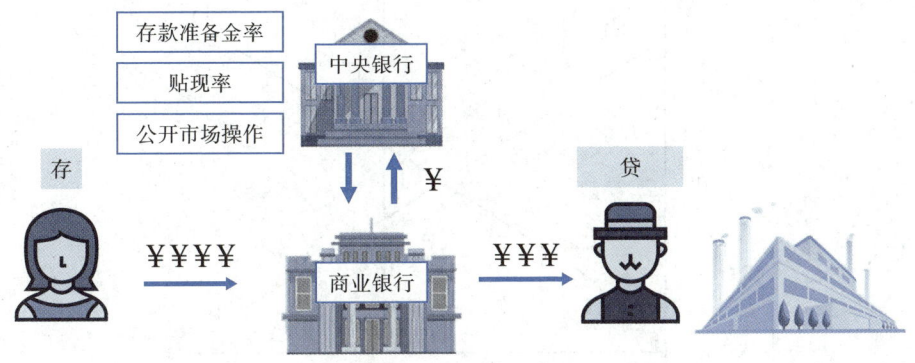

图2-24　银行体系

政府是如何通过货币供应量来影响宏观经济的呢？这需要再回到货币供需的图像。市场的均衡利率是由货币供应和货币需求的交点决定的。如果一个国家因需求不足导致GDP增长缓慢，那么政府可以加大货币供应量。这时候，货币供应线会向右平移，从而使均衡利率下降。

如图2-25所示，一旦利率下降，存钱的回报变低，这个时候消费者就会考虑把银行存款拿出来消费，从而刺激了GDP中的消费。利率下降还会使得贷款的成本变低，这个时候生产者们会考虑向银行借款来加大投资，因此刺激了GDP中的投资。这样一来，市场总需求线向右移动，如图2-26

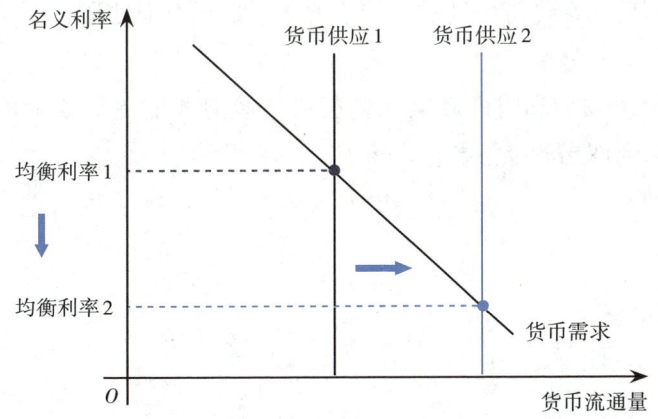

图2-25　扩张性货币政策对货币市场的影响

所示，低迷的经济就可以逐步回暖。这种通过增加货币供应量来刺激需求的货币政策，被称为扩张性货币政策（expansionary monetary policy）。

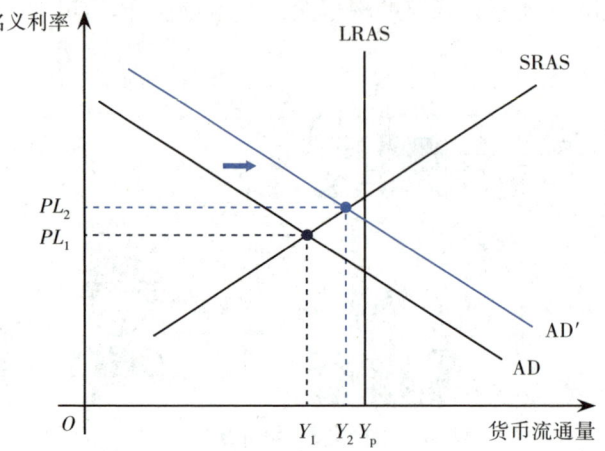

图 2-26　扩张性货币政策对商品市场的影响

相反，如果政府认为国家经济过热，则可以通过减少货币供应量的方法来降低市场需求，从而给经济降温。和大刀阔斧的财政政策相比，货币政策是相对温和的宏观经济政策。它虽然很难像财政政策一样救低迷的经济于水火之中，但是政府可以通过货币政策对国家的经济进行微调。另外，货币政策是由中央银行制定的，而中央银行是一个纯粹服务于国家经济的政府机构，所以不同于财政政策，它不会受制于政府的政治目的。货币政策的最大缺点就是效果不明显。在国家经济非常低迷的时候，若消费者对于经济前景不看好，那么再低的利率也不会促使他们把银行存款拿出来消费。相反，在经济极度过热的情况下，即便升息也阻止不了消费者购买的脚步。

只有货币政策和财政政策相辅相成，政府才能更好地调控国家的经济，从而达到理想的经济指标。

## 第十三讲　货币供应量

一个国家的货币供应量决定了利率水平，而利率水平又影响了市场的总需求，从而影响经济表现。商业银行通过贷款向市场提供货币，但是贷款量受到政府货币政策的影响。政府的货币政策到底可以多大程度地影响货币供应量呢？想要回答这个问题，首先要来了解一下货币的概念。

在经济学中，狭义的货币被称为M1，它主要包括三类：流通中的货币（money in circulation），即人们口袋里的现金和电子钱包里的钱；活期存款（checking deposit），即银行账户可以随时提现的钱；旅行者支票（traveler's check）。这些是流通性很强、可以立即用于消费的货币。广义的货币则被称为M2，它是在M1的基础上，又包含了流通性相对较弱的货币，如居民储蓄（savings）、定期存款（term deposit）等较难立即变现的金融资产（它们又被称为"准货币"）。而随着金融产品的不断创新，市场又出现了第三种货币M3。M3在M2的基础上，又包含了流通性更差的金融资产（如债券、大额定期存款等），这些都是在短期内无法变现使用的资产。

经济学中的货币通常指代广义货币M2，而为了方便理解，本书会用狭义货币M1来解释接下来的问题：政府的货币政策对货币供应量的影响有多大？简单来讲，货币是由中央银行发行，并且通过商业银行吸收存款和发放贷款的功能进行倍数放大，而实际放大的倍数又会受到中央银行的管控。简而言之，货币供应是由中央银行和商业银行合力完成的。那么具体的过程又是怎样的呢？

假设中央银行向社会发行1000元的货币，而这1000元的货币首先被阿强所挣得，那么现在市场的总货币供应量就是1000元。阿强手中的这1000元被称为基础货币，或者称为高能货币。之所以被称为高能货币，是因为阿强一旦把这1000元存入商业银行，那么经过商业银行的操作，市场的总货币供应量会成倍数增加。接下来就是"见证奇迹"的时刻。

假设阿强把这1000元以活期存款的方式存入商业银行,那么在银行的资产负债表(表2-3)上,银行的债务会增加1000元,同时资产也会增加1000元。这种资产被称为准备金(reserve),也就是银行用于发放贷款的钱。但是中央银行规定,银行不能将所有的准备金都用于发放贷款,一般来讲,银行需要保留10%的准备金,确保阿强可以随时从他的活期账户里小额取现,这个10%的比例被称为存款准备金率。由此,这1000元的准备金就被拆分成了100元的法定准备金(required reserve)和900元的超额准备金(excess reserve)。此时,市场的货币总量仍然为阿强的活期存款1000元。

表2-3 资产负债表1

| 资产 | | 负债 | |
| --- | --- | --- | --- |
| 法定准备金 | 100 | 活期 | 1000 |
| 超额准备金 | 900 | | |
| 贷款 | 0 | | |
| 总资产 | 1000 | 总负债 | 1000 |

接下来,银行会把900元的超额准备金借给阿花。此时,银行并没有损失这900元的资产,而是由超额准备金转为了贷款这样一种不同形式的资产。但是这个时候,市场的货币总量却发生了变化,除了阿强的1000元活期存款,还有阿花手中的900元流通货币,因此,货币总量变成了1900元。接下来阿花用手中的900元向阿福买了一头猪,而阿福把卖猪的收入又存入了银行,此时银行的债务增加了900元,变成了1900元。这900元中的10%,也就是90元要被算作法定准备金,不得外借。而剩下的810元则成了新的超额准备金,如表2-4所列。此时,如果银行把这810元借给阿飞的话,那么市场又增加了810元的流通货币。

表2-4 资产负债表2

| 资产 | | 负债 | |
| --- | --- | --- | --- |
| 法定准备金 | 190 | 活期 | 1900 |
| 超额准备金 | 810 | | |

表2-4（续）

| 资产 | | 负债 | |
|---|---|---|---|
| 贷款 | 900 | | |
| 总资产 | 1900 | 总负债 | 1900 |

从图2-27中可以看出，商业银行通过这种的周而复始的存贷操作，就可以把1000元的基础货币不断扩张。如果这个循环持续进行下去，市场的货币总量可以扩张到何种程度呢？

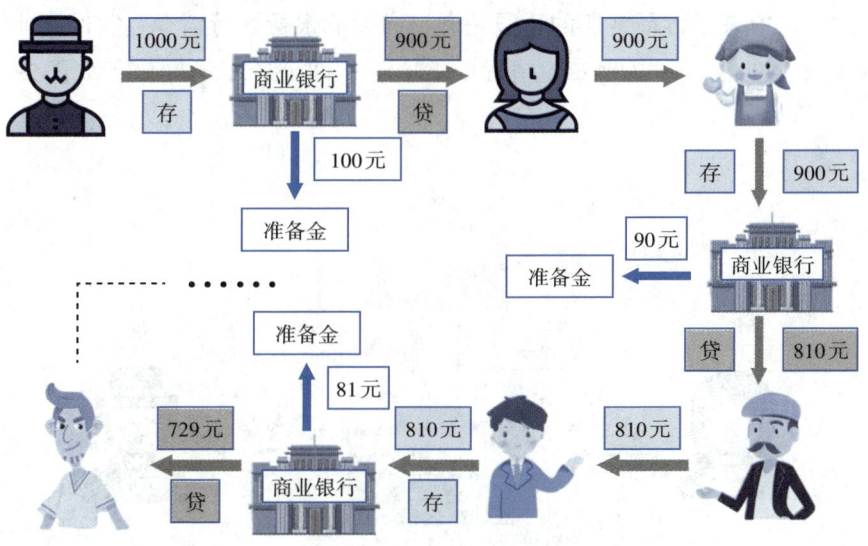

图2-27 货币扩张流程图

不难看出，商业银行每一次向市场发放的贷款都是前一次的90%，而这个比例正是来自10%的存款准备金率。这是因为从理论上来讲，银行的每一笔贷款最终都会以居民存款的形式回流银行，但是因为银行需要保留10%的准备金，因此下一笔贷款会变少。根据简单的数学公式可以得知，如果这个循环无限次进行下去，那么1000元的基础货币最终可以使得市场的货币总量增加10倍，成为10000元。

$$1000 + 900 + 810 + \cdots = \frac{1000}{1-0.9} = \frac{1000}{0.1} = 10000$$

而这个倍数是存款准备金率的倒数，被称为货币乘数（money multiplier）。当然这只是理论上的倍数，实际情况是，居民往往并不会把挣得的每一分钱都存入银行，而是会以现金的形式保留一小部分。另外，银行也不会把所有的超额准备金都外借，出于金融安全的考虑，银行往往会保留超过法定准备金的货币。因此，市场货币供应量的实际扩张度是远远小于10倍的。

那么，在货币扩张的过程中，中央银行的角色又是什么呢？其实中央银行可以通过手中的工具来控制货币扩张的速度。首先就是调整存款准备金率。如果货币增速过快，中央银行就会调高存款准备金率。根据货币乘数的公式，存款准备金率一旦调高，市场的货币增速就会放缓。但在现实生活中，中央银行最常用的手段是通过向商业银行发行债券，收回商业银行的超额准备金，以此来控制货币供应量，即公开市场操作，如图2-28所示。

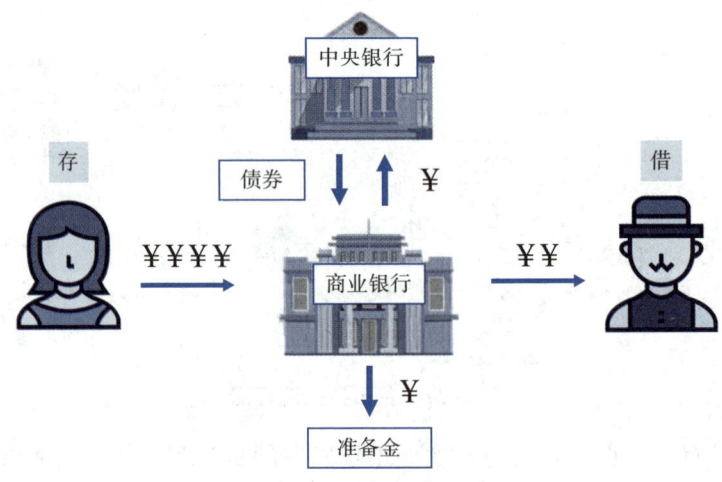

图2-28 公开市场操作

## 第十四讲　金融资产

在宏观经济学中，除了商品市场和生产要素市场，还有一个市场也影响着货币的流动，这就是金融市场（financial market）。要想了解金融市场，首先要了解什么是金融资产（financial assets）。金融资产的英文定义是 paper claim that entitles the buyers to future returns from the sellers。简单来讲，金融资产其实就是一纸协议，而这个协议的买家在未来可以从卖家那里获得回报。如图 2-29 所示，如果阿花想要向阿强借 1000 元，她需要起草一个借款协议，当阿强拿到这份协议后，就可以把 1000 元借给阿花了。那么阿强就相当于花 1000 元从阿花那里买了这一纸协议。这纸协议在经济学中被称为贷款（loan），它就是一种金融资产。阿强花的 1000 元就是该协议的价格，俗称资产价格（asset price）。

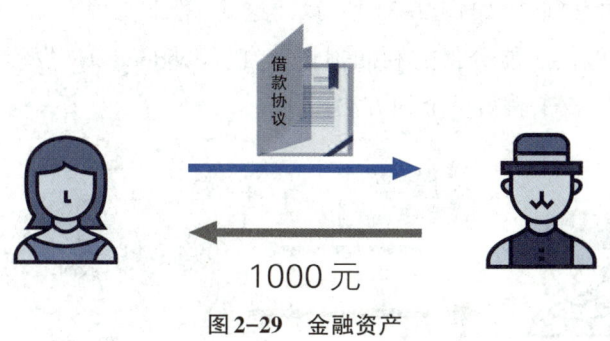

图 2-29　金融资产

当然，阿强手中的这纸协议，可以确保他在未来的几年中每年从阿花那里获得 50 元钱的回报，这个回报被称为利息（interest）。而若干年以后，阿花还需要花 1000 元把阿强的这纸协议买回来，也就相当于把钱还给了阿强。如图 2-30 所示，假设现在阿花想开个公司，需要借 10 万元。这个时候阿花会担心阿强没有那么多钱借给她。于是阿花想了个办法，她写了 100 张借条，每张价值 1000 元，并且答应借条持有者每年可以获得利息 50 元。这个时候手中有闲钱的阿强、阿福、阿飞等纷纷出资购买阿花手中的借条，确保在未来从阿花那里获得稳定的收益。阿花发放的这100张借条，在经济学中被称为债券（securities，bond）。它是企业和政府向个人借款的凭证，也是一种重要的金融资产。

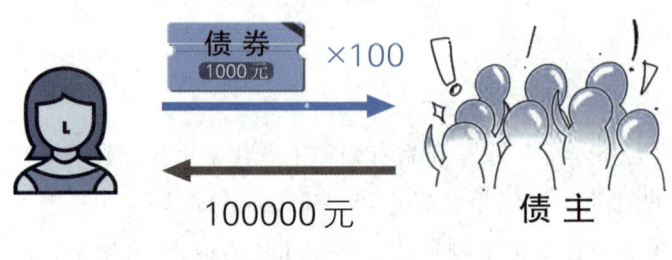

图 2-30　债券

但此时阿花发现，发放的借条越多，未来需要支付的利息就越多，万一公司运营状况不佳，那么她会面临巨大的财务压力。于是阿花灵机一动又想了一个办法。她写了100张凭证，每张凭证上说明，只要花1000元购买这张凭证，你就可以成为公司的"老板"，如果未来公司赚钱了，你就可以分得一部分的利润；当然，如果公司不挣钱，你仍然是"老板"，只是没办法分得利润。阿强、阿福、阿飞等为了一圆"老板梦"，纷纷购买阿花发放的凭证。如图2-31所示，这个凭证在经济学中就是股票（stock），而他们所能分得的利润称作分红（dividends）。发行股票是企业通过牺牲拥有权来获得资金的方法。

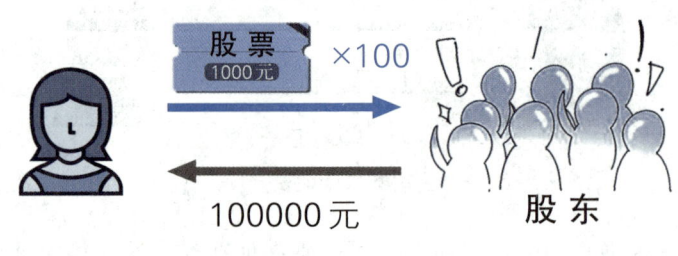

图 2-31　股票

贷款、债券和股票是经济学中三种重要的金融资产。那么，作为金融资产的卖家，阿花如何才能顺利找到阿强、阿福和阿飞，并且说服他们购买从而获得资金呢？

贷款、债券和股票作为三种不同的金融资产，它们之间存在一些共同点。金融资产的卖方都是对资金有需求的一方，在经济学中俗称借方

(borrower)。其通常以企业为主，借款的目的是做商业投资，如项目的启动资金、企业扩张、企业并购等。金融资产的买方则是提供资金的一方，他们往往是个人，手中有一些闲钱，希望通过购买各种金融资产来获得回报，俗称"理财"，这些人在经济学中被称为贷款者（lender）。不管是贷款协议还是债券，或是股票，金融资产实际上就是用作资金借贷的工具，所以，在经济学中可以用一个高度简化的市场来体现金融资产的交易，它被称为可贷资金市场（loanable fund market）。这个可贷资金，其实就是用来购买金融资产的钱。再回到阿花和阿强，如图2-32所示，如果两人素不相识，那么即便有一纸协议，阿强凭什么可以相信阿花会遵守协议，按时支付利息呢？其实在可贷资金市场中，买卖双方很少会直接接触，而是通过一个中间商进行交易。假设阿强手中有些闲钱，但是他不知道应该借给谁，也不知道应该相信谁。那么他最好的选择就是把钱存入银行，由银行决定是借给阿花还是阿宝。这个时候，银行就充当了一个中间商的角色，把资金的供给和需求进行匹配，不仅节约了双方的沟通成本，也规范了借贷操作，降低双方的风险。

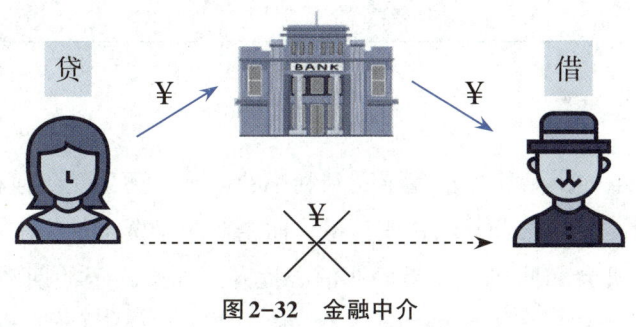

图2-32 金融中介

正因为如此，像阿强这样的贷款人，在经济学中又被称为储蓄者（savers）。当然，如果阿强不想把钱存银行，他也可以去购买基金，由基金经理决定是把钱用于购买股票，还是购买政府债券。因为基金经理的专业度高，阿强不仅节约了时间，而且可以确保较高的理财回报。像银行、基金这样的中间商，在经济学中被称为金融中介（financial intermediaries）。资金供给方、资金需求方和金融中介三者共同组成了可贷资金市场。

那么，可贷资金市场的供需图像是怎样的呢？如图2-33所示，可贷资金市场的供需和商品市场并没有区别，唯一不同的是，横轴变成了可贷资金总量，纵轴则是实际利率。之所以是实际利率而不是名义利率，是因为资金供给方在做决定的时候，考虑的是实际回报。当实际利率上升的时候，作为资金供给方的贷款人的收益就会变高，因此他们就会提供更多的资金，从而解释了供给线的向上趋势。而作为资金的需求方，借款人通常会把借得的资金用于商业投资，只有商业投资的回报高于实际利率，他们才会对资金有需求。如果实际利率升高，那么他们就更难找到适合投资的项目，对于资金的需求也就降低了，这就解释了需求曲线的向下趋势。需求曲线和供给曲线的交点显然决定了市场的均衡利率。

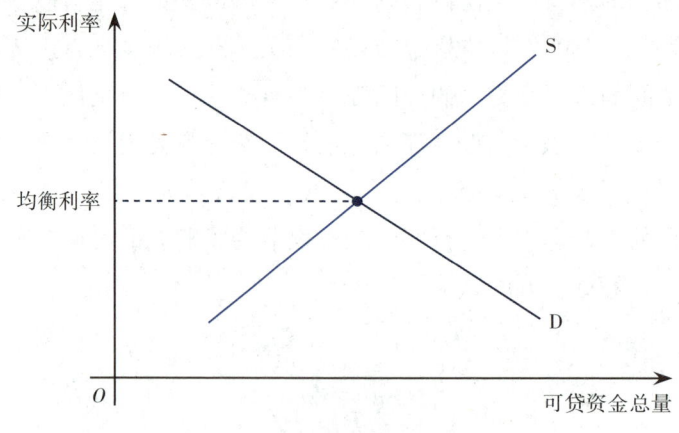

图 2-33　可贷资金市场

可贷资金的供给和需求除了受到利率的影响，还会受到何种因素的影响呢？可贷资金的需求方以企业为主，而企业对于资金的需求主要取决于商业投资的机会和回报。如果商业信心提升，那么投资的期望回报变高，企业对于资金的需求自然也就变高了，使得需求线往右移动，从而推高了利率。再来看下可贷资金的供给方。影响可贷资金供给的主要是居民的储蓄水平，而影响储蓄水平的因素有以下两个：第一个是居民的收入和财富。如果一个国家的经济发展迅速，国民收入变高，那么居民手中自然就会有更多的闲钱用于储蓄和理财，因此可贷资金的供给线向右移动。第二个因素是对于未来收入的预期。当居民对于未来收入的预期变高后，他们会更多地选择在当下消费，因此储蓄水平变低，可贷资金的供给量变少。为什么年轻人的储蓄率往往比中年人要低得多？这是因为年轻人对于未来收入的预期比中年人或行将退休的居民来得更高。这也解释了为什么在经济衰退的时候,储蓄率往往会比较高。这是因为此时的人们对于未来的收入缺乏信心,所以需要通过储蓄(贷款)来未雨绸缪,应对可能出现的危机。

用一句话来概括,影响可贷资金市场供需的主要是一个国家的经济表现和商业环境。

## 第十五讲　供给学派政策

财政政策和货币政策高度互补、相辅相成地服务于国家的经济。但是这两个政策也有一些通病,其中最明显的问题就是二者只能影响需求,但是很难影响供给。在新古典主义经济学理论中,长期来看,市场的总供给量是固定的,不会随着物价水平的变化而发生变化,因此市场长期总供给线是一条竖线,而这条竖线的位置就是经济学中的潜在产量,即潜在的最大产出(potential output)。原因也很简单,因为一个国家的商品和服务的总生产量取决于这个国家的产能;而产能又取决这个国家资源的数量和质量(the quality and quantity of resources),如这个国家劳动力的数量和能力、科技发展的水平等。

如果把市场总需求和长期总供给这两条线放在一起,就可以看出市场的物价指数其实就是总供给和总需求的交点,如图2-34所示。

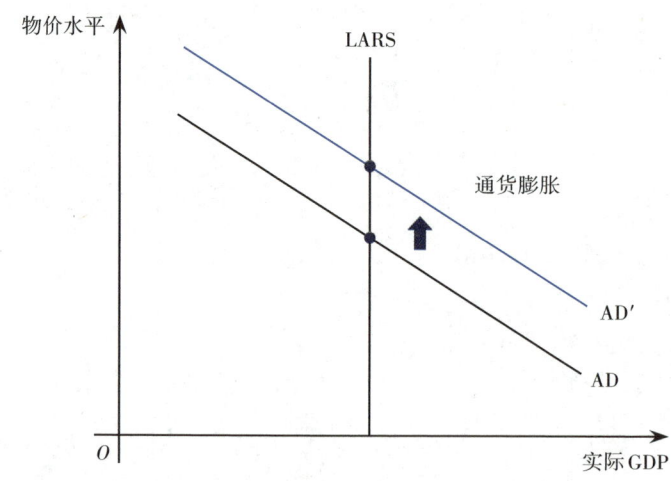

图2-34　刺激需求在长期对经济的影响

如果一个市场已经达到了生产力的饱和,那么政府通过刺激需求,是无法刺激GDP的增长的;相反,只能导致物价的上涨,从而产生通货膨胀。所以，除了用财政政策和货币政策刺激需求，政府还需要一系列可以增加产能的政策，把这条竖直的生产线向右移，从而促使GDP的增长。这种政策在经济学中被称为供给学派财政政策（supply side policy）。

供给学派财政政策分为以下两种。

第一种是干预性政策（interventionist policies）。干预性政策在英语里的定义是policies that rely on government intervention to achieve growth in potential output，意思就是通过政府直接干预来达到国家产能的提升。例如，政府可以加大在科研领域的投入（investment in technology），增加对教育和培训的投入（investment in human capital）。技术进步了，民众的知识水平和工作能力提升了，生产效率也就自然上升了。政府也可以通过加大基础建设的投入来提高生产力，这个举动在经济学中被称为物质资本投资（investment in physical capital）。我国政府大力推崇的科教兴国战略就很好地体现了这个政策的重要性。再如，政府可通过实施产业政策达到干预的目的。产业政策在英语中的定义是government policies designed to support the growth of the industrial sector of an economy，意思是国家为了扶持某一行业而进行的干预政策。一个典型的例子就是政府对于新兴产业的扶持。政府的扶持可以包括一系列的政策，如税收减免、补贴、政府补助等。对于新兴产业的扶持，不仅能够确保国家产能的不断提升，而且能促进科技水平的发展。

第二种是市场化政策（market-based policy）。如果说干预性政策是政府亲力亲为干预生产，那么市场化政策就是一种"四两拨千斤"的政策，它的目的是鼓励市场竞争，通过市场竞争促进生产力的提升。市场化政策的主要方式就是私有化（privatization）。除了私有化，市场化的政策还有很多，包括放松管制（deregulation）、限制垄断（restricting monopoly power）、贸易自由化（trade liberalization）等。这一切无不为了促进市场竞争，正所谓"优胜劣汰，弱肉强食"，达尔文的丛林法在市场经济中得到了充分的验证。

# 第十六讲 经济增长和经济发展

一个国家的经济增长速度取决于它的GDP增长率。高速增长的GDP代表了一个国家旺盛的产出，而产出的多少也直接决定了居民所创造的价值，从而决定了他们的收入。但是，GDP作为一个宏观经济的量化指标，虽然能够衡量经济增速，但是不能全面地反映一个国家的经济发展水平。在经济学中，经济增长（economic growth）和经济发展（economic development）是有区别的。经济增长代表国内产值的提升，而经济发展指的是这种产值的提升所带来的人民生活水平的改变。这种生活水平的改变会体现在多个方面，包括人均收入的增加（increasing income）、贫穷人口数量的下降（reducing poverty）、贫富差距下降（reducing the gap between rich and poor）、增加社会福利（increasing social benefit）、改善生活环境（improving environment）等。那么，有没有一个量化的指标来衡量经济发展水平呢？

在经济学中，有两个指标可以用来衡量一个国家的经济发展水平。第一个是人均GDP（GDP per capita）。一个国家的人均GDP反映了平均每个居民所创造的价值和所获得的收入，从而可以比较客观地体现出人民的生活水平。例如，我国的GDP总量排名世界第二，但是却不能被称为发达国家，因为我国的人均GDP的世界排名在70名以外。显而易见，影响我国人均GDP的重要因素就是人口。早在18世纪，英国经济学家马尔萨斯就提出过一个理论：一个国家的人口会呈现几何级增长，而食物之类的生活资源只会呈线性增长。如图2-35所示，如果人口持续增长，最终人口增速会超过粮食的增速，导致生活物资匮乏，影响生活质量。也就是说，如果一个国家的人口不足那么会导致生产力不足而无法有效利用资源，从而影响人均GDP；但是如果一个国家的人口过剩，那么根据库兹涅茨曲线（见图2-36），物资的匮乏会降低生产效率，同样会导致人均GDP下降。所以在经济学中，每个国家都会有一个最优人口数量（optimum population），这个数量取决于每个国家的资源总量。

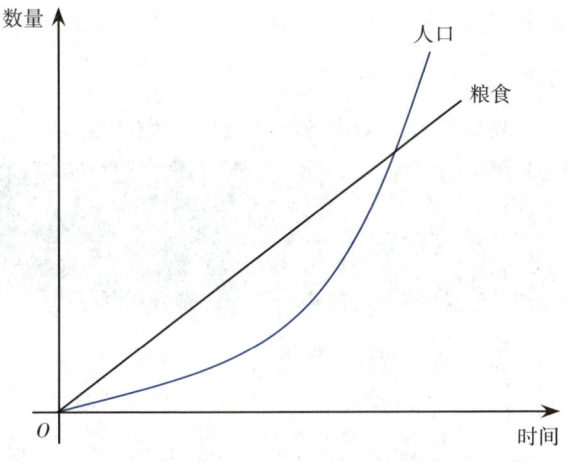

图 2-35　马尔萨斯人口模型

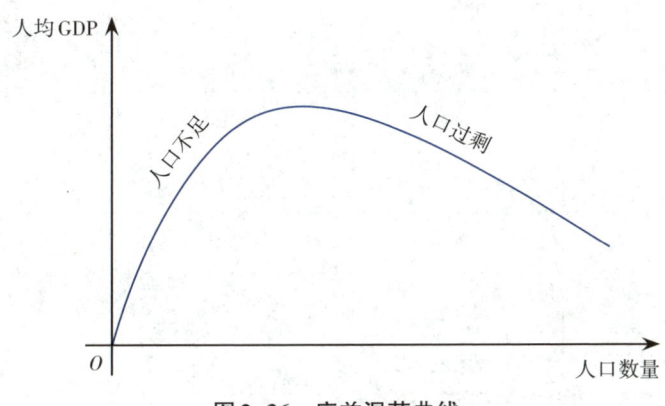

图 2-36　库兹涅茨曲线

人均GDP真的能够完全反映国家的经济发展水平吗？

其实，在宏观经济学中还有一个值能够更全面地反映一个国家的人民生活水平，这个值被称为人类发展指数（human development index，HDI）。人类发展指数实际上是结合了人均寿命、教育水平和人均收入三项指标的综合考量，应该说比人均GDP更为全面。表2-5中所列为2019年部分国家或地区人均GDP和HDI的排名，除中国澳门，排名前10的似乎都是发达国家。当然，如果把HDI排名前10的国家/地区和人均GDP排名前10的国家/地区做一个对比，不难看出这两个指标存在一定关联，但又不尽相同。不管是人均GDP还是HDI，都比较强调"平均"这两个字。但是无论平均水平如何，总会有人在平均线上，也会有人在平均线下。在统计学中，经常说平均值能够反映出数据的中间水平，但无法反映出数据的分布情况。

表2-5 人均GDP和人类发展指数HDI排名

| 2019年人均GDP国内生产总值预测排名 | | 人类发展指数 | |
|---|---|---|---|
| 人均GDP排名 | 国家/地区 | HDI排名 | 国家/地区 |
| 1 | 卢森堡 | 1 | 挪威 |
| 2 | 中国澳门 | 2 | 瑞士 |
| 3 | 冰岛 | 3 | 澳大利亚 |
| 4 | 瑞士 | 4 | 爱尔兰 |
| 5 | 爱尔兰 | 5 | 德国 |
| 6 | 挪威 | 6 | 冰岛 |
| 7 | 卡塔尔 | 7 | 瑞典 |
| 8 | 美国 | 8 | 新加坡 |
| 9 | 丹麦 | 9 | 荷兰 |
| 10 | 澳大利亚 | 10 | 丹麦 |
| 11 | 瑞典 | 11 | 加拿大 |
| 12 | 新加坡 | 12 | 美国 |

第二部分　宏观经济

# 第十七讲　新古典主义经济学派

经济学中有两大对立门派：新古典主义经济学派和凯恩斯经济学派。之所以说对立，是因为这两个学派对于宏观经济有着很多截然相反的理论和主张，其中较为普遍的一对矛盾就是：新古典主义经济学派主张自由市场，而凯恩斯经济学派主张政府对市场进行干预。新古典主义经济学派认为市场很聪明，有所谓自我调节的功能（self-regulating），而大部分的政府干预是不必要的，因为只要给予市场足够的时间，疲软的经济就会自行回暖，过热的经济也可以自行降温。而凯恩斯经济学派认为，市场本身并没有那么完美，如果没有政府的干预，市场可能会长期处于生产和消费不足的状态，也就是所谓萧条，只有政府采取一系列的措施刺激需求，才能给经济注入强心剂。可见，这两个学派对于政府干预的必要性有着截然不同的见解。

有意思的是，虽然这两个学派反差极大，但是却并没有对与错之分，相反，两者可以非常愉快地在历史的长河中共存下来。例如，在历史上主张政府干预的凯恩斯经济学派曾经大"红"过两次：一次是20世纪30年代的美国经济大萧条时期，当时的两位美国总统胡佛和罗斯福采取了一系列的政府干预措施重振经济；另外一次是2007年的美国次级贷款危机时，这次危机正是因为美国政府金融监管不力而导致的。但是凯恩斯经济学派也受到过几次挑战，其中比较著名的就是20世纪70年代的美国经济危机。当时的美国政府决定把美元脱离和黄金的挂钩来增加货币供应量，从而刺激经济。但是事与愿违，这个举措非但没有提振经济，反而让市场出现了高通货膨胀和高失业率的滞涨现象，也使政府干预的正确性和必要性受到了质疑。

主张自由市场的新古典主义经济学派非常注重短期和长期两个概念。从短期来看，企业员工的工资具有很强的黏性，也就是说，市场物价的上涨并不能轻易带动工资的上涨，所以企业成本不会因为物价水平的上升而受到很大的影响。这样一来，物价上涨就推高了企业的利润，企业就愿意增产，从而形成了这样一条向上倾斜的短期总供给线。但是从长期来看，包括工资在内的任何生产成本都是可变的，在这种情况下，物价上涨就带动了成本上升，从而使利润不变，因此企业也没有增产的必要。市场的长期总供给线就是这样一条竖线，表示市场总产出和价格没有关系，而这条竖线的位置，代表的是市场的潜在最大产出，也就代表了国家的最大产能，如图2-37所示。

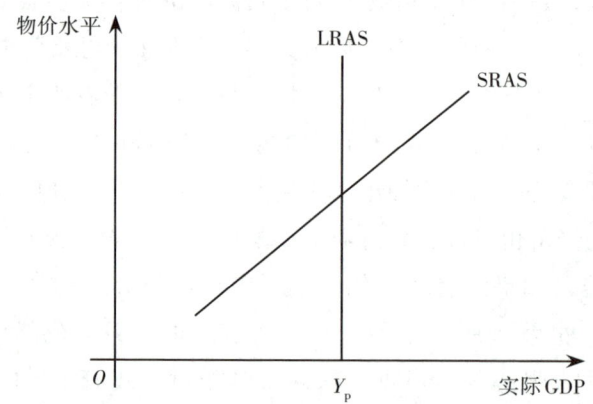

图2-37　新古典主义经济学派下的市场总供给

新古典主义经济学派认为，市场的短期物价和产出由SRAS和AD的交点决定。但是，不管这个交点在短期内处在什么位置，只要给予市场足够的时间，它就会自我调节，使得这个交点移动到LRAS上，实现最大产出（maximum output）。因此就形成了这样一个三线交于一点的图像，也就是所说的长期均衡点，如图2-38所示。

那么市场到底是如何在缺乏政府干预的情况下进行自我调节的呢？

假设市场处于长期均衡时，某些突发事件导致市场的总需求下降，从而使AD线左移。那么如图2-39所示，这个时候的产出是在$Y_1$的位置，因为$Y_1$低于最大产出$Y_0$，所以此时的经济会出现经济不景气，因此失业率会上升。如果高失业率一直维持下去的话，劳动力成本就会下降，因为人们都迫切地想找到一份工作，对于工资就不会有过高的要求。而工资的下降对于企业来讲就是生产成本的下降，更低的生产成本可使SRAS往右移动，最终使得产出回到$Y_0$的长期均衡位置。

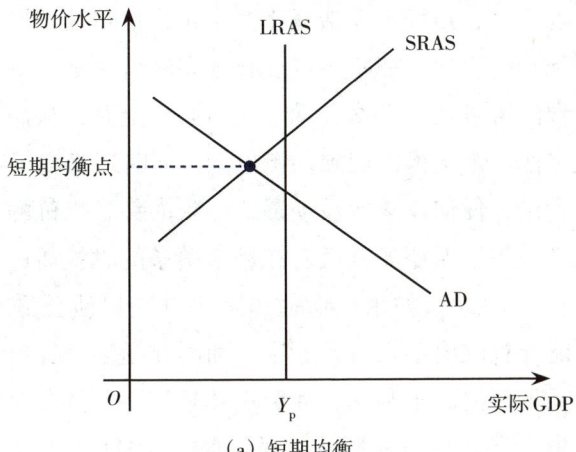

（a）短期均衡

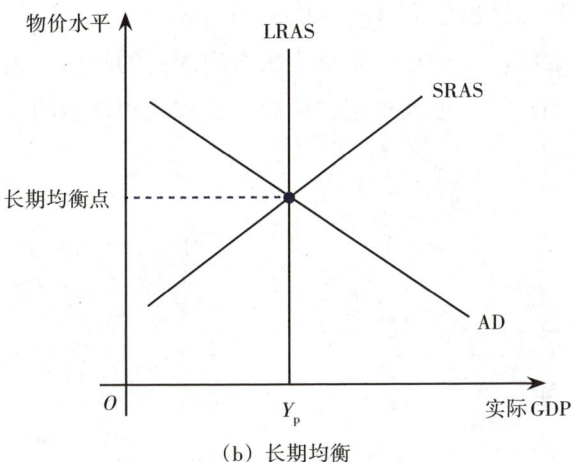

（b）长期均衡

图 2-38　短期均衡和长期均衡

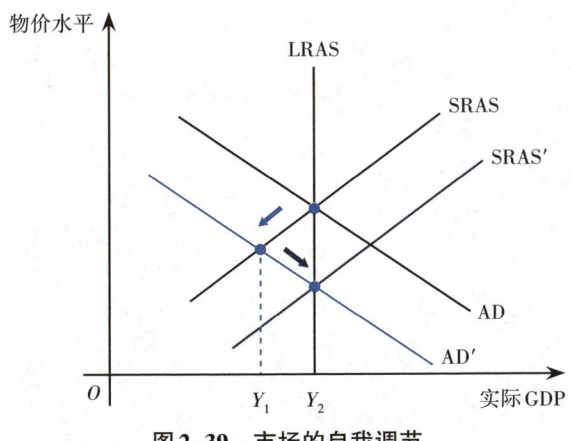

图 2-39　市场的自我调节

市场的需求不足，短期可能造成生产不足，但是从长期来看，市场可以自我调节回到均衡产出，而唯一的变化就是物价水平的下降。如果市场总需求上升导致经济过热，那么劳动力成本必定上升，从而导致短期总供给线左移，最终使得市场再次回到均衡位置，同时还推高了物价。

综上可以看出，任何需求的波动最终导致的都是物价的变化，而非产出。新古典主义经济学派还尤其反对在经济萧条的时候通过政府的财政政策刺激需求。这是因为，如果政府通过加大开支促使总需求曲线向右移动，非常有可能导致政府陷入财政赤字；而财政赤字会导致政府对于货币的需求量变高，从而提高了利率；而利率一旦变高，就会对总需求中的消费者支出和投资支出产生负面影响，最终使得AD线再次左移。这种现象在经济学中被称为挤出效应（crowding out effect）。

新古典主义经济学派也并不是全盘否定所有的政府干预，他们认为任何能够增加市场产能，也就是把长期总供给线往右移动的政策，都是值得提倡的。

## 第十八讲 凯恩斯经济学派

新古典主义经济学派认为，短期内工资是具有黏性的，不会随着物价的波动而波动。而从长期来看，工资则具有弹性，经济萧条、失业率较高的时候，劳动者愿意自降身价来寻求一份工作，因此工资就会变低。相反，经济过热、失业率较低的时候，对于劳动力的需求又会提高工资。但是凯恩斯经济学派却不这么认为，他们认为工资是黏性的还是弹性的，并不取决于短期还是长期，而是取决于工资的变化方向。凯恩斯经济学派认为，在经济旺盛的时候，工资上涨不会存在很大的压力。试想一下，当公司业绩出色的时候，老板当然也愿意为员工涨工资。但是在经济不景气、失业率较高的时候，工资下行却存在很大的阻力。这一点其实也不难理解。降薪本来就是一个很难让员工接受的举动。在经济不景气的时候，老板情愿通过裁员缩编来保证队伍的精简高效，也不愿意全员降薪从而影响所有员工的工作动力。所以，工资下行是具有很强的黏性的。然而，工资决定了企业的生产成本，而生产成本又最终决定了物价水平。所以在凯恩斯经济学派的主张中，在经济萧条的时候，工资黏性导致了价格的黏性；而在经济旺盛的时候，工资弹性又使得价格也具有弹性。通俗地讲，就是经济疲软不会导致物价下跌，但是经济旺盛却会让物价上涨。因此，凯恩斯经济学派下的市场总供给线就呈现出如图2-40所示的形状。在产出较低、经济较为疲软的时候，因为价格具有黏性，不会随着产出的变化而变化，所以总供给线呈现出水平的形状。而当产出变大、经济增长势头强劲的时候，工资的上涨就推高了物价水平，因此总供给线开始呈现上升趋势，最终达到了最大产出。

也可以换一个角度再来看下凯恩斯经济学派下的市场总供给线。在市场产出较低的时候，价格完全固定，不会随着产出的变化而变化。这是因为当经济疲软的时候，失业率较高，包括劳动力在内的生产要素没有被充分利用。因此，在有大量剩余资源的情况下，企业增产不会拉高平均成

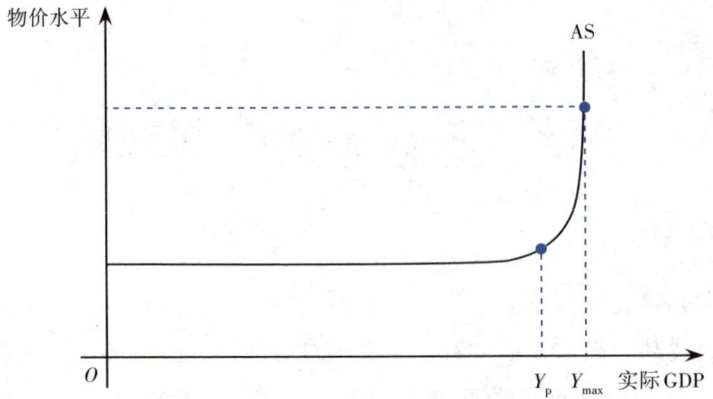

图 2-40　凯恩斯经济学派的供给线

本，物价水平也就保持不变。随着产量的进一步增加，包括劳动力在内的生产要素就会出现稀缺，因此工资、原材料价格等都会上涨，从而逐渐推高了物价。如图 2-40 所示，$Y_p$ 表示市场的潜在产出（potential output）。当产出达到 $Y_p$ 的时候，市场上的所有生产要素都已经被充分利用，失业率降到了最低，也就是所谓自然失业率。如果产出进一步增加会发生什么呢？当市场的总产出超过潜在产出的时候，生产要素被过度开发和利用（如工人们加班加点地生产），这个时候生产要素会处于极度稀缺的状态，因此生产成本会快速上升，从而大幅度抬高了物价，直至市场达到产能的极度饱和，即最大产出。既然市场的产出决定了物价水平，那么到底是什么决定市场的产出呢？

其实答案很简单，就是总需求。如图 2-41 所示，当总需求较低的时候，AD 和 AS 交于 $A$ 点，此时市场的产出低于潜在产出，因此就出现了经济不景气，失业率会比较高。新古典主义经济学派认为，在失业率较高的时候，企业的劳动力成本会下降，从而促使企业增产。但是凯恩斯经济学派认为，因为工资下行有很大的阻力，即便经济不景气，企业的工资成本也不会下降，因此无法通过增产来提振国家的经济。凯恩斯经济学派强调，经济疲软的主要原因是需求不足，而非生产不足，疲软的经济很容易使消费者和企业对未来失去信心，导致需求进一步萎缩，从而形成恶性循环。因此，需求不足导致的经济疲软是不能通过时间来治愈的。那么应该如何治愈经济呢？答案很简单，就是政府干预。凯恩斯经济学派认为，只

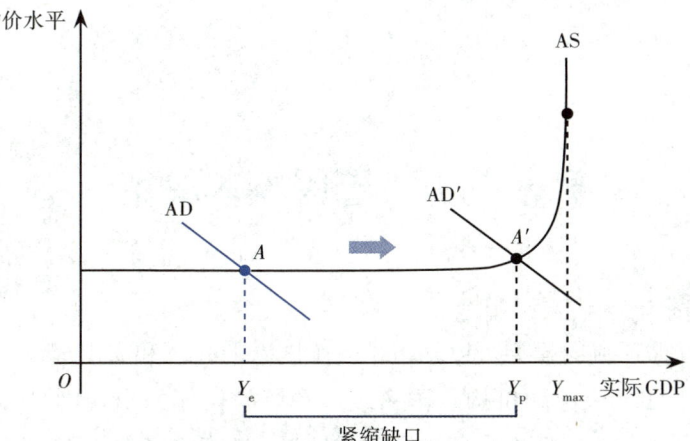

图2-41 凯恩斯经济学派下的市场均衡

有通过扩张性财政政策和货币政策，才能刺激需求，使得AD向右移动，从而达到增产的目的。只要需求端的问题得以解决，那么产出不足及失业率过高的问题都可以迎刃而解。

## 第十九讲　国民收入决定论

根据循环流向模型可以知道，一个国家的收入和支出理论上应该形成了一个闭环，而金融机构、国家政府和贸易伙伴的出现则打开了这个闭环，产生了流出，也产生了流入。俗话说，旧的不去，新的不来，流入和流出并不会影响收入的总量，那么，如何确定这个模型中的总体收入水平呢？假设这是一个封闭且没有政府的经济体，如图2-42所示，循环流向模型就剩下储蓄这一个流出及投资这一个流入。

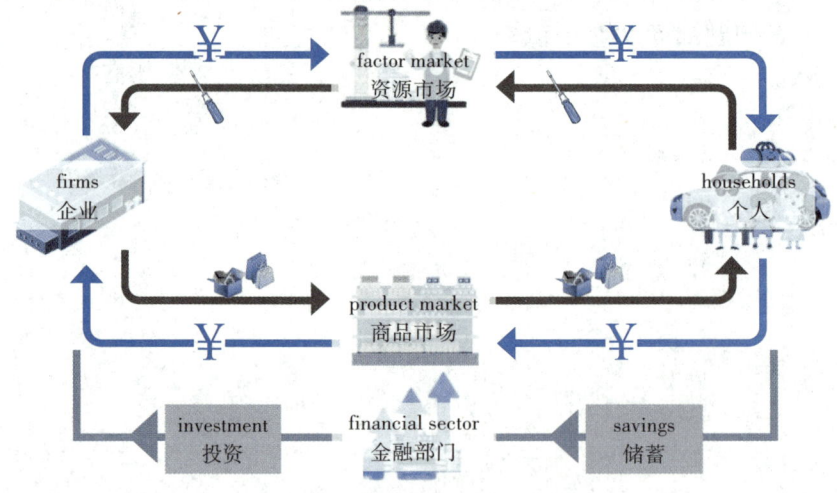

图 2-42　循环流向模型

根据循环流向模型，居民的收入并非全部用于消费，一部分会用于储蓄。那么，收入中的多少是用来消费的呢？这其实是个简单的数学模型。如图2-43所示，收入水平和消费水平之间是一个简单的线性关系（$C = a + bY$），收入越高，消费越高，因此这个模型也被称为收入函数。其与纵轴的交点在经济学中被称为居民在收入为零时的消费（autonomous spending），换句话讲，就是为了生存而产生的吃穿住行的基本消费。那么，这条线的斜率又代表什么呢？斜率代表的是居民每多收入一元钱所产生的额外消费，根据数学表达式不难看出，这个值就是前面介绍过的边际消费倾向。除了消费，另一部分的收入去了哪呢？根据循环流向图可知，这部分收入通过储蓄成了投资，重新流入经济体。因为投资属于企业的消费，和居民收入无关，因此可以把它当作一个常数，和居民消费加在一起，被称为总支出（aggregate expenditure），也就是图中向上平移的这条线。再回到循环流向模型，居民消费和企业支出的总和应该刚好等于总收入，因此，如果能在这条线上找到支出和收入相等的点，也就相当于找到了收入水平。这件事情其实不难做到，如图2-43所示，添加了一条45°的直线，它和总支出线的交点就决定了这个经济体的收入水平。

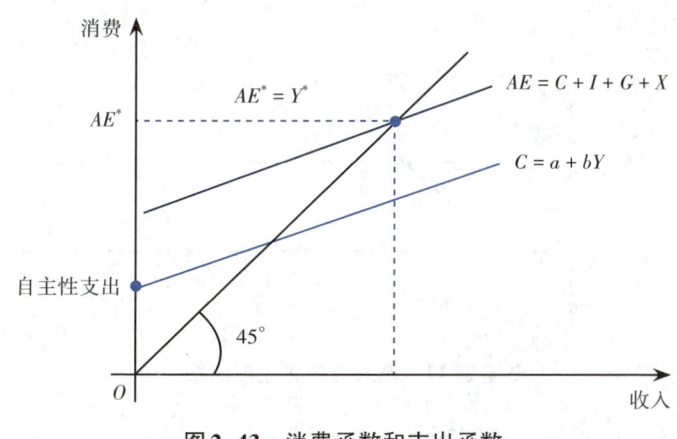

图2-43　消费函数和支出函数

收入水平除了可以用收入函数和45°直线来决定，也可以用收入的流出和流入来决定。对于一个封闭的且无政府的经济体来讲，居民的收入只能用于做两件事情：消费和储蓄。如果消费函数为 $C = a + MPC \times Y$，那么储蓄就应该是收入减去消费，也就是 $S = Y - C$，而用消费函数带入 $C$ 后，就得到了这样一个函数：$S = -a + (1 - MPC)Y$，把它画出来的话仍然是一条直线，如图2-44所示。这条直线的斜率（$1 - MPC$）恰好等于边际储蓄倾向，也就是居民每多收入一元钱产生的额外储蓄。

那么，其与纵轴的交点又应该如何解释呢？其实很简单，从消费函数可知，在居民没有收入的情况下，仍然需要消费，这种消费被称为自主性支出（autonomous spending）。那么这些消费的钱从哪来呢？这些钱就需要居民从自己的储蓄中拿出来,因此就相当于是一个"负储蓄"。储蓄是一种居民收入的流出,那么这些储蓄又去了哪里呢?根据循环流向模型,居民的储蓄通过金融机构最终又成了企业投资,流回了收入闭环。企业投资是企业的支出,和居民收入无关,因此可以用一条水平直线来表示。投资线和储蓄线的交点,意味着储蓄总量等于投资总量,而它对应的收入就是这个经济体的总收入水平。用储蓄函数决定的收入水平和用消费函数决定的收入水平是一致的。当然,在目前的模型假设的是一个封闭且无政府的经济,因此储蓄和投资是单一的流出和流入。如果经济是开放且有政府的,这个模型会发生什么变化呢?

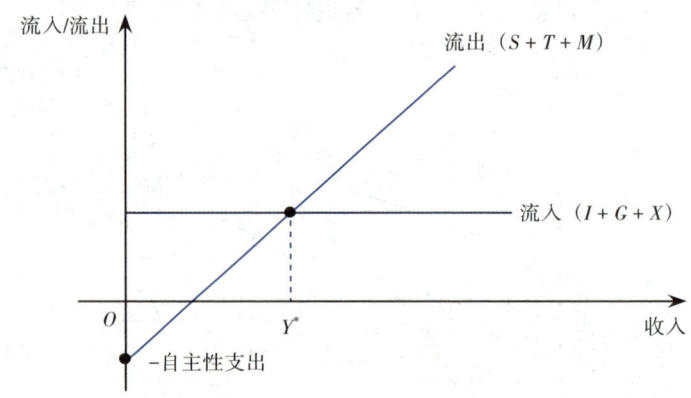

图2-44 流入函数和流出函数

一个完整且开放的经济除了需要有金融机构,还需要有政府和贸易伙伴,这样一来就需要对储蓄函数进行调整,因为根据循环流向模型,居民的收入除了消费还可以有三个用途:储蓄、交税及购买进口商品。因此,收入减去消费($Y-C$)应该等于这三个流出的总和,也就是$S+T+M$。如果把消费函数带入,就得到下列关系:$S+T+M=-a+(1-MPC)Y$。这个公式本身和储蓄函数没有区别,区别在于($1-MPC$)的意思。($1-MPC$)代表居民每多一元钱的收入所产生的流出总和,即边际流出倾向(marginal propensity to withdraw,MPW)。如图2-44所示,原本储蓄函数线本身并没有发生位置的变化,而只是在意义上发生了变化,这条线现在代表了储蓄、税收和进口的总量,简称为流出。

同理,在开放经济下,流入也从一个变成了三个,因此原本代表投资的线现在代表了投资、政府支出和出口的总量。国家的收入水平就是由流出和流入的交点决定的,也就是说,在经济达到均衡位置的时候,总流出等于总流入。

如果政府决定增加支出,那么经济的总体收入水平会发生什么样的变化呢?首先政府增加支出会使得流入向上平移,而平移的量被称为 $\Delta G$,如图2-45所示。流出和流入的交点会往右移动,整体收入水平上升了,这个上升量被称为 $\Delta Y$。那么,整体收入的变化和政府支出的变化是否一样呢?$\Delta Y$ 和 $\Delta G$ 的比值应该等于该斜线斜率的倒数。已知这个函数的斜率是边际流出倾向,因此这个比值就应该等于边际流出倾向的倒数。如果政府增加支出,会使得总收入发生成倍的变化。这个值就是宏观经济学中非常著名的乘数。

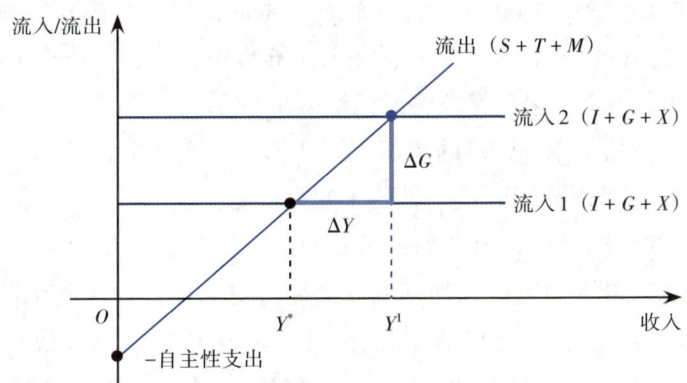

图2-45　流入增加产生的乘数效应

# 第二十讲　国际收支

国与国之间存在众多的贸易往来。在宏观经济学中，一个国家的出口总额减去进口总额被称为净出口，它是GDP的重要组成部分。那么除了商品价格，还有什么样的因素会影响到一个国家的进口和出口呢？答案就是汇率（exchange rate）。

汇率就是一种货币相对于另外一种货币的价格。在国际贸易往来中，两国货币之间的汇率直接影响到商品的结算价格。假设一辆在英国制造的汽车出口到美国，如果英镑兑美元的汇率是1英镑兑换1.3美元。那么抛开关税，一辆价值10000英镑的英国汽车，出口到美国后的价格是13000美元。但是如果现在英镑贬值，使得1英镑只能兑换1.2美元，那么同样是10000英镑的英国汽车，出口到美国后的价格就变成了12000美元。可见，货币贬值会使得本国出口到他国的商品变得更加便宜，因此刺激了出口。相反，货币贬值会使得进口商品变贵，从而影响进口量。那么，是什么影响了一个国家的货币汇率呢？其实在宏观经济学中，外汇市场的运作机制和微观经济学中的商品市场非常类似，如图2-46所示。

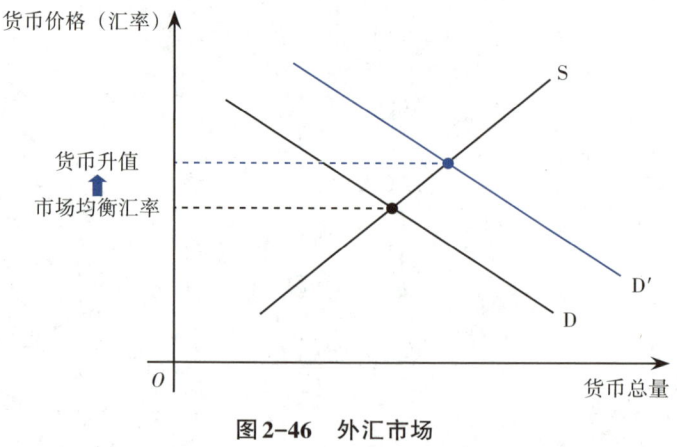

图2-46　外汇市场

外汇供需图像的横轴是该国货币在外汇市场的总量，纵轴则是该货币的价格，也就是汇率。供给曲线和需求曲线的交点决定了该货币的市场均衡汇率。一旦该国货币需求增加，会使需求曲线右移，从而推高了货币的汇率，俗称货币升值（appreciation）。

那么，是什么影响了一个国家的货币在外汇市场的供需呢？想要回答这个问题，先要来了解宏观经济学中的另外一个重要概念——国际收支（balance of payment）。国与国之间的各种经济活动带动了货币或是资本的流动。例如，当一个国家把商品出口到国外的时候，外国购买者就会将外汇兑换成本国货币支付给国内的生产者，从而产生了外汇流入。像这样的国与国之间的资金流动非常频繁，在经济学中它们被分为以下两大类。

第一类资金流动属于往来账户的资金流动（current account），其中又包括了三种：第一种是国与国之间的贸易产生的资金流动（trade in goods and services）；第二种是收入（income），如本国公民和企业在国外赚得的收益回流至国内，以及外国公民在本国赚得的收益流至国外；第三种是转移支付（current transfer），这是国与国之间无偿的支付，如国家的对外捐赠和援助。

第二类资金流动被称为金融账户的资金流动（financial account）。这种资金流动主要源于投资资本，如海外投资者若要收购本国企业，就需要把外汇兑换成本国货币进行收购，因此产生了资本流入。

可以看到，只要是国与国之间存在资金流动，就一定会出现货币兑换的行为，而这种货币兑换就造就了外汇市场的供需。例如，美国投资者要在英国投资项目，那么就需要拿美元去兑换英镑，因此，他既是美元市场的供给者，也是英镑市场的需求者。

既然影响外汇市场供需的是国与国之间的资金流动，那么问题又来了，到底是什么影响了国与国之间的资金流动呢？

影响国与国之间资金流动的因素非常多，尤其应被关注的一个因素是利率。在宏观经济学中，经常把一个国家的资本市场简化成一个单一的市场，即可贷资金市场。如图2-47所示，横轴表示市场可贷资金总量，纵轴则是实际利率（real interest rate）。可以把这种利率理解为一种投资回报。这个市场的供给者可以被理解为贷款方，他们通过储蓄、购买理财产品等不同方式提供资金。需求者则是借款方，他们通常是企业或者政府。

供需线的交点就决定了市场的均衡利率。假设国际资本市场的利率处于本国均衡利率的下方，就意味着投资本国项目的回报会高于投资其他国家的项目。此时本国市场就出现了资金的短缺，而这种短缺就需要靠海外资本的流入来填补，在经济学中被称为资金流入（capital inflow）。

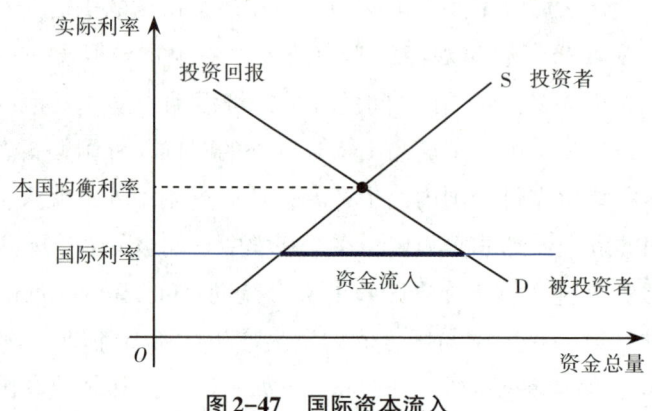

图 2-47　国际资本流入

如果大量海外资本流入本国，会对外汇市场造成何种影响？如图 2-48 所示，资本流入会加大对于本国货币的需求，促使需求曲线向右移动，推高了汇率，从而使得本国货币升值。

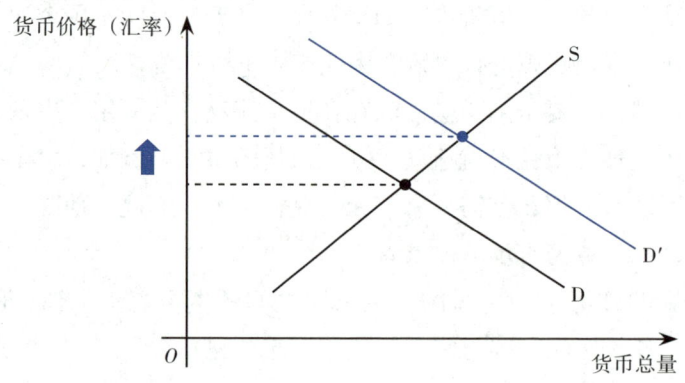

图 2-48　资本流入对外汇市场的影响

归根结底，影响货币汇率的还是国家的宏观经济情况。旺盛的经济会使一个国家的投资机会变多，投资回报变高，从而吸引海外资本的流入。一旦海外资本大量流入，对于本国货币的需求变大，货币升值也就是水到渠成的事情了。

# 第二十一讲 汇率机制

货币汇率的浮动会对一个国家的进、出口产生较大的影响。汇率的浮动取决于外汇市场供需的变化，那么，政府对于外汇市场是否存在干预政策呢？其实在现实生活中存在几种不同的外汇制度，体现了政府对于外汇市场的不同干预程度。首先，是浮动汇率制度（floating exchange rate system）。所谓浮动汇率制度，就是政府不对外汇市场加以干预，任凭供需决定货币的汇率。这种汇率制度的好处之一，就是有助于通过汇率的浮动削减一个国家的贸易赤字。假设一个国家的贸易赤字增加，也就意味着该国对于进口商品的需求增加，而海外对于该国的出口商品需求下降。此时在外汇市场中，该国货币的供应量会增加，需求量则会减少，如图 2-49 所示。

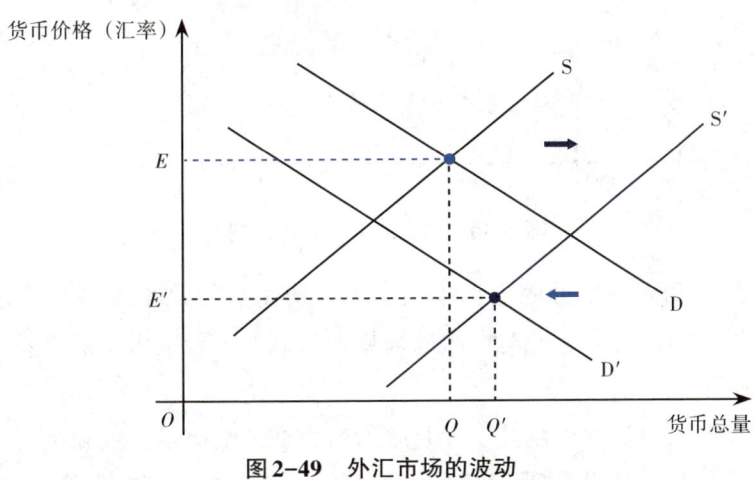

图 2-49　外汇市场的波动

货币供需的变化导致该国货币贬值。货币贬值会促进出口，同时遏制进口，因此贸易赤字得到缓解。但是，造成外汇供需变化的主要原因是国与国之间经济活动产生的国际资本流动，而这些经济活动并不仅限于国际贸易。其他的因素还包括跨国商业投资、外汇投机等，这都会给汇率带来很大的不确定性，这种不确定性会进一步影响到生产者和投资者的决策。

为了消除这种汇率波动带来的不确定性，国际上还存在一种外汇制度，被称为固定汇率制度（fixed exchange rate）。所谓固定汇率，就是一个国家的货币价值相对于另外一个国家的货币始终保持不变，简而言之，就是两国之间的货币汇率始终稳定，不受外汇供需的影响。那么政府是如何做到让一国货币的汇率始终保持不变的呢？

想要回答这个问题，还是要回到外汇市场的供需图像上。假设该国货币的固定汇率处在 $C_1$ 的水平，而市场供需所决定的汇率（即均衡汇率）是 $C_0$。如图 2-50 所示，按照固定汇率，此时本国货币的供给是大于需求的，政府需要动用自己的外汇储备来购入这些剩余的本国货币，让需求曲线向右移动，从而使得市场均衡汇率重新回到政府的固定汇率水平。

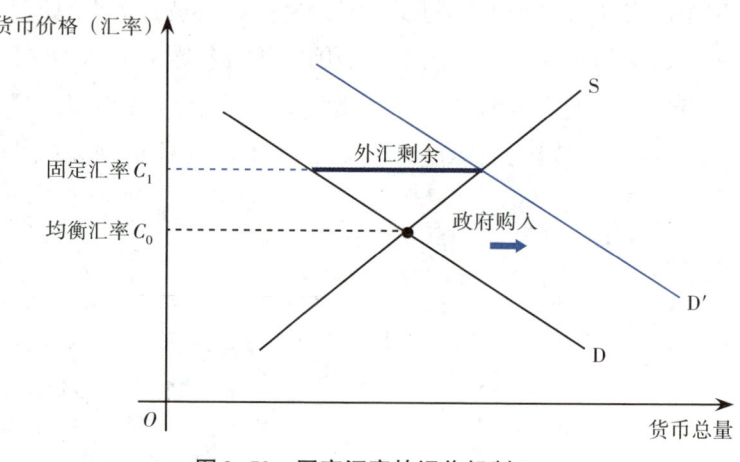

图 2-50　固定汇率的运作机制 1

相反，如果政府的固定汇率低于市场均衡水平，如图 2-51 所示，会出现本国货币的短缺，此时，政府需要通过抛售本国货币将供给线往右移动，从而消除短缺。

可见，固定汇率机制其实就是政府通过在外汇市场买入和抛售本国货币来影响供需，从而达到稳定汇率的目的。虽然这种机制可以有效遏制汇率的波动，但是对于政府来讲却是一个不小的负担，政府必须有足够的外汇储备，才能将外汇市场的买卖操作得游刃有余。因此，一般来讲，固定汇率机制更适用于经济体量较小且和目标国有频繁贸易往来的国家。这种国家的货币因为本身体量较小，政府干预市场的难度较低，加之贸易伙伴

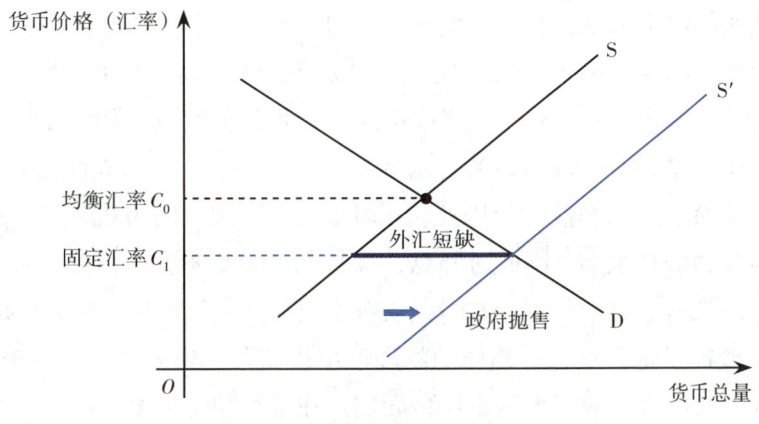

图 2-51　固定汇率的运作机制 2

单一，使得政府可以通过和目标国货币挂钩的方法来消除汇率波动带来的不确定性。

其实固定汇率比浮动汇率更早出现，早在 20 世纪 40 年代，著名的布雷顿森林体系就确立了以美元为中心的货币体系，国际货币基金组织成员的货币都和美元保持固定汇率，但是因为种种原因，这种固定汇率体系在 30 年后彻底土崩瓦解，从而开启了浮动汇率的时代。那么固定汇率机制到底存在哪些问题呢？

固定汇率机制虽然能够有效地稳定汇率，消除不确定性，但是它一直以来是一个饱受争议的机制。有支持者认为，固定汇率机制表面上需要政府动用大量的外汇储备，但实际上政府可以借外汇投机资本的力量来稳定市场。假设市场均衡汇率低于该货币的固定汇率，此时外汇投机者知道，政府很快会动用外汇储备来提高汇率，那么他们就会在汇率处于低位的时候买入该国货币，以期望在汇率回升的时候获利。投机者的这个买入操作本身就已经增加了外汇市场的需求，协助政府提升了汇率。反对者认为，在市场均衡汇率低于固定汇率的时候，投机者很容易对政府失去信心，他们会认为政府没有足够的外汇储备来干预市场，很快就会放弃固定汇率制度，或者下调固定汇率。此时，为了避免因为政府放弃固定汇率而可能导致的汇率下跌，投机者会抛售手中的货币以避免损失。这个抛售行为会使得外汇供给线向右移动，从而进一步拉开均衡汇率和固定汇率的差距，倒逼政府放弃固定汇率。其实，早在 20 世纪 90 年代末，金融巨鳄索罗斯就通过抛售泰铢的方法，几乎以一己之力逼迫泰国政府放弃了维持已久的和美元挂钩的固定汇率，从而引发了一系列的东南亚金融海啸。

此外，固定汇率机制还会让一个国家丧失货币政策的主动权。假设A国的货币和B国挂钩，B国政府决定降息，根据前面的介绍，B国的资本就会流向利息相对较高的A国。此时A国的货币在外汇市场的需求量就变高了，从而产生汇率波动。因此，A国政府为了避免因为B国降息而带来的资本流动，必须与B国同时降息，保持相对利率不变。由此可见，A国的货币政策就会完全受制于B国，政府难以独立决策。早在欧元区成立之前，欧洲各国就实行一种称作"欧洲汇率机制"的模式。在这种模式下，欧洲各国货币之间的汇率基本保持固定。在这种固定汇率机制下，没有一个国家可以独立实施货币政策，欧洲国家最终放弃了本国货币，实现了货币统一。

显然，固定汇率机制存在诸多缺陷，如今大部分的国家已经放弃了固定汇率机制，而是在浮动汇率机制的基础上，通过适时的干预来稳定外汇市场。

## 第二十二讲　贸易保护

除了前面介绍的关税和配额两大贸易保护的手段，政府还有其他手段来保护本国企业免受海外竞争者的冲击。例如，政府可以对本国相关企业进行补贴，使其在与进口商品的竞争中获得价格优势。这种政策虽然可以有效降低国产商品的市场价格，使消费者在短期内获利；但从长期来看，补贴不仅会加大政府的财政负担，而且一旦海外竞争者被挤兑出市场，本国被补贴企业仍然存在涨价的可能性。政府也可以通过外汇管制（exchange control）来限制本国消费者兑换外币，从而限制购买进口商品。外汇管制是对外汇市场的间接干预，如图2-52所示，如果本国消费者被限制兑换外币，那么本国货币市场的供给线左移，会导致货币升值。过高的汇率又会影响本国企业的出口，从而产生适得其反的效果。

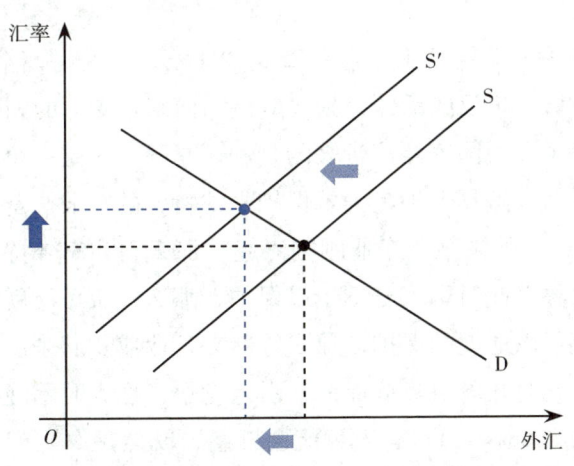

**图2-52　外汇管制对外汇市场的影响1**

除了外汇管制，政府也可以直接干预外汇市场，通过抛售本国货币来下调汇率，从而达到刺激出口和限制进口的目的，如图2-53所示。但是这种手段非常容易遭到反制，因为贸易伙伴国同样可以下调他们货币的汇率，来抵消这种影响。为了避免反制，政府还有一个隐藏较深的贸易保护手段，在英文中被称为官僚（red tape）。本讲中，它表示的是政府通过让进口手续变得极为复杂来削弱进口的积极性。如果说官僚隐藏较深，那么制裁（embargo）就是最为极端的贸易保护手段。制裁，顾名思义，就是完全禁止对于某些商品的进口，或者是禁止从某一国家进口所有商品。制裁的原因通常有两个：一是因为进口商品影响了国家的战略安全；二是与被制裁国存在政治冲突。

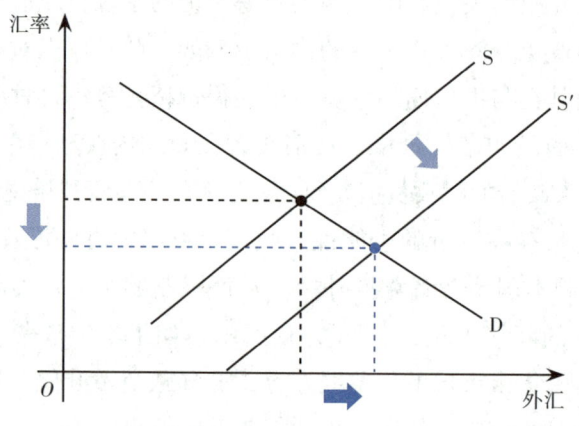

图2-53　外汇管制对外汇市场的影响2

贸易保护手段花样百出，但不管是"明枪"还是"暗箭"，贸易保护始终都是一个极具争议的话题，到底应该如何来权衡它的利弊呢？

贸易保护主义为国家经济带来的是利还是弊，这是一个难以停止的争论。支持者认为，贸易保护是为了保护一些特殊的行业。首先是新兴行业（infant industry）。如果某个产业刚刚兴起，那么它和海外竞争对手相比显然没有相对优势。此时国家若不予以保护，那么它很可能就被扼杀在襁褓之中。若国家予以适度的保护，那么等新兴行业成长起来后，生产效率自然就会提高，此时政府再降低保护，引入竞争，也为时不晚。其次是夕阳产业（declining industry）。有人可能会疑惑，既然是夕阳产业，为何还要保护呢？这是因为若不保护的话，夕阳产业面临海外竞争可能会快速消亡，会导致失业率陡然增高，从而产生社会问题。因此，政府需要对夕阳产业进行适度保护，在其缓慢消失的过程中，使失业率最大限度地得到控制。此外，政府还需要保护一些战略性的行业。战略性行业一般有两种：一种是影响国家未来发展的行业，如IT行业、芯片行业等；另一种是影响国家战略安全的行业，如石油、通信、国防等。除了保护特殊行业，支持者还认为，并不是所有的国家都需要专精于其具有相对优势的行业。对于那些产业比较单一的发展中国家，贸易保护可以促进产业多样化。从长期来看，产业多样化会给这些国家提供更多的发展机会。当然，支持者也有一些颇具争议的言论，如有些支持者认为贸易保护有助于反倾销。所谓倾销，就是海外生产者为了抢占本国市场，以低于其生产成本的价格在本国市场进行销售。对于这样的不正当竞争，国家理应予以制止。但是问题在于，很多时候所谓"倾销"只是一面之词，政府很难找到海外厂商向国内倾销商品的证据，"倾销"二字只是贸易保护的借口。

对于贸易保护，反对者的声音和支持者一样响亮。反对者认为，贸易保护的唯一赢家就是国内的生产者和企业员工。即便如此，他们也只是在短期内暂时性获益。从长期来看，过度的贸易保护会使得国内企业不思进取，对于提升生产效率、降低生产成本、提高产品质量都缺乏动力，因此阻碍了企业的发展。此外，对于那些高度依赖进口原材料的本国出口企业，贸易保护反而会增加他们的生产成本，从而迫使出口价格提升，影响其在国际市场的竞争力。

除了本国企业，贸易保护几乎影响了所有人的利益，最明显的就是海外生产者。此外，因为关税是间接税，所以它还有累退的效果（regressive tax）。过高的关税会使得穷人更穷、富人更富，无助于收入的合理分配。

从宏观层面来看，贸易保护不利于国家发展其具有优势的产业，也会影响全球经济资源的配置效率。贸易保护也非常容易引起他国的报复，从而升级为双方的贸易战，影响外交关系。此外，过高的贸易壁垒也容易滋生腐败及走私等非法行为。

如同其他的宏观经济政策，贸易保护也是一把双刃剑。这个世界上本就不存在完美的政策，只要贸易保护的利大于弊，政府就有使用它的理由。

# 第二十三讲 贸易同盟

贸易保护是一把双刃剑，它在对相关产业提供保护的同时，也影响了一部分生产者和消费者的利益，因此，很多国家为了避免贸易摩擦，寻求稳定的贸易往来，通常会达成双边和多边协议（bilateral and multilateral agreement），或是形成贸易同盟（trade block），来实现所谓贸易一体化（economic integration）。

贸易同盟根据一体化的程度分为很多类型，但是它们都有共同的目的：消除贸易壁垒，实现自由贸易。

一体化程度最低的贸易同盟被称为自由贸易区（free trade area）。自由贸易区内的国家就部分或全部商品实现互免关税和配额，但是同盟国成员可以对非成员国实行独立的贸易政策。简而言之，自由贸易区的国家对内一致，对外却不统一。而对外不统一的关税，就会在贸易往来中产生一个大漏洞：假设成员国A对非成员国C实行较高的关税，但成员国B对非成员国C实行较低的关税。那么，如果C国的商品难以直接进入A国市场的话，它们就会绕道B国进入A国市场，从而使A国对C国的贸易壁垒形同虚设，如图2-54所示。

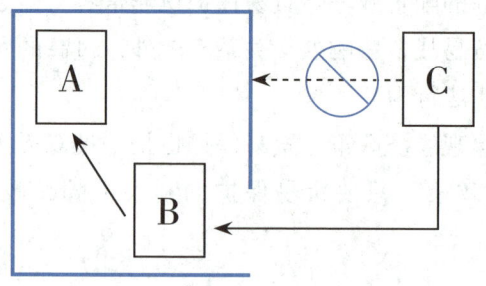

图2-54 自由贸易区的漏洞

因此，自由贸易区的成员国往往会对进口商品进行严格的溯源，从而杜绝绕道现象的发生。自由贸易区是一种较为常见的贸易同盟，世界范围内比较重要的自由贸易区包括：由美国、加拿大和墨西哥三国组成的北美自由贸易区（NAFTA）；由东南亚各国组成的东南亚国家联盟，简称东盟（ASEAN）；由印度、巴基斯坦等南亚八国组成的南亚区域合作联盟（SAARC）。应该注意，自由贸易区的成员国在文化或地域上都有着较为紧密的联系，这也促成其本着共同利益实现贸易同盟。

第二种贸易同盟被称为关税同盟（custom union）。所谓关税同盟，就是在成员国互免关税的基础上，对非成员国实行统一的关税政策，从根本上杜绝非成员国的商品通过低关税成员国绕道进入高关税成员国的行为，使成员国不再需要对进口商品进行复杂的溯源。因为实行统一的对外关税，关税同盟国都是以一个整体的身份和非成员国进行贸易谈判的，成员国没有独立制定对外贸易政策的权利，因此一体化的程度更高。但是，因为成员国的经济结构和优势产业不尽相同，成员国之间达成统一对外关税是一个漫长而痛苦的过程。世界范围内较为重要的关税同盟包括：由南部非洲各国组成的"南部非洲关税同盟"（SACU），由中欧地区国家组成的"中欧自由贸易区"（CEFTA）。关税同盟国在经济结构和发展水平上高度相似，大部分的关税同盟国都由发展中国家组成，其结盟是为了促进内部合作和共同发展，同时抵制发达国家的相关商品对本国产业的冲击。

第三种贸易同盟被称为共同市场（common market）。从名字中就不难看出，共同市场的经济一体化程度比关税同盟更高。在互免关税和统一对外关税的基础上，共同市场的成员国之间实现了生产要素的自由流动。如成员国的公民可以不受限制地去其他国家就业，确保成员国劳动力的高效利用。另外，资本也可以在国与国之间频繁往来，从而促进成员国的投资，刺激经济发展。较为著名的共同市场包括：由加勒比海岛国组成的加勒比共同体（CARICOM），由南美安第斯地区五个国家组成的安第斯条约组织。

最后一种也是一体化程度最高的贸易同盟，即经济同盟（economic union）。经济同盟是在实现自由贸易、统一对外关税和生产要素自由流动的基础上，实行相对统一的经济政策和政治政策。世界上最著名的经济同盟当属欧盟（European Union）。欧洲中央银行对欧盟成员国实行统一的利率政策，与此同时，大部分的欧盟成员国实行统一的货币——欧元。但是随着英国的脱欧，这种高度一体化结盟的利与弊也正在被人们所热议。

贸易同盟的好处是显而易见的。首先自由贸易让各国的优势行业拓展海外市场，相关企业的产量得以迅速提升，从而产生规模经济效应（economies of scale），降低生产成本，进一步确立生产优势。在国家层面，优势行业占国家的GDP比重大，它的增长决定了国家的经济增长。而对于非优势行业，开放国门引入竞争也并非坏事。海外竞争对手的进入会激励本国企业提高生产效率，提升商品质量，而不思进取的企业则会逐渐被淘汰。可以说，通过自由贸易引入海外竞争，就是对本国企业的一轮筛选。此外，关税同盟往往会对外建立较高的贸易壁垒。当非成员国的商品难以进入同盟国市场的时候，这些国家的企业会选择直接在同盟国市场投资建厂，因此，贸易同盟会刺激海外投资，在提升GDP的同时对国际收支产生积极的影响。

当然，贸易同盟也存在诸多问题。首先，贸易同盟只是实现区域性的自由贸易，而这种区域性抱团组织反而增强了对其他地区国家的歧视，因此不利于实现全球范围内的自由贸易。此外，关税同盟还会产生"贸易转移"现象。假设A国在加入同盟之前一直从B国进口便宜的原材料，但是加入同盟后，因为同盟对B国实行较高的关税，A国只能从成本更高的同盟成员国C国进口原材料，如图2-55所示。这种因为加入同盟后低成本进口被高成本进口取代的现象，就是贸易转移，它不利于全球资源的高效分配。另外，对于一体化程度更高的经济联盟，高度统一的经济和政治政策会使成员国牺牲独立决策权，也丧失了诸如利率、汇率这样的重要宏观调控工具。

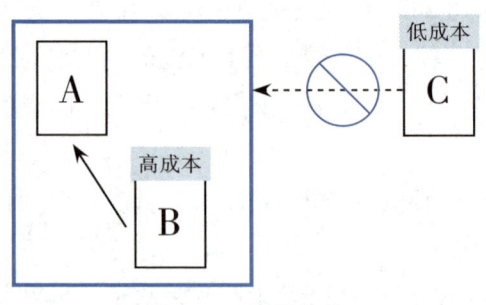

图2-55　贸易转移

# 第二十四讲　贸易条件

一个国家的进出口差额（net export），会直接影响整个国家的宏观经济表现。而本讲将要介绍一个不太为人所知的指标——贸易条件（terms of trade）。一个国家的贸易条件其实就是这个国家的平均出口价格和平均进口价格的比值再乘以100。

$$贸易条件 = \frac{平均出口价格}{平均进口价格} \times 100$$

显然，这个比值体现的就是一个国家进、出口的相对价格。假设A国相对于B国的贸易条件是200，那就意味着A国的出口价格是进口价格的两倍。那如果A国向B国出售一件商品可以获得100元，A国从B国进口一件商品则只需要花费50元，如图2-56所示。

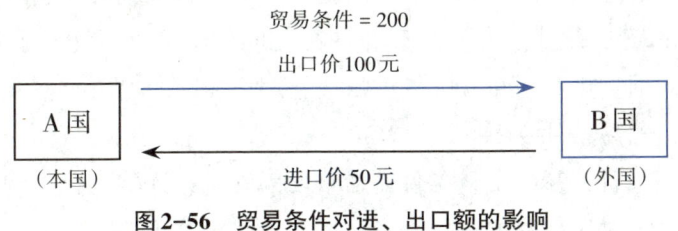

图2-56　贸易条件对进、出口额的影响

A国和B国间的交易会使得收入整体上向贸易条件更高的A国转移。再换一个角度思考一下这个问题，如果A国的出口价格是进口价格的两倍，就意味着A国每向B国出口一件商品，就可以用出口所得从B国进口两件商品。所以，两国的交易会使得产出整体上向贸易条件更高的A国转移，如图2-57所示。

简而言之，就是一个国家的贸易条件越高，就可以在交易中得到越多的收入或者商品。那么，是什么决定一个国家的贸易条件的高低呢？一个决定性的因素就是产业类型。像农林牧渔这样的第一产业的产品价格较低，第二产业制造业的产品价格居次，第三产业服务业的产品价格最高。

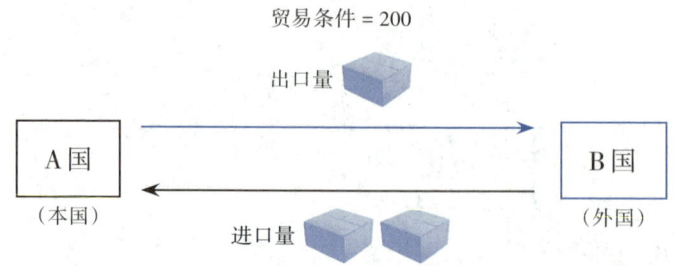

图 2-57 贸易条件对进、出口量的影响

一个经济相对落后的农业国家往往在出口农产品的同时,还需要从国外进口机器设备,因此,出口价格远低于进口价格,贸易条件偏低。相反,以制造业或服务业为核心产业的发达国家的贸易条件就会很高。不难看出,其实决定一个国家贸易条件的最根本因素还是它的经济发展水平。

一个国家的贸易条件取决于它的进、出口价格。那么进、出口价格会受到哪些因素的影响呢?

从短期来看,一个国家的进、出口价格受到进、出口商品供需的影响。如果该国的出口商品需求量上升,那么出口价格就被推高,因此贸易条件升高。此外,两国之间物价的相对变化也会影响贸易条件。如果A国物价上涨速度超过B国,那么A国的出口价格的增速就会超过进口价格的增速,因此贸易条件上升。最后,两国之间的汇率波动也会影响贸易条件,如果A国货币相对于B国货币贬值,那么A国的出口价格变低,进口价格变高,贸易条件变低。

从长期来看,影响贸易条件的最重要因素是收入的变化。随着国民收入不断上升,对于商品的需求变高,商品价格也被推高。收入变化对于商品需求的影响取决于需求收入弹性。假设A国向B国出口需求收入弹性较低的农产品,而从B国进口需求收入弹性较高的制造业商品,那么,随着居民收入不断提高,农产品需求量的上升幅度远低于制造业商品,因此出口价格的增速会低于进口价格,从而使贸易条件变低。除了收入变化,从长期来看,各国的技术水平和生产力的变化,以及贸易保护政策的改变,都会影响进、出口价格。

一个国家的贸易条件越高,是否就意味着贸易差额越高呢?贸易条件仅仅取决于进、出口价格,而贸易差额取决于进、出口价格和进、出口量,因此两者之间没有直接的关联。

假设A国出口商品的需求量变高，如图2-58所示，A国的出口价格和出口量同时升高，因此贸易条件提升的同时，也拉动了出口额。

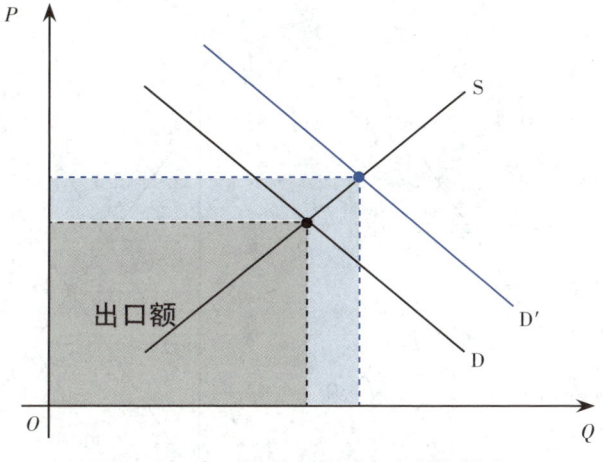

图2-58　出口需求变化对出口额的影响

假设A国商品的供给量上升，如图2-59所示，出口价格下降、出口量上升的话，此时的出口总额到底是上升还是下降，这取决于这件商品的需求价格弹性。对于需求价格弹性较低的农产品，降价带来的是出口额的下降；而对于需求价格弹性较高的制造业产品，降价会使得出口额上升。

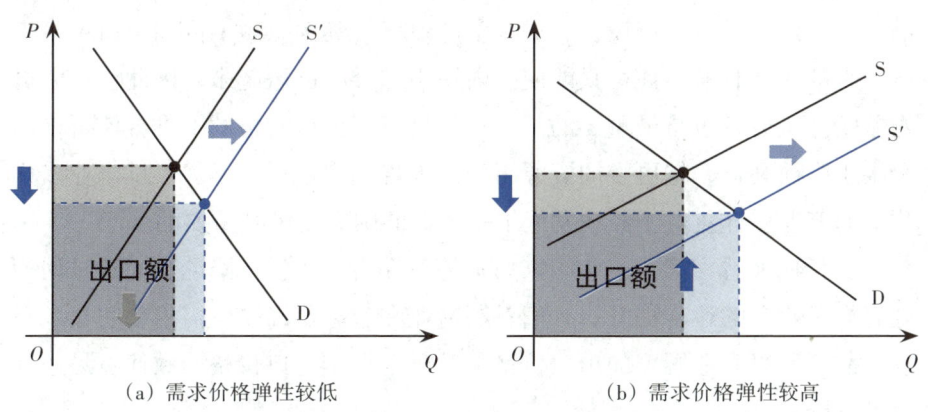

（a）需求价格弹性较低　　　　　　（b）需求价格弹性较高

图2-59　出口价格下降对出口额的影响

一个国家进、出口价格会受很多因素的影响，从而使贸易条件发生波动。在经济学中，这种贸易条件的波动非常不利于经济欠发达的国家。这又是为什么呢？首先，经济欠发达的国家通常以第一产业为支柱，而农产品的需求价格弹性和供给价格弹性都是比较低的，如图2-60所示。

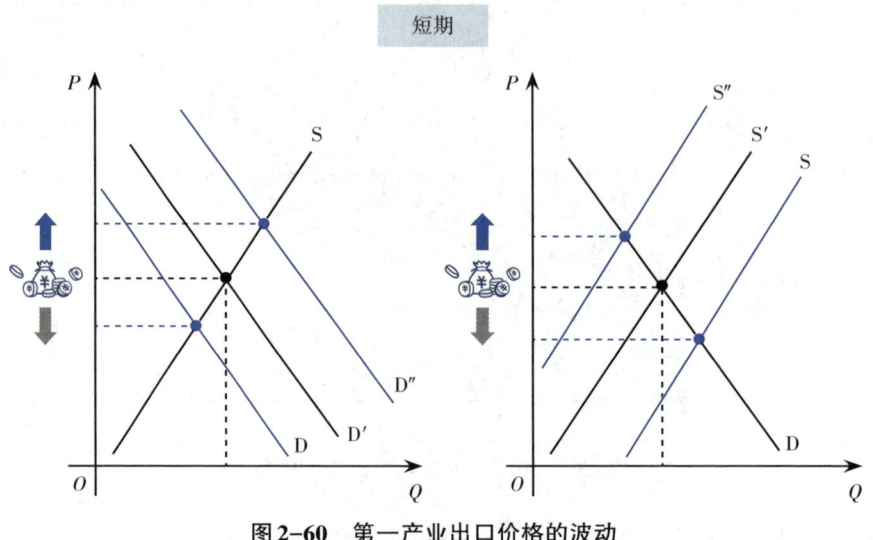

图2-60　第一产业出口价格的波动

从短期来看，供给和需求的变动都会造成价格的剧烈波动，而这种剧烈的波动会给贸易带来很大的不确定性。即便短期可能因为需求量上升使出口价格上升，但这种上升并不会给国家带来实质性的利益。首先，如果出口价格提升，这些国家往往会用出口所得从国外购入更多的制造业消费品，而非用于投资生产设备、提升生产效率。其次，短期内的出口价格提升带来的意外收益，往往只能使国内一小部分人富裕起来，因此会拉大贫富差距。最后，也是最重要的一点，就是短期出口价格的上升会使得该国着眼于眼前利益，把更多的资源用于发展现有产业，而不去尝试产业多样化，而产业多样化对于经济发展水平较低的国家是极其重要的。

从长期来看，第一产业国家的贸易条件会总体呈下降趋势。这是因为随着居民收入的逐步提升，人们对制造业和服务业商品的需求会明显高于农产品，所以农业国家的出口价格上升会远慢于进口价格，致使贸易条件逐渐下降。

此外，从长期来看，农业技术的提升会极大地增加农产品的产能，从而提升产量，如图2-61所示。产量的提升会使得需求价格弹性较低的农产品价格出现大幅下降。

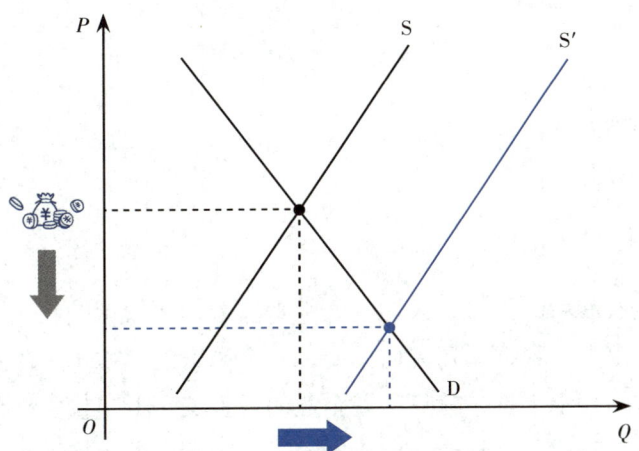

图2-61　农业技术提高对农产品价格的影响

农业作为国民经济的基础,在工业化的发达国家是受到政府保护的产业,而这种保护使得国际农产品市场的需求量提升缓慢,从而限制了农业国家的出口价格的提升。

# 第二十五讲 贫穷陷阱

经济发展落后的国家，人均收入水平较低，而较低的收入水平意味着较低的储蓄水平。根据循环流向模型，一个国家的储蓄水平决定了企业的投资水平。储蓄水平低，就意味着企业的投资支出低。投资支出决定了生产设备的数量和质量，在宏观层面决定了一个国家的生产效率。投资支出低，就意味着生产力效率低下、生产力不足。生产力不足，则导致了一个国家的产量不足，从而直接影响人均收入。这样就形成了一个"低收入—低储蓄—低投资—低效率—低收入"的恶性循环，也就是经济学中的贫穷陷阱（poverty cycle），如图2-62所示。

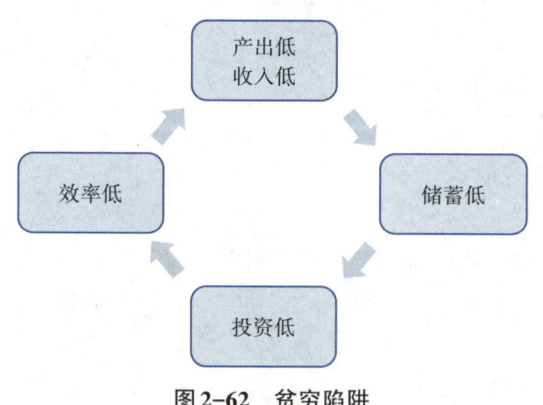

图2-62 贫穷陷阱

显然，一个经济落后的国家要靠自身的力量来脱贫致富是很难的，所以必须借助外力。什么样的外力可以打破这个恶性循环呢？第一种就是海外援助（foreign aid）。海外援助不只是来自海外的无偿资金援助，同时包括如粮食等物资援助，以及低息贷款。海外援助解决了经济落后国家储蓄水平低而缺钱的问题，为企业的投资支出提供了足够的资金。但是海外援助也有很多缺点。很多海外援助是有条件的，一些发达国家要求被援助的发展中国家从他们那儿进口制造业的商品，这反而限制了本国制造业的发展。另外，海外援助缺乏规律性，有了这一笔款却不知道下一笔款何时到来，这并不利于国家的长期发展规划。而像粮食之类的物资援助也未必一定是好事。这是因为发展中国家往往以农业等第一产业为支柱，向这些国家援助粮食，反而打压了粮食价格，很大程度上影响了本国农民的利益。资金援助的最大问题则在于援助国只能提供资金，但并不提供资金的使用说明，因此资金援助的效果完全取决于政府是否可以利用好它。为了解决资金使用不到位的问题，联合国在20世纪40年代成立了世界银行，旨在为成员国提供用于发展经济的专项贷款。

海外援助是为了解决贫穷陷阱中的低储蓄问题，但是对于如何使用援助的资金却存在很多不确定性。其实对于很多发展中国家来说，与其朝其他国家要钱，不如去赚他们的钱。因此，第二种打破恶性循环的方法，就是与别的国家做生意，俗称国际贸易（international trade）。经济欠发达的国家因为生产效率低下、产量不足，从而导致居民收入较低。然而，产量很大程度上取决于需求。在居民购买力不足的情况下，国家很难刺激生产。但是，如果打开国门，就可以用海外的需求来刺激生产，从而解决低产量和低收入的问题。

国际贸易有很多好处。第一，它有助于国内相关企业的发展，企业一旦做大就会产生规模经济效应，从而降低成本、提升生产效率。第二，打开国门有助于本国专精于有相对优势的产业，从而达到提升产量和增加收入的目的。

当然，国际贸易的缺点也显而易见。大部分发展中国家都以农业为支出产业，出口农产品，进口制造业产品。农产品的收入需求弹性较低。随着全球经济发展，对农产品的需求的提升幅度要远低于对于制造业商品的需求。因此，对于农业国家而言，出口价格和出口量的涨幅要低于进口价格和进口量，从而使得贸易条件和贸易差额逐渐走低。另外，农产品在大部分发达国家都是受到政府保护和扶持的行业，想要用农产品打入海外市场本身就很困难。即便真的能够通过国际贸易提升农产品的需求量，农产品本身又是需求价格弹性较低的商品，它受制于气候和自然环境，很难轻易增产。从更宏观的层面来看，国际贸易促进一个国家专精于具有相对优势的产业。专精是一把双刃剑，对于经济欠发达的国家而言，专精于农业会影响该国的产业多样化，从而限制发展空间。此外，依靠海外需求拉动的经济存在很大的变数，一旦海外经济发展速度放缓需求降低，本国经济就会受到很大的牵连。这种看别人脸色发展经济的方式被称为外需型经济，是一种受制于他人的经济模式。

一个国家可以打开国门，通过积极地和外国人做生意的方法来脱贫致富。但是这种方法得看别人脸色，所以与其跟他们做生意，不如邀请他们到自己国家来做生意。这就是经济学中的海外投资（foreign direct investment）。海外企业可以直接在本国开展业务，可以直接在本国建厂生产，也可以投资入股或直接收购本国企业。和国际贸易相比，海外投资的目的不仅仅是提高产量，更重要的是可以带来更先进的技术，促进产能的提升。同时，海外投资还能够为本国创造就业机会，缓解失业问题。此外，所有海外企业在本国境内开展业务的收入，都需要向政府缴税，因此海外投资能为政府贡献税收，间接帮助政府改善民生。很多人担心，海外企业入驻本国，会对本国相关企业产生威胁。其实这种担心大可不必。海外企业之所以要投资本国，看中的是本国市场的空缺，因此其目的是发展那些以本国技术水平无法开展的业务（如制造、采矿、基建等），所以不会和本国企业形成直接竞争关系。即便海外企业真的进入了同类商品市场，那也不必过于担心。现实生活中大量的案例证明，海外优秀企业进驻本国市场，和本国企业产生良性竞争，反而促进了本国企业的发展。

当然，海外投资也并非十全十美。首先，一个国家要吸引海外投资是有条件的。政局稳定、市场自由度高、需求旺盛、基础建设完备，这些条件中的任何一个满足不了，都有可能让海外企业望而却步。因此，对于一个一贫如洗的国家，吸引海外投资本身就难度不小。其次，很多反对者认为，海外投资并不能解决本国的就业问题。海外企业带来了先进的技术和设备，对本国劳动力的需求并不大。即便有，也是一些低技术含量的工作。另外，海外企业到本国做生意的目的是赚钱，在利益的驱使下，他们会尽可能地降低劳动力成本，把大部分的利润转移回他们的国家，这对于改善本国居民收入和生活水平并没有帮助。最后，海外企业对于本地风俗习惯的不尊重，以及对于环境的破坏，往往会招致本地居民的不满。

# 第二十六讲 洛伦兹曲线和基尼系数

在经济学中有一个值，可以有效地反映居民收入分配的情况，它就是著名的基尼系数（Gini coefficient）。想要了解基尼系数，首先要了解一个称作洛伦兹曲线的图像，如图2-63所示。洛伦兹曲线的横轴表示的是累计人口百分比，纵轴表示的是累计收入百分比。如果洛伦兹曲线是一条直线，那么就意味着前10%的人获得10%的收入，前20%的人获得20%的收入，以此类推，表示收入分配的绝对公平。这是一种高度理想的状态，在现实生活中几乎不可能存在。

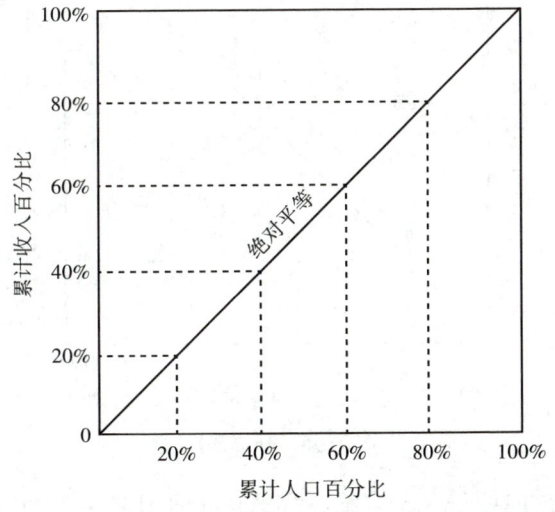

图2-63 洛伦兹曲线（绝对平等）

但是如果洛伦兹曲线向内凹，如图2-64所示。前50%的人口获得的收入是不足50%的，而后50%的人口获得的收入则超过50%，说明财富分配出现了不平等。这条曲线越向内凹，财富分配的不平等现象越严重。

基尼系数就是为了量化洛伦兹曲线的内凹程度。在图2-65中，基尼系数就等于 $A$ 的面积除以 $(A+B)$ 的面积。

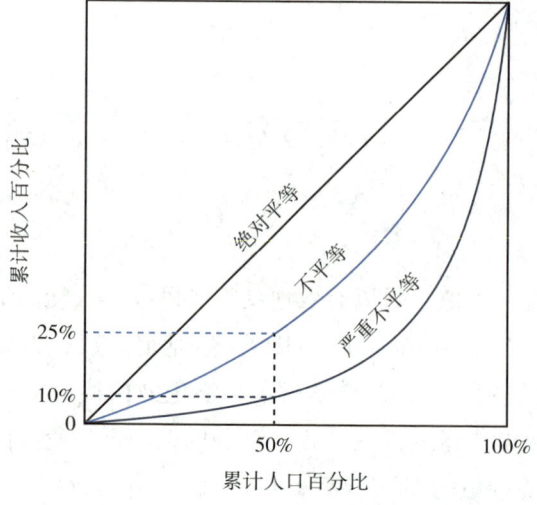

图 2-64 洛伦兹曲线（贫富差距）

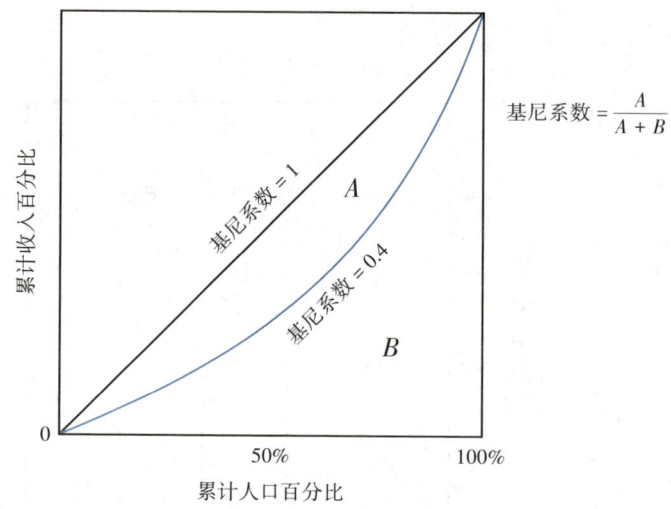

图 2-65 基尼系数

如果洛伦兹曲线是一条直线，那么A的面积就为0，基尼系数也为0，代表绝对平等。洛伦兹曲线越向内凹，基尼系数就越大，收入分配越不平等，贫富差距越大。基尼系数的极限值为1，表示收入分配极端不平等。国际上通常把基尼系数达到0.4设为警戒线，而如果基尼系数超过0.5，则说明贫富差距悬殊。那么，我国家的基尼系数处于一个什么样的水平呢？

经常有人用著名的"二八定理"来描述我国的贫富差距，也就是80%

的财富集中在20%的人手里。如果情况真是如此,那么洛伦兹曲线应该是一条严重向内凹的曲线。通过一系列的复杂计算,可以得知"二八定理"下的基尼系数应该至少是0.6。然而,根据相关研究报告,我国的基尼系数应该处于0.40~0.49,虽然处于贫富差距警戒线之上,但是远没有达到0.6的水平。实际上,基尼系数达到0.6以上的国家实际上并不多见。可见,将"二八定理"运用在收入分配上显然是有点夸张了。有意思的是,作为发达国家的美国的基尼系数却和中国处在同一个水平,而同样作为发展中国家的印度的基尼系数却比我国要低,这又是为什么呢?其实早在1955年,美国经济学家库兹涅茨解释了收入分配情况和经济发展之间的关系,他通过一条倒U形曲线呈现了这种关系,如图2-66所示。

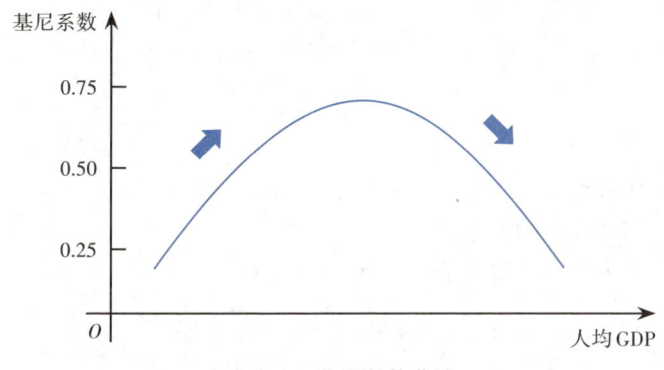

图2-66 库兹涅茨曲线

这条曲线的横轴表示的是人均GDP,纵轴则是基尼系数,而倒U的形状说明,人均GDP刚开始的上升会使得贫富差距扩大,但是随着经济进一步发展,贫富差距又会得到改善。这是因为,在经济发展的初期,国家的产业会由传统的农业逐渐向现代化的工业转型。在转型之前,在人人都是农民的情况下,大家的收入都很低,所以贫富差距也就很小。随着一部分的农民成功转型为工人而先富起来后,贫富差距便逐渐显现出来了。但是随着越来越多的农民成功完成转型,当大家都富起来了,贫富差距反而又缩小了。2019年,我国的人均GDP排名世界第72位,而印度的排名是第138位。根据这个排名,可以轻松找到两个国家在库兹涅茨曲线上的位置,从而也就不难看出为什么同为发展中国家,印度的基尼系数会低于我国的基尼系数了。那么美国作为人均GDP世界排名前10的国家,为什么基尼系数和我国的基尼系数处于同一水平呢？通过图2-67可以很好地理解。

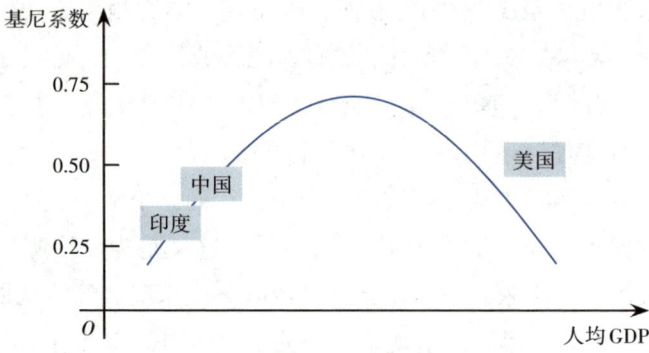

图2-67 不同国家在库兹涅茨曲线上的位置

## 第二十七讲 循环流向模型（高阶版）

前面介绍过一张展示经济学精髓的图，被称为循环流向图。虽说是精髓，但却不完整，本讲将介绍完整版的循环流向模型，这幅图几乎涵盖了宏观经济学中所有的经济活动和资金流向，可以说是一幅展示经济学全貌的图，如图2-68所示。

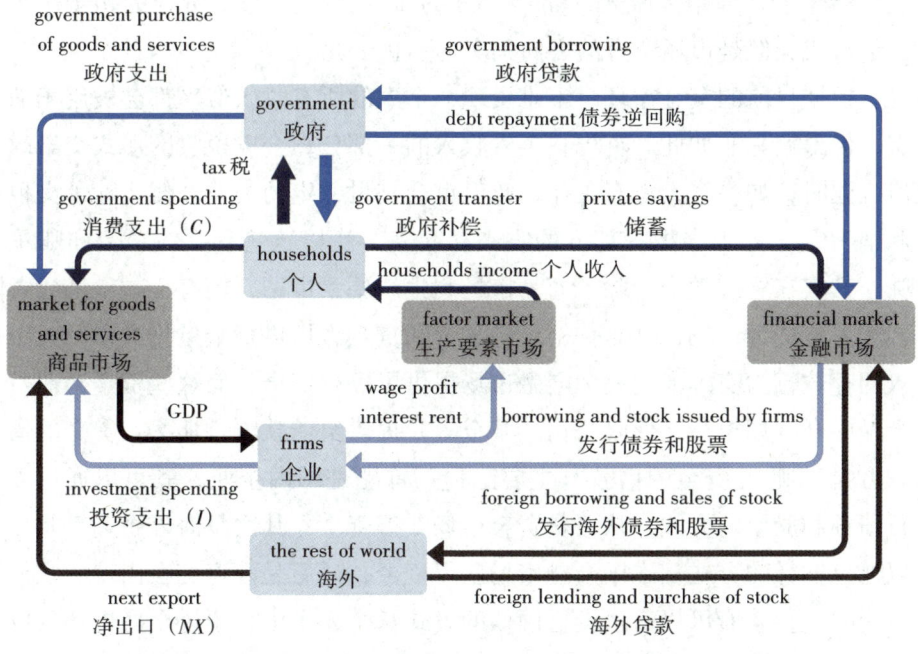

图2-68　循环流向模型（高阶版）

首先，经济学中有两个重要的市场：商品市场和生产要素市场，其交易双方被称为个人及企业。个人会从商品市场购买商品和服务，因此资金就会从个人流向商品市场，这笔支出即消费支出。其实除了个人会购买商品，企业本身也会从商品市场购买诸如机器、设备等生产工具，这种支出即投资支出。此外，商品市场的另外一个买家其实就是政府，政府所提供的公共商品和服务（如基础建设、教育医疗等），都需要从商品市场购买，这笔支出即政府支出。商品市场的最后一个"买家"即海外消费者。海外消费者可以从本国商品市场购买商品，在经济学中被称为出口；本国消费者也可以从外国商品市场购买商品，俗称进口。出口和进口的差额被称为净出口，代表的是从海外流向本国市场的资金。

仔细观察不难发现，四个流向商品市场的箭头刚好代表了GDP的四个重要组成部分：$C$，$I$，$G$，$NX$。这些资金最终都会流向企业，所以这个箭头代表的就是国家的GDP总量。企业通过生产创造GDP，但是生产的前提是从生产要素市场获得诸如劳动力、土地、资本等生产要素，所以企业会把生产所得的收入以工资、租金、利息等不同形式通过生产要素市场支付给个人，即个人收入（household income）。到这里，资金的初步循环已经形成，但是市场资金的去向其实远不止于此。

根据目前的资金循环，不难发现，个人的所有收入似乎都会被用于消费，但事实并非如此。首先，个人收入的一部分，会以税收的形式交给政府，同时，如果个人没有工作，政府也会支付一定的失业补偿。除了交税和消费，个人也会把一部分的收入存起来，所以这笔存款应该流向哪里呢？其实在经济学中，除了商品市场和生产要素市场，还有金融市场或者称为可贷资金市场，这是一个为借款者和贷款者提供资金借贷的市场。个人的存款行为实际上就是为金融市场提供了可贷资金，而这些资金会通过金融中介（如银行、保险公司、基金等）提供给借款方。那么，资金的借款方是谁呢？资金的借款方主要三种：首先是国内企业，其可以通过发行债券和股票的方式，从可贷资金市场获得资金；其次是海外企业，其可以通过同样的方式从本国金融市场获得资金；最后是政府，在出现财政赤字的时候，政府可以通过发行国债的方式从个人手中，通过金融市场获取资金。当然，政府在有财政剩余的时候，也通过回购债券的方式为金融市场注入资金。同时，海外投资者也可以通过购买本国金融商品的方式为本国市场注入可贷资金。

完整版的循环流向图，除了充分展示不同市场间的资金流动，还能非常清晰地呈现出政府政策对于宏观经济的影响。对于循环流向图中的任何一个部门而言，资金的流入和流出始终相等。因此，任何一股资金流动的变化都可能产生连锁反应，带动其他的资金流动。假设政府决定通过扩张性财政政策刺激经济，那么政府首先会增加开支，使得从政府流入商品市场的资金变多。如果政府还实行减税，那么消费者的可支配收入变多，消费支出也会增加。由此可见，流入商品市场的资金总量变多了，从而刺激GDP增长。但是，政府增加开支和降低税收会使得政府收支不平衡，此时政府就会通过增发债券的方式加大政府贷款。在金融市场资金总量不变的情况下，政府贷款的增加势必导致国内企业和海外企业的贷款量下降，从而影响投资支出和净出口额，而一旦从企业和海外流入商品市场的资金变少，GDP的总量就会下降。这就是扩张性财政政策产生的挤出效应。如果政府决定采用宽松的货币政策，就会加大债券的逆回购力度，增加金融市场的资金总量。此时作为借款方的本国企业和海外企业都可以获得更多的资金，从而对投资支出和净出口额产生积极作用，最终刺激GDP增长。

附 录
# 必须知道的经济学图像

# 附　录　必须知道的经济学图像

## 一、PPC

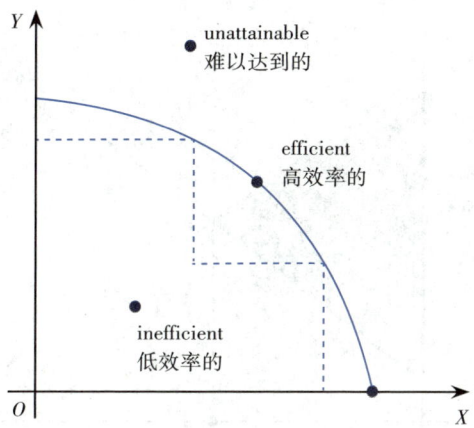

## 二、循环流向图

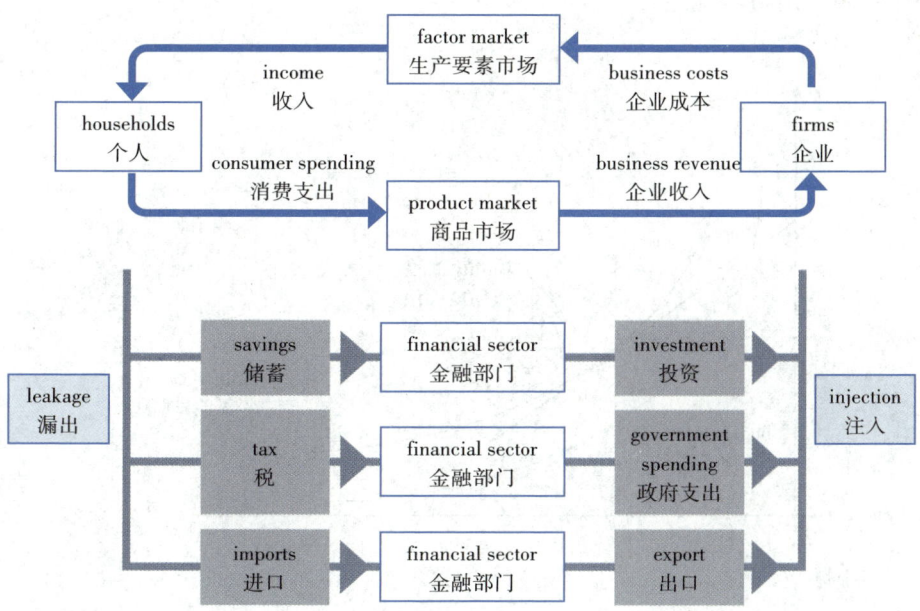

### 三、供需图像

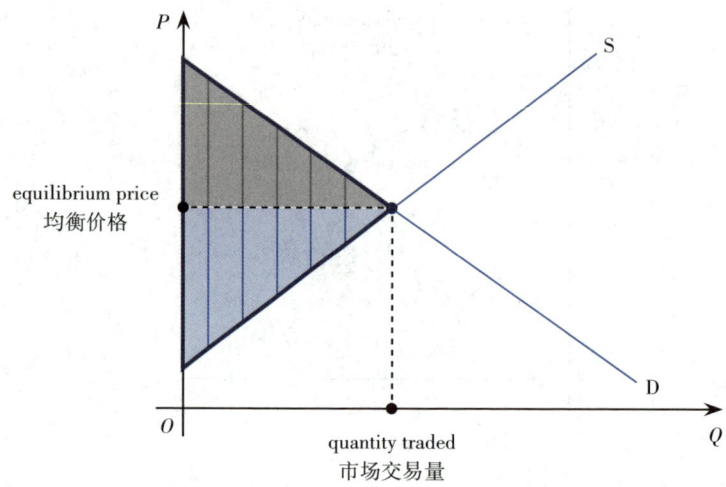

### 四、消费者理论

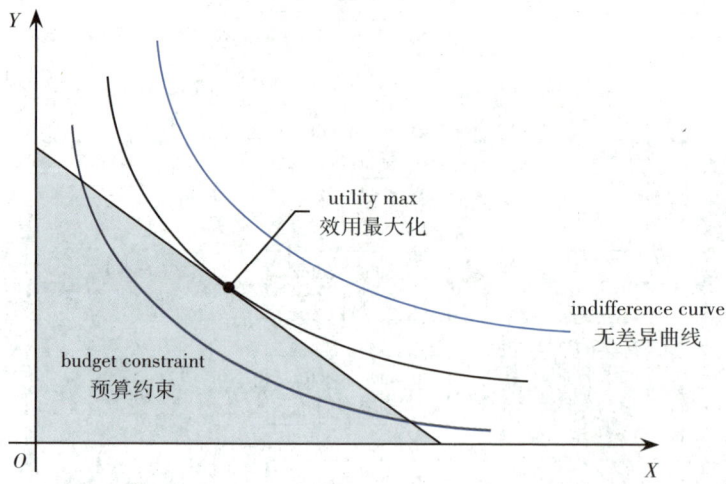

## 五、政府微观干预：税

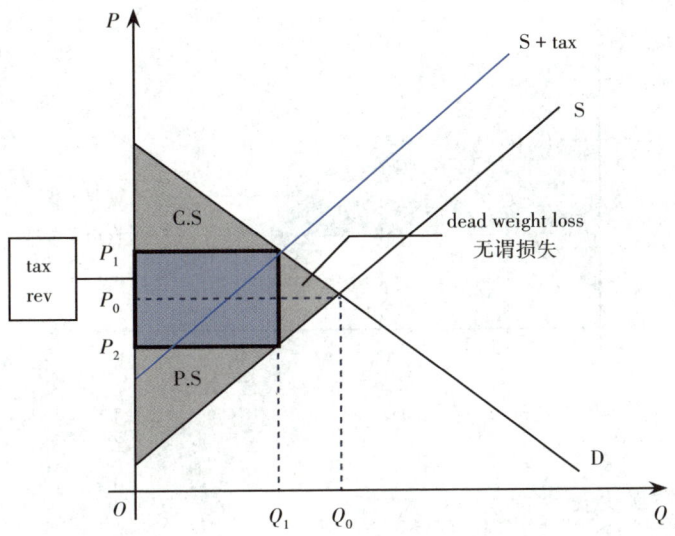

## 六、政府微观干预：补贴

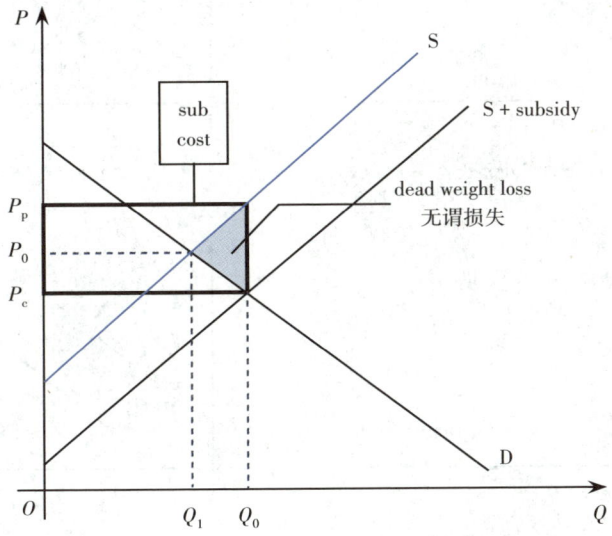

## 七、政府微观干预：关税和配额

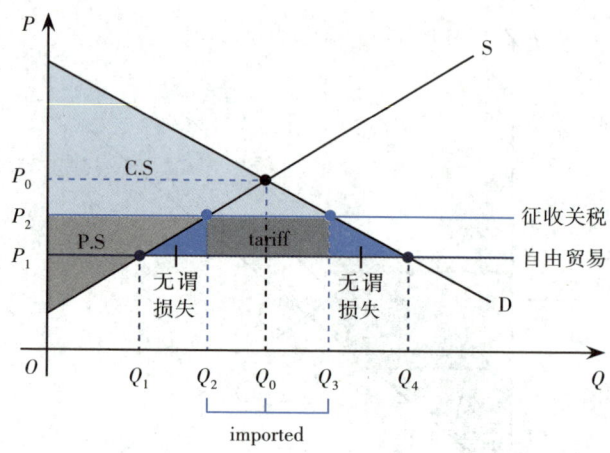

## 八、市场失灵

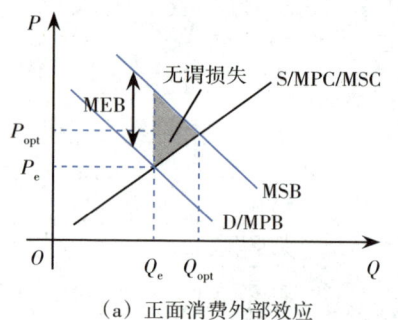

（a）正面消费外部效应

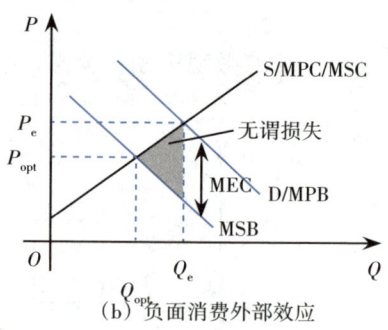

（b）负面消费外部效应

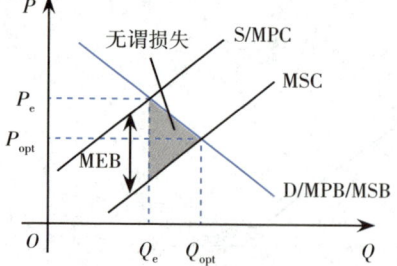

（c）正面生产外部效应

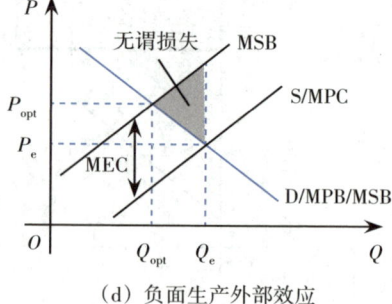

（d）负面生产外部效应

## 九、企业产量

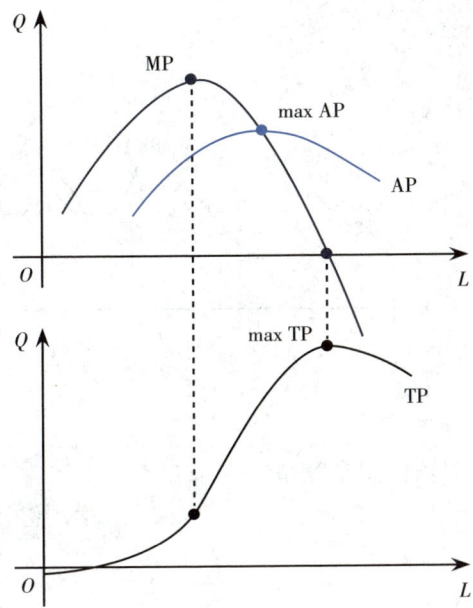

## 十、企业短期成本

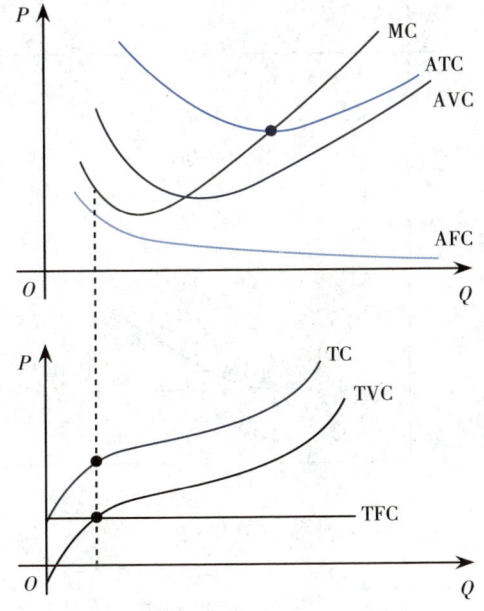

## 十一、企业长期成本

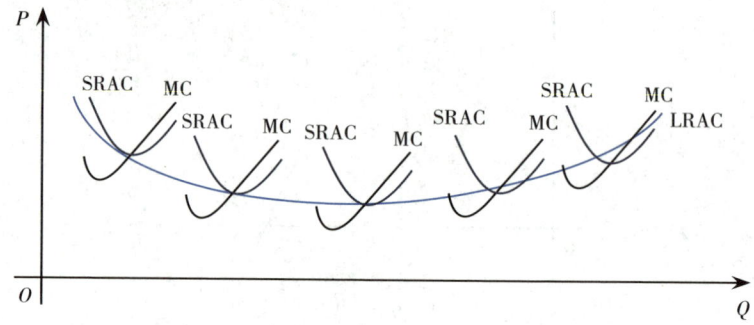

## 十二、商品市场：完全竞争

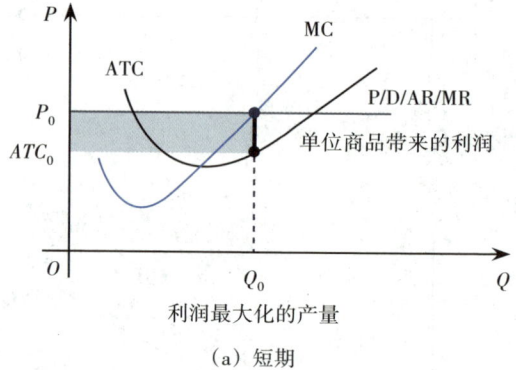

（a）短期

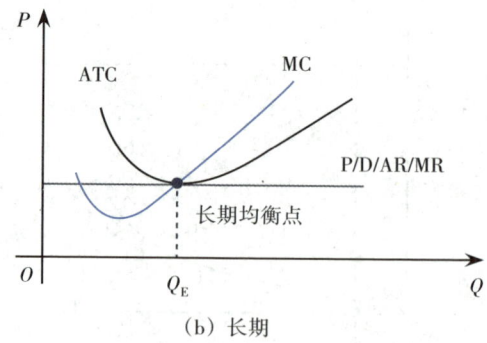

（b）长期

## 十三、商品市场：垄断

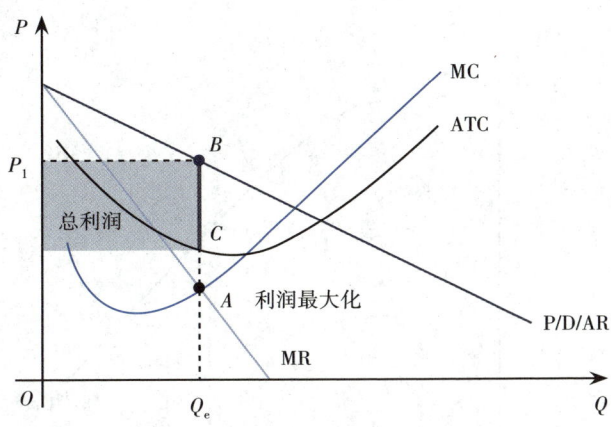

## 十四、劳动力市场：完全竞争

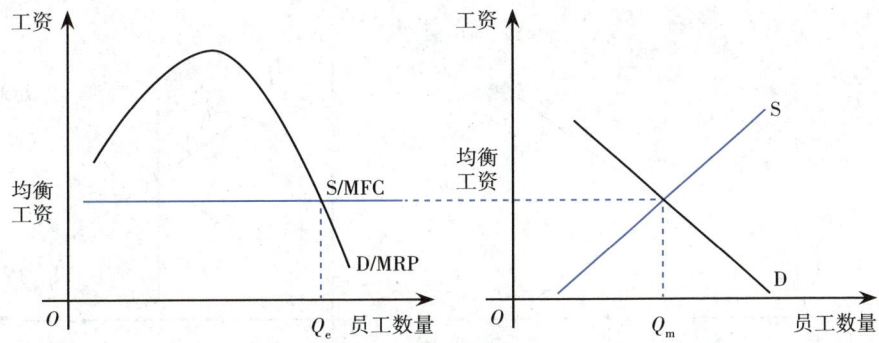

## 十五、劳动力市场：垄断

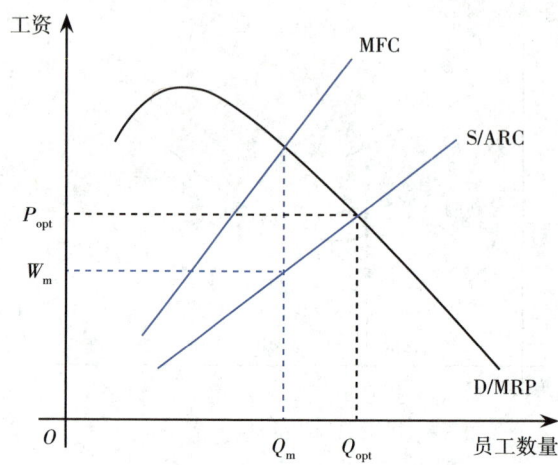

## 十六、新古典主义经济学派 AD&AS

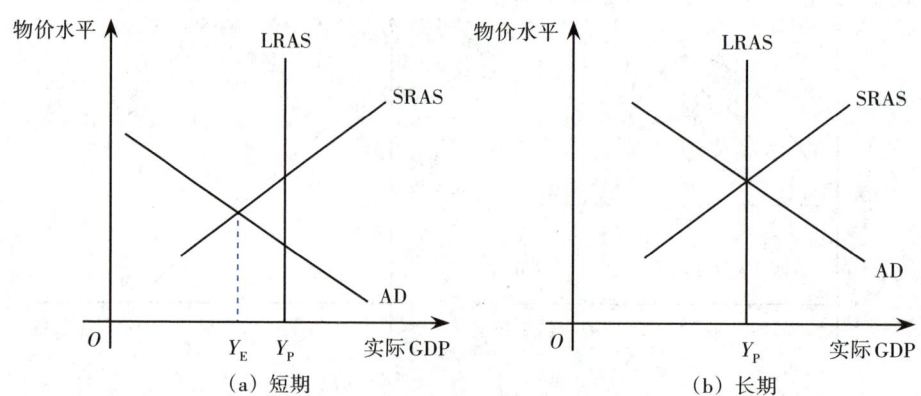

## 十七、凯恩斯经济学派 AD&AS

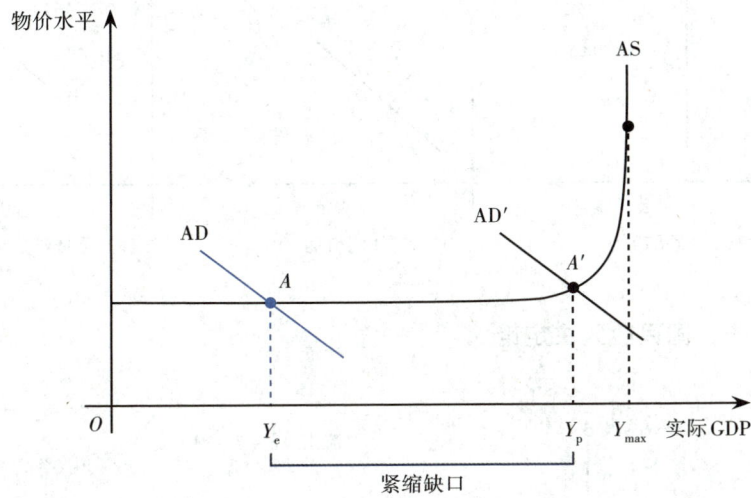

## 十八、菲利普曲线

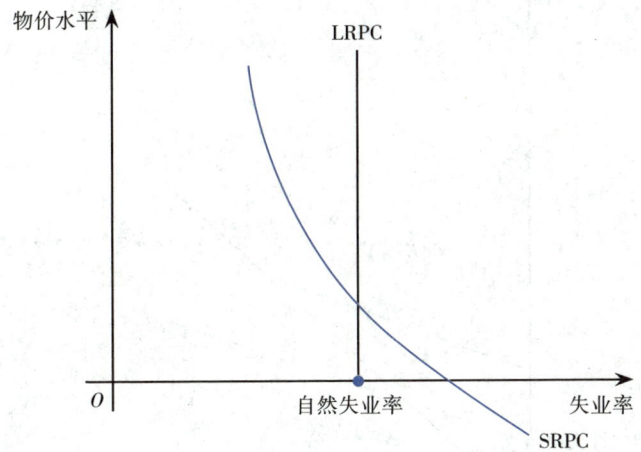

## 十九、货币市场、外汇市场和可贷资金市场

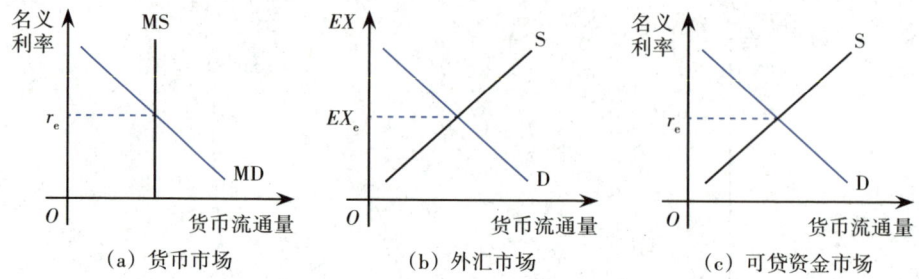

(a) 货币市场　　　　(b) 外汇市场　　　　(c) 可贷资金市场

## 二十、国民收入决定论

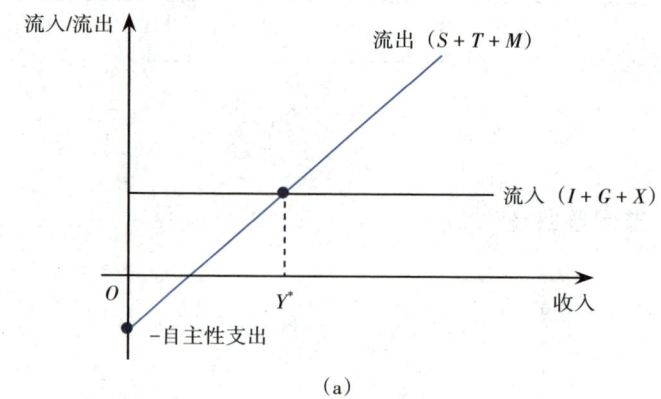

(a)

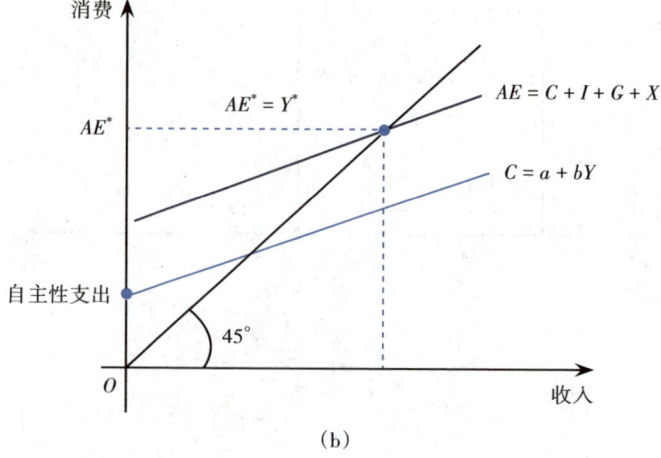

(b)